新时代中

职业学校
班主任

第3版

齐学红　马建富

主编

南京师范大学出版社

图书在版编目(CIP)数据

职业学校班主任 / 齐学红,马建富主编.— 3 版.—
南京:南京师范大学出版社,2024.6
(新时代中小学班主任教育丛书)
ISBN 978 - 7 - 5651 - 6054 - 7

Ⅰ.①职⋯ Ⅱ.①齐⋯ ②马⋯ Ⅲ.①中等专业学校
—班主任工作 Ⅳ.①G718.3

中国国家版本馆 CIP 数据核字(2024)第 016803 号

丛 书 名	新时代中小学班主任教育丛书
书 名	职业学校班主任
主 编	齐学红 马建富
策划编辑	徐 蕾 张 春
责任编辑	李丛竹
出版发行	南京师范大学出版社
地 址	江苏省南京市玄武区后宰门西村 9 号(邮编:210016)
电 话	(025)83598919(总编办) 83598412(营销部) 83598009(邮购部)
网 址	http://press.njnu.edu.cn
电子信箱	nspzbb@njnu.edu.cn
照 排	南京开卷文化传媒有限公司
印 刷	江苏中山印务有限公司
开 本	710 毫米×1000 毫米 1/16
印 张	18.75
字 数	306 千
版 次	1997 年 11 月第 1 版,2024 年 6 月第 3 版
印 次	2024 年 6 月第 1 次印刷
书 号	ISBN 978 - 7 - 5651 - 6054 - 7
定 价	58.00 元

出版人 张 鹏

新版序

愿新时代更多孩子遇见最好的班主任

南京师范大学出版社这套"新时代中小学班主任教育丛书",既包括 2007 版班主任培训丛书的修订版,又涵盖新开发的班主任系列图书。丛书总序本应由班华先生撰写。丛书修订工作启动时,时任出版社总编辑徐蕾向班先生征求修订意见,先生欣然同意。遗憾的是,两周后班先生带着他对中小学班主任工作的挚念"离去"了。出版社希望我作为班先生的学生,承续这项任务。我没有理由推辞。

"班主任"是社会生活的"热词",因为班主任在未成年人的学校生活中占有特殊地位。据教育部最新统计,当下全国有 2.01 亿中小学生。① 他们的身后有着数亿名牵挂着他们的父母辈、祖辈,大约关联了全国一半人口。可见,班主任在我国社会生活中的分量。

中小学班主任的重要性和影响力,不只体现在上述数据,更重要的是,今天的班主任是新时代的班主任,面对新时代的学生。新时代的学生"是未来实现中华民族伟大复兴的主力军",而教师是打造这支中华民族"梦之队"的"筑梦人"。② 处在这样一个新时代,可以说"天降大任"于教师,尤其是教师队伍中的中小学班主任。中国特色的班主任制度,打造了中小学教师队伍中的这支特殊团队,他们

---

① 教育部召开新闻发布会介绍 2023 年全国教育事业发展基本情况[EB/OL].(2024 - 03 - 01)[2024 - 03 - 03]. http://www.moe.gov.cn/fbh/live/2024/55831/.

② 习近平.做党和人民满意的好老师——同北京师范大学师生代表座谈时的讲话[N].人民日报,2014 - 09 - 10.

肩负着对中小学生进行"全人生指导"①的任务,并经营着中小学生家庭生活之外最重要的班级生活。因此,中小学班主任在"筑梦"团队中肩负着特殊的责任。

"全人生"就是全面发展的人生,是学生德智体美劳全面发展的人生。中小学生全面发展的人生,要在学校班级全面发展的教育中起步、成长;中小学生今天的班级生活,是他们未来社会生活的演练。中华民族伟大复兴之梦,在民族危难之时孕育,今天更激励着我们的奋斗实践,已成为我们民族的精神谱系。中国梦是精神传承,也是中华民族的文化基因。文化基因的传承,靠学校教育,更应根植于学校的班级生活中。负责中小学生班级生活的班主任,对此负有重大的责任!

中华民族伟大复兴之梦,不仅是民族的,也是个人的;它既是全体人民的幸福之梦,也是每一个人的幸福之梦。一个孩子,在学校班级中成长,成长为中华民族"梦之队"的成员,是幸福的,这个成长过程也应当是幸福的。这种成长幸福一定来自培养他的人。习近平总书记说:"一个人遇到好老师是人生的幸运。"一个人在中小学阶段的成长过程中,会遇见许多老师。我们相信,孩子们和他们的父母长辈们希望每一个遇见的老师,都成为他们的幸运,都是给他们带来人生幸运的导师。这里有"经师"与"人师"相统一的问题。中小学里的学科任课教师"术业有专攻",虽然学科任课教师也应当将"经师"与"人师"相统一,但受限于学科视野,总会有所局限,也难以驾驭多方学科任课教师介入的班级生活,班主任的重要性由此就显现出来。全面发展的人,全人生发展的人,要在班级的全面生活中成长,班主任就是班级全面生活、班级学生全人生发展的责任者,是班级学生的"首席"人生导师。如此看来,一个孩子在中小学的班级中成长,遇见好班主任必定是最幸运、最幸福的事!

那么,什么是"好班主任"?

好班主任,当然首先应当是习近平总书记倡导的"四有好老师",即有理想信念、有道德情操、有扎实学识、有仁爱之心的老师。"四有好老师"具体到班主任,有特定的要求。

其实,很多准班主任、在岗班主任都有当"好班主任"的愿望,但是,中小学班

---

① 潘懋元,等.杨贤江论"全人生指导"文选[M].北京:光明日报出版社,2005.

主任工作中仍然存在的经验主义观点，会在一定程度上对他们的专业发展形成阻碍。好班主任不会一日"炼成"，需要向有经验的班主任取经，需要自己实践经验的积累；更重要的是，中小学班主任工作，作为一种学校的"专业性"工作，并非人人可为，而是需要"专门"的扎实学识，需要"专门"的基本功；同时，中小学班主任工作，又是在一个班级里专门围绕"人的成长"来开展的，对班主任的专业人格修养因此就有特别的要求。

好班主任要将自己对学生的人生指导，同自身的专业人格修养结合起来；要将班主任专业知识的系统学习，同专业实践智慧的积累结合起来；要将自己对这一专业工作的热爱，同持续的、终身的专业发展结合起来。

班主任作为班级学生的"首席"人生导师，要将学生引向为实现中国梦而奋斗的人生之路，自己首先就要具有"追梦人"与"筑梦人"的专业人生修养。"追梦人"，是指班主任要不断提升自身的人生观修养；"筑梦人"，是指班主任能够将梦想的种子植入孩子的心田，经过一天天精心的"滋养"，使其生长起来。班主任在育孩子之心的同时，也在育自己之心。

班主任是班级学生全人生发展的助力者、指导者，需要掌握全人生发展的一般知识，特别要掌握自己所负责班级特定年龄段孩子全人生发展特点的相关知识，同时又要在实践中发展起自己指导班级学生全人生发展的能力。

班主任的工作对象，不只是单个的学生，更是由个体构成的一个"班"的学生，是特定年龄阶段上一个"班"的学生。"班"这个字眼太平常了，一般人不会想到，也不认为"班"字的背后深藏学问。然而，"班"与"班级"，作为一种社会组织、作为一个群体的生活，包含着教育学、管理学、组织学、社会学、社会心理学、人类学等非常丰富的知识，对其探求永无止境。

班主任是班级学生评价的责任者，班级学生评价涉及教育评价知识，学生评价是学问，是智慧；班主任的工作需要同各方面的人沟通，特别是与各种类型的家长沟通，这也是学问，是智慧；班主任专业是一个不断发展的专业，需要在专业研究中发展，专业研究同样是学问，是智慧……

如此看来，一位好班主任的确不是天生的，而是确信自己的工作是一种专业，需要一定的专业素养，这种专业素养必须经历一个系统的专业知识学习过程，并主动结合自己的专业实践。专业的好班主任，一定是将专业知识、实践智慧融入自己的情感体验,并在自己的心灵之"炉"中"淬炼",才能修炼成!

在中小学的班主任中,还有一定数量的班主任,职前没有系统学习过有关班主任的课程,或者即使学过可能也没有真正进入这门专业知识的门槛。而要成为专业的好班主任,系统地学习班主任专业知识是前提。这套丛书的出版,正是期望能够更好地提升中小学班主任的专业化水平。

一套班主任专业知识的丛书,并不能解决新时代班主任专业化的全部问题——班主任专业知识在发展中、班主任专业智慧也需要在实践中发展,但是,一套系统论述班主任专业知识并结合了中小学班主任实践案例的书,会给中小学班主任一张专业发展的认知地图,从而帮助更多的班主任明确自己的专业发展路径,找到需要深入探究的课题,促进并实现专业成长。

中国特色社会主义建设新时代,期待着好老师、好班主任。理想的状态是:让所有孩子都遇见好班主任,甚至遇见"最好"的班主任。但是,好班主任要成长起来,达到"最好"更不易,要给予班主任们成长的时间。所以,我愿新时代有更多的孩子遇见"最好的班主任"!

李学农

2024 年 3 月 3 日

2007 版总序

我们根据教育部颁发的《全国中小学班主任培训计划》的要求,编写了这套班主任培训教材。班主任对班级学生的教育管理应当遵循一般的教育原理,但班主任的特殊性决定了对其培训应不同于对非班主任教师的培训。因此,本套教材的编写力求以体现班主任的特殊性为指导思想。班主任的特殊性主要表现在两个方面。

(1)班主任角色的特殊性。班主任是班级教育的主任教师或主要教师,是负责组织、教育、管理班级学生,引导、帮助、促进班级学生全面发展的主要责任人。所有任课教师都应当全面负责学生德、智、体等各方面的发展,但班主任是全面关心和负责学生的主任教师,是主要责任人。在学生的发展中,学生的思想、价值观、道德心理的发展是根本,因此,在关心学生全面发展中,关心学生的精神生活、精神发展是班主任教育工作的核心内容。所有的教师都应当关心学生的精神发展,他们都是学生的精神关怀者;但班主任是学生主要的精神关怀者,并在与学生的相互关怀中共同成长。与其他任课教师相比,班主任与学生的关系更密切,班主任对学生的影响可能更大,班主任最有可能成为学生发展的"重要他人";但能否成为学生发展的"重要他人",是受多方面条件制约的。就班主任自身而言,要努力提高自己的专业化水平,真诚地关怀学生,切实地承担起教育责任,以人格影响人格,以智慧启迪智慧。

(2)班主任对学生的教育有自己的特殊操作系统,即"发展性班级教育系统"。班主任对学生的教育主要是通过班级组织即班级教育系统,当然也通过自己所承担的学科教学对学生实施教育影响。班级教育系统是以班主任为主导，由相互联系着的班级目标、班级教学、班级集体、班级活动、班级文化、班级管理、班级教育合力、学生发展评价等子系统有机构成的班级教育系统整体。这个系统整体不是各子系统的简单相加，而是以一定的关系、一定的方式组合而成的有机整体，每个子系统都是系统整体的一个侧面、一个维度，都有整体性，有各自的教育功能。各子系统在整体中的相互关系可以简单表示为：

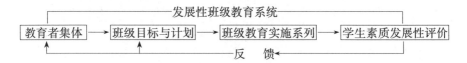

其中，教育者集体包括以班主任为主导的班级教育合力，含学校教育力量、家庭教育力量、社区教育力量；班级目标与计划是指班级教育应达到的要求；班级教育实施系列包括班级集体、班级活动、班级文化、班级管理、班级教育合力等；学生素质发展性评价是指有激励作用、导向作用的评价。

评价结果反馈给教育主体，主体依其情况修订其教育目标。这里没有说到"班级教学"，因为教学是所有任课教师都参与的，而我们说的是班主任特有的操作系统。

班级教育系统前特别标明"发展性"，意在突出"人"，突出"人的发展"，即该系统以促进学生的发展为本。

小学、初中、高中不同阶段学生身心发展特点不同，对他们的教育要求、教育管理方式也不同，因此，培训教材分为《小学班主任》《初中班主任》《高中班主任》《职业学校班主任》；在此基础上，我们又根据文件中强调推进素质教育和加强未成年人思想道德教育的要求，结合当前全国中小学生发展的实际，为提高、加强班主任的教育理论和操作水平，分别编写了《班级心理健康教育理论与操作》《班级德育理论与操作》《班级活动组织与设计》《农村学校班主任》等分册，供班主任培训时选用。

作为套书，我们在内容架构上大体分为以下三大块。

第一大块：班主任特殊的角色地位、职责范围，发展性班级教育系统。

第二大块：班级教育的基本内容。即班主任指导、帮助、促进学生身心和谐发展教育的几个基本方面；与其他老师指导、帮助、促进学生发展不同，体现班主任的特殊性,包括班主任对学生在体(心理健康)、智、德、美等方面的教育。

　　第三大块:班主任的自我发展。包括班主任专业化要求以及如何提升专业化水平两大内容。

　　教材每一章从一个具体教育情境开始,联系实际提出问题,文中阐述与问题相关的理论、知识,书中设一些相关资料链接。每一章(节)最后均设计思考、讨论、操作性作业,全书最后介绍阅读文献。教材后面板块的每一部分都分别体现出是前面板块的逻辑发展。

　　由于时间仓促,以及理论研究本身的不足,这套供中小学班主任培训用的教材难免存在舛错之处,望学界同行和广大中小学班主任批评指正,以便我们不断修订完善。

班　华
2007 年 2 月

目　录

第一章

职业学校班主任工作概述

【案例 1-1】

辩证看人，才能"另眼相看"

某职业学校 2021 级中专班学生小伟，开学之初学习目标不明确，经常无故旷课，纪律散漫。班主任陈老师没有因为他的一时表现产生偏见，而是试图以关爱打动学生。班主任多次与他单独谈心，耐心启发教育；同时，通过家校联系，与其家长反复沟通，请家长一起关心小伟的教育。此外，班主任通过观察得知，小伟擅长踢足球，就鼓励他积极参加学校和班级的足球比赛，与同学一起为集体争光。这样一来二去，小伟愿意改掉坏习惯，全身心投入学习。当他有进步时，班主任会在全班同学面前表扬他，让他体会到鼓励和帮助。经过老师和家长的共同努力，小伟终于能严格遵守学校和班级的规章制度，在思想和技能学习上有明显进步。

班主任陈老师能辩证看待学生身上的优缺点，通过家校沟通、活动组织、规章制定等举措，了解教育对象，发现学生优势，提升了学生的自我管理力及自我效能感。

【案例 1-2】

一技之长，成就"出彩人生"

某职业学校 2018 级多媒体制作专业有一名女生叫小萌，由于家庭变故，加上文化基础较差，她产生了自暴自弃的想法。班主任李老师默默给予了小萌很多关注和关心。通过观察和了解，李老师发现小萌小时候学过画画，对美术很有兴趣。于是,李老师鼓励小萌报名参加学校和市级的平面设计技能竞赛。但这项比赛通常是二、三年级学过一部分专业课的学生参加,李老师表示,如果小萌想试试,可以先推荐她进入专业社团练习、提高。在李老师的鼓励下,小萌利用课余时间刻苦练习;在专业社团老师的指导下,她提前练习高年级同学的训练题,并关注和观摩高年级同学的比赛。半年后,小萌第一次报名参加了平面设计竞赛,并取得了很好的成绩。在之后的日子里,小萌感觉找到了方向,更加积极地学习专业知识,连年参加市级比赛,一次又一次的获奖使自信的笑容绽放在她的脸上,她的性格也开朗了很多。时光飞逝,小萌毕业了,竞赛奖杯和奖状成为她就业的"敲门砖",她顺利地在一家平面设计公司谋得职位。工作后的小萌凭借自己的一技之长,快速成长,一路晋升为设计总监。

职业学校学生往往学习基础比较薄弱,班主任李老师从了解学生思想及职业指导入手,利用技能竞赛平台,调动了学生的技能学习自主性,提升了学生的学习自信心和发展潜能。

职业学校班主任作为教师队伍的重要组成部分,是职业学校班级管理工作的实施者和学生健康成长的引领者,是塑造学生灵魂的高级工程师。职业学校班主任工作是职业教育中极其重要的育人工作,既是一门科学,也是一门艺术。职业学校班主任在班级管理中应该肩负哪些关键的工作职责?角色定位应当是怎样的?有哪些独特的工作特点及原则?对于这些重要问题的梳理与回答,有助于职业学校班主任明确自己的工作职责、角色定位,把握自身的工作特点,从而有效提升班主任管理工作的质量和水平,促进工作协同、有序发展,同时推进班主任自身的专业成长,实现班级工作和自身专业化成长同步发展的目标。

第一节　职业学校班主任的关键职责

教育部、人力资源和社会保障部联合颁布的《关于加强中等职业学校班主任工作的意见》中明确提出:"中等职业学校班主任是中职学生管理工作的主要实施者,是中职学生思想道德教育的骨干力量,是中职学生健康成长的引领者。中等职业学校班主任工作是重要的育人工作,在学校实施教书育人、管理育人、服务育人,沟通学校、家庭和用人单位等方面发挥着重要的作用。加强中等职业学校班主任工作,对于贯彻落实党的教育方针,提高中职学生管理和德育工作水平,促进中等职业教育科学发展,具有十分重要的意义。"《中等职业学校德育大纲(2014年修订)》指出:"班主任应结合专业特点和学生实际,充分利用家长、用人单位、行业及社区等资源,开展学生思想教育、班级管理、班级活动组织、职业指导、沟通协调工作,发挥学生的主动性和创造性,培养良好的班风学风。"因此,在普遍要求全体教师都要承担育人工作的情况下,班主任的责任更大,要求更高。

一、职业学校班主任职责的特殊性

什么是职责?职责是个体因他所从事的职业而相应承担的责任。与普通学校班主任相比,除了组织管理好班集体,引领学生共建良好的班级文化,对学生的学习生活进行有效的指导,促进学生素质的提升,关爱学生的全面成长以外,职业学校班主任职责中最突出的就是对学生未来职业规划的指导,培养学生良好的职业道德和心理品质,使学生更好地面对未来的生活。职业学校班主任职责的特殊性来源于职业学校培养目标的特殊性,以及职业学校学生的特殊性两个方面。

2021年,中共中央办公厅、国务院办公厅印发的《关于推动现代职业教育高质量发展的意见》明确提出:"职业教育是国民教育体系和人力资源开发的重要组成部分,肩负着培养多样化人才、传承技术技能、促进就业创业的重要职责。"在培养目标上,教育部《关于职业院校专业人才培养方案制订与实施工作的指导意见》(教职成〔2019〕13号)提出:"明确学生的知识、能力和素质要求,保证培养规格。要注重学用相长、知行合一,着力培养学生的创新精神和实践能力,增强学生的职业适应能力和可持续发展能力。"《中华人民共和国职业教育法》(2022年修订)规定:"实施职业教育应当弘扬社会主义核心价值观,对受教育者进行思想政治教育和职业道德教育,培育劳模精神、劳动精神、工匠精神,传授科学文化与专业知识,培养技术技能,进行职业指导,全面提高受教育者的素质。"

这一培养目标的确立,要求中等职业教育不仅要培养学生的专业知识和专业能力素质,还要培养其思想品德素质、基本文化素质和身体心理素质等综合素质,从而全面实现职业教育的培养目标,提高学生的就业创业能力。

与普通中学学生相比,职业学校学生的特殊性主要体现在以下几个方面。

(1) 谋职性。选择来职业学校学习的学生大都希望能在职业学校中习得帮助其谋生的技能,正如斯宾塞所提出的:"什么知识最有价值?"职业教育的真正目的在于为学生的完满生活做准备,主要体现为获得未来生活所需要的职业技能和综合素质,在毕业后能够顺利就业或创业。

(2) 成分相对复杂性。普通学校的学生一般都是由小学、初中、高中直接升上来的,学生构成相对简单,大多没有从业经历。而职业学校的学生有从普通学校毕业后直接就读的,也有一部分是有工作经历的。作为职业学校的班主任,需要考虑到学生的差异性,在平时的学习和生活中给予学生适当的扶助。

(3) 专业技术性。职业学校的教育与普通学校教育在教育目的、课程规划、实践性等方面都有着较大的区别。职业学校的学生在学习上更注重专业技术性,强调实践技能,要求拥有"一技"或"多技"之长。

(4) 转型性。职业学校学生正处在身心发展的转折时期,学习生活由普通教育向职业教育转变,发展方向由升学为主向就业创业为主转变。同时,直接面对社会和职业的选择,面临职业竞争日趋激烈和就业压力日益增加的环境变化,他们在学校适应、自我意识、人际交往、生涯发展以及成长、学习和生活等方面难免产生各种各样的困惑或问题。这就需要职业学校的班主任更为用心地对学生进行心理辅导工作。

职业学校学生的特点主要表现在学生的思想呈现出复杂而矛盾的状况。他们既充满着希望,又存在着失落;既满怀崇高的理想,又关注眼前的现实。因此,在面对理想与现实的矛盾和冲突时,容易出现学习动力不足、学习态度不够积极的现象。为此,班主任必须针对职业学校学生的特殊性进行切合实际的教育。

二、职业学校班主任的职责

教育部、人力资源和社会保障部颁布的《关于加强中等职业学校班主任工作的意见》中明确提出:中等职业学校班主任岗位是重要的专业性岗位,班主任要在学校统一领导下,按照学校相关规章制度和培养目标要求,需要履行的主要工作职责包括学生思想工作、班级管理工作、组织班级活动、职业指导工作及沟通协调工作(可以归纳为图 1-1),具体表现为以下几个方面。

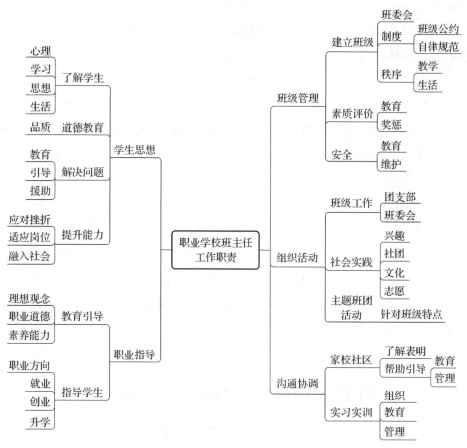

图 1-1　职业学校班主任工作职责

(一) 开展思想教育及专业教育,培养学生正确的职业意识和成才意识

针对职业学校学生的入学实际与学习情况,班主任要注重培养学生正确的职业意识和成才意识。

首先,班主任可以有意识地运用多元智能等理论对学生进行思想教育,帮助学生树立正确的成才观和人生价值观。多元智能理论的贡献在于指出了人的智能并不等同于标准化测试中所得到的成绩,而是在特定的文化背景或社会生活中解决问题或创造产品的能力。人与人之间的差别,不在于智商高低、聪明与否,而是智能类型不同。也就是说,不存在谁比谁更聪明,只存在谁在哪一个领域、哪一个方面更擅长的问题。班主任应基于教育学、心理学等理论,深入了解分析学生的思想、心理、学习、生活状况,开展思想道德教育,提升学生思想道德品质,并针对学生在成长过程中遇到的实际问题,进行教育、引导和援助,帮助学生提高应对挫折、适应岗位、融入社会的能力。

其次,班主任应从国家发展的需要出发进行专业教育,帮助学生确立自己的人生目标,认识到职业技术人才同样是建设国家的栋梁之材。2022 年,中共中央办公厅、国务院办公厅发布的《关于加强新时代高技能人才队伍建设的意见》提出:到"十四五"时期末,高技能人才制度政策更加健全、培养体系更加完善、岗位使用更加合理、评价机制更加科学、激励保障更加有力,尊重技能尊重劳动的社会氛围更加浓厚,技能人才规模不断壮大、素质稳步提升、结构持续优化、收入稳定增加,技能人才占就业人员的比例达到 30%以上,高技能人才占技能人才的比例达到 1/3,东部省份高技能人才占技能人才的比例达到 35%。力争到 2035 年,技能人才规模持续壮大、素质大幅提高,高技能人才数量、结构与基本实现社会主义现代化的要求相适应。这说明了社会对技能人才的重视程度和需求程度在不断提高,因此,应当让学生知道,上普通高中进入大学学习只是通往成功的其中一条路,进入职业学校学习一样可以成才。

(二) 树立服务意识,开展民主与科学相结合的班级管理

班级管理是科学,是艺术,更是服务。职业学校的班主任工作是繁杂的、琐碎的,许多班主任在班级管理中投入了大量的时间、精力,却达不到令人满意的教育效果。因此,班主任要树立服务意识,实现从管理者到服务者的角色转变,开展治班方略的理论研究和实践探索,实行民主与科学相结合的班级管理方式。比如组建班委会,制定班级公约和学生自律规范,维护良好的教育教学秩序和生活秩序;客观、公正地做好学生的综合素质评价工作,对学生进行表扬和批评教育,向学校提出奖惩建议;加强安全教育,维护班级和学生安全;等等。

作为职业学校的班主任,将服务意识运用到班级管理中,主要体现在以下几

个方面。

1. 组建多支班级工作学生队伍

班主任进行班级管理首先要组建班委会,制定班级公约和学生自律规范,维护良好的教育教学秩序和生活秩序。建立多支自我管理、自我发展、自我教育的高素质班级工作队伍,具体包括:班干部、团支部、学生公寓自我管理委员会、兴趣小组、班级社团等。这些队伍从不同侧面和领域参与班级管理,让学生学会自我管理,强化自我管理意识,突出学生的自主性,实现学生的自我管理、自我发展和自我教育的高度统一。

具体来说,班主任可以把班级活动策划、组织和评价等工作逐步交给学生去完成。例如,有的班主任采用了干部竞选制和非干部同学轮流值日班长制,定期召开班会,由学生干部主持,值日班长和其他干部定期在班会上向同学汇报一周的情况。这种做法调动了学生参与班级管理的积极性与自觉性,并使所有同学都得到了锻炼。班主任要学会从具体事务中抽身出来,加强对突出问题的管理与处理,可定期听取多支队伍的工作汇报,给他们提出建议,加强班级工作的方向性管理以及对学生工作方法的指导等。

2. 师生共建班级管理制度

制度是用来调节人与人之间、组织与组织之间或人与组织之间社会关系的一系列规则。班级管理制度是用来指导或约束班级成员的工作行为、学习行为,考核评价班级成员工作、学习成效的一系列规则。班级管理制度不是班主任用来约束学生的,而是通过"赋权",与学生一起协商与讨论,共同制定的规章制度。这样做有三个好处:一是班级制度制定的过程也是学生自我学习、自我提高的过程。通过吸纳学生参与班级管理制度的制定,增强学生对班级工作的主体意识和参与意识,培养具备良好社会参与意识的社会公民,使班级生活成为培育健全的社会生活的一部分。二是通过制度建设,学生可以了解制度、规则的制定过程,增强学生对规章制度的认同感及对班级规章制度的知情权,减少对管理的抵触以及对抗情绪,自觉维护并遵守规章制度。三是通过建立班级管理制度和规范,实现班级事务"责、权、利"的结合,形成"人人有事做,事事有人做"的局面,使班级事务的运作及违规的处理做到有章可循、有"法"可依。

可以在班级章程制定的基础上,构建完整的班级制度体系,这些制度在空间上涵盖班级活动的不同空间区域,包括教室、宿舍、实训基地、训练场地、图书馆、实习场所等,在时间上涵盖学生在校学习和实习期间的每个环节和时间段。但是班级章程和制度不是一成不变的,要根据班级的不同发展阶段及社会环境、学校形势的变化不断充实与完善,以便更加切实可行。

3. 突出班级管理工作的阶段性特点

班主任在班级管理中要结合学生各阶段的特点,抓住班级工作的主要矛盾,以达到事半功倍的效果。同时,还必须注意班级工作的阶段性特点,有目的地开展工作。

职业学校的班主任工作一般可分为三个阶段:刚入学的第一学年为第一阶段,这一阶段的工作重点是抓第一学期,主要任务是建立完善的班级规章制度,建立富有成效、团结协作的班干部队伍,确立班级奋斗目标,培养学生良好的学习、生活、劳动、卫生习惯。第二阶段是学生熟悉适应学校情况以后的二年级到毕业前一年,这一时期的班主任工作可适当放开手脚,让学生自我管理。最后一学年为第三阶段,是学生毕业前的最后一学年,班主任工作的重点除了抓学习外,还需要对学生进行就业和求职指导。

(三) 注重沟通协调和活动组织,共同关注学生心理健康教育

心理健康教育是职业学校德育工作的重要组成部分。教育部印发的《中等职业学校德育大纲》(2014 年修订)明确指出:"德育对学生健康成长和学校工作具有重要的导向、动力和保证作用。"德育是职业教育的重要内容,心理健康教育是实施德育的重要途径,也是指导学生求职、就业、适应社会的有效方法。班主任除了利用班会和各种班级活动,适时地对学生进行日常的思想政治教育,加强对职业学校学生的世界观、人生观、价值观的引导外,还要针对学生常见的心理问题进行辅导。

2021 年,我国有中等职业学校有 7 294 所,中等职业教育招生人数为 488.99 万人,学生的心理健康问题越来越引起人们的关注。

相关链接

一项对 840 名职业学校学生的调查表明,他们当中从小学到初中从未受到表扬的为 79.16%,从未当过班干部的为 14.41%,学习成绩居中下游的为 86.6%,上职业学校是为"混"毕业的为 25.05%,作业经常不完成或从来不完成的为 16.76%,课余时间看书学习者为 12.97%,对学习缺乏自信者为 1.89%,对今后生活毫无打算者为 7.58%。① 显然,职业学校学生的心理行为问题令人担忧。确实,职业学校学生虽没有普通高中学生面临的高考压力,但他们面临的社会压力要比普通高中学生大,所受的失败与挫折也比普通高中学生多,情绪两极性的表现也较为明显。他们既要承受社会轻视职业学校生的压力和家长的埋怨,又要克服自卑的心理障碍。

一项对辽宁、山东、江苏、浙江、四川、陕西、甘肃、广东等 9 省市近 20 个地区、50 多所学校、近万名职业学校学生的调查发现,厌学、学习焦虑、交友困难、挫折感强、就业困惑、社会适应能力差等成为职业学校生普遍存在的问题。②

有关人士指出,解决这些问题的途径之一是加强心理健康教育。目前,职业学校的心理健康教育还处在起步阶段,专业教师队伍缺乏,经验相对欠缺,且各个学校对心理健康教育的认识和重视程度也存在较大的差异。在此情况下,作为职业学校的班主任肩负着对学生进行心理健康教育和健全人格培养的重任。基于此,班主任需要做好以下几方面的工作。

(1) 明确认识工作重点,区分心理行为问题和思想道德问题,消除对心理健康教育认识上的偏见。心理健康教育的目标是面向全体学生,提高全体学生的心理素质,培养学生乐观向上的心理品质,增强其心理调适能力,促进学生人格的健全发展;关注学生在发展与成长中遇到的心理健康问题,使其增强自信心,学会合作与竞争;培养学生的职业兴趣和敬业乐群的心理品质,提高其应对挫

---

① 曹婕.浅谈职校学生心理健康教育的途径和方法[C]//陈云山.东陆职教论坛(2006年).昆明:云南大学出版社,2006:477.

② 李勤.一例中职学生学校生活障碍的分析与辅导[J].中小学心理健康教育,2011(3).

折、适应社会的能力。特别是根据学生特点和他们在成长、学习、生活和求职就业等方面的实际需要进行教学、咨询、辅导和帮助。

（2）有意识地开展心理知识学习与心理咨询，采用专题讲座与学生活动相结合，团体辅导和个别辅导相结合，把心理健康教育与德育、学科教学和班主任工作相结合，集体教育活动与个别辅导相结合，学校教育与家庭教育相结合的方式。关注全体学生，指导学生去了解一些心理健康的基本知识，掌握自我调节情绪和克服心理障碍的方法。根据教育部的要求开设职业学校心理健康教育课，采用班级团体心理辅导的形式，加强对学生维护自身心理健康能力的培养，针对学生严重的心理健康问题给予个别的咨询和指导。

（3）立足指导，重视预防和干预。具体而言，应全面及时了解学生在家庭和社区的表现，帮助、引导家长和社区配合学校做好学生的教育和管理工作；利用职业学校的资源和条件，从学习、生活、成长和职业适应等方面对学生进行全面心理健康测试，然后进行分析、评价；建立学生心理健康档案，密切关注学生的发展情况，加强学生心理行为问题的预防工作，为改变学生不良心理状态、解决心理问题提供科学依据；以心理健康测试为基础，在日常教育中有的放矢地进行教育，采用一些有针对性的辅导，预防部分学生心理问题的发生。

（4）广泛开展班级活动和职业心理调适。通过指导班委会、团支部开展工作，引导学生参加有利于身心健康成长的课外兴趣小组、社团活动、文体活动以及志愿者服务等社会实践活动；根据学校培养目标，针对班级特点，开展形式多样的主题班（团）会活动。通过此类活动，学生能够看到自己的优势，增进同学之间的相互了解和交往，提高适应环境的能力；引导学生进行职业心理调适，帮助学生巩固和强化积极的情感体验，在不断的成功中提升对未来的信心和生活的热情，正确对待职业选择和职业的变化发展，培养职业兴趣、爱岗敬业精神和良好的职业心理素质。

总之，心理健康教育是一项复杂且持久的教育工程，要求班主任必须具备坚实的心理健康教育的知识和能力。为此，班主任应积极向专业的心理学工作者或心理咨询教师请教，使学生心理健康教育在保证科学性的同时，向正确的方向健康发展。

（四）关注教育引导与职业指导，帮助学生完成职业生涯规划

职业学校的职业指导是职业教育工作者根据职业学校的培养目标，教育、引导学生树立正确的职业理想和职业观念，全面提高职业素质和综合职业能力的自觉性的教育活动，同时也是帮助学生根据社会需要及其身心特点选择适合的职业和专业，并在适应社会、融入社会的同时得到发展的过程。职业学校班主任应该教育、引导学生树立正确的职业理想和职业观念，形成良好的职业道德，提升其职业素养与职业生涯规划能力；指导学生根据社会需要和自身特点选择职业发展方向，从而顺利实现就业、创业或升学。

1. 职业指导的具体内容

对职业学校而言，职业指导是学校工作的重要组成部分，班主任应承担起指导学生形成正确的职业观的重要职责。具体内容包括以下几点。

（1）进行启蒙职业意识、培养职业道德、树立职业理想的教育。要帮助学生正确了解自己，树立正确的职业观念和职业理想，形成良好的职业道德，正确理解个人理想和社会需求之间的关系。要引导学生做到既注重挖掘自身潜能，扬长避短地发展自己，又能根据所学专业对从业者素质的要求来弥补自己的短处，主动适应职业要求。

（2）培养学生根据社会经济发展需求和个人特点进行职业生涯规划的能力。端正择业观念，培养创新精神，树立创业意识，提高学生自我认识能力、自我激励能力和自我决策能力，加强适应社会、融入社会的能力训练和职业道德行为的养成。

（3）帮助学生了解与所学专业相应的职业在社会发展中的地位、作用、发展状况及其对从业者素质的要求，使学生学习掌握一定的求职就业、开拓创业的知识、技能和方法。

（4）指导学生进行求职、就业、升学以及自身发展方向的选择。指导学生了解国家和地方的就业形势及有关的政策法规、用人制度和劳动力市场的运行机制，为学生择业求职和升学提供信息咨询、介绍推荐及组织供需见面活动等方面的服务，帮助学生顺利实现就业或升学。

2. 职业指导应遵循的原则

职业指导工作要以党和国家的教育方针为指导,紧密结合我国经济和社会发展的实际,根据学生特点有序进行。班主任在工作中应坚持下面几项原则。

(1)要坚持正确的育人方向,加强职业观、人生观和价值观的教育。

(2)要坚持以学生为主体的宗旨。学校职业指导工作的重点在于教育与引导,因为职业方向的选择,最终要由学生自己确定。要根据受教育者自身的特点,注意培养学生独立地计划、选择和决定自己前途的能力。

(3)要坚持职业指导的发展性和系统性。职业指导工作要随着社会与时代的发展而发展。要用发展的眼光分析社会和职业对人才需求的变化趋势,为社会培养合格的人才;要用发展的眼光看待个人,引导学生健康成长,成为对社会有用的人才。

3. 积极开展创业教育

职业教育在切实加强学生职业能力培养的同时,应注重加强学生创业能力的培养,使学生从思想观念、心理素质、综合能力、社会实践等方面加深对创业重要性的理解,打好自主创业的基础,毕业后走自主创业的道路,为社会创造更多的就业机会。联合国教科文组织把创业教育视为学生在文化知识教育、职业技术教育基础上的"第三本教育护照"。班主任在班级中开展创业教育,培养学生的创业能力,要从培养和强化学生的社会责任意识起步,对学生进行系统的创业设计教育,鼓励学生多参加社会实践,努力培养学生的团队精神与协作意识。班主任可以通过典型创业事例的教育,把企业界的创业案例搬上学校的讲坛,及时收集校友创业方面的素材,通过各种形式的"现身说法",激发学生创业的积极性和主动性。

职业指导的成功与否,不仅是衡量职业学校班主任管理水平和实绩的一个重要标准,而且直接关系着毕业生的就业安置。职业生涯教育是当今职业学校教育改革与创新的一个重要趋势,职业学校的班主任必须转变教育观念,树立以就业创业教育为主题、以生存教育为核心的职业生涯教育理念,帮助学生正确认识自我的潜能和未来发展趋向,选择适合自己的职业与岗位,培养基本的职业素养与职业生涯规划能力。为此,班主任需要做到:首先,将职业指导寓于班级管理的全过程,并在不同的学习阶段有所侧重和体现。例如:第一学年侧重培养学生的职业兴趣,结合入学教育,打好职业定向指导的基础;第二学年培养学生的职业能力;第三学年培养学生的就业能力,加强对学生面试的指导。其次,与实习指导教师、实训基地指导教师和学生就业指导中心积极配合,为学生就业提供相应的帮助。

第二节 职业学校班主任的角色定位

一、职业学校班主任的角色意识

班主任的角色意识是指班主任对其在学校教育活动中所表现的一种身份,并由此而规定的行为模式的自我认识。职业学校班主任的角色意识主要包含三个层面:一是班主任对其在社会、学校、班级中的身份的认识,即社会上对职业学校班主任应当承担的角色职责的认识;二是班主任对自己的角色的权利和义务及相应行为规范的认识,即班主任从职业的层面上看待自己的工作行为;三是班主任对自己的行为表现的意识,即班主任对自身角色的反省认识。

(一) 职业学校班主任的角色职责

班主任角色职责指的是社会、学校、家长和学生赋予班主任多种多样的职责、功能,要求班主任根据社会、学校、家长和学生的不同期望和要求扮演许多不同的角色。与一般的任课教师不同的是,班主任的角色不只是局限于知识的传授者,更是学生的榜样、班集体的领导者、人际关系的艺术家、心理治疗工作者、学习者,等等。

(1) 职业学校班主任是班级学生的领导者,是班级建设的核心人物,是班级管理的总策划者,引领学生自主地对班级的日常生活进行管理,并时刻监督班级工作的运行态势。我国教育界的优秀班主任典范大都是在班级管理的实践中涌现出来的,都具有突出的领导组织才能。班主任作为班级工作的领导者拥有教育权力,包括对学生奖励与惩罚的权力,维持教学秩序的权力,安排班级活动的权力等,班主任需要正确运用这些教育权力,引领学生组织管理好班集体。

(2)班主任是各任课教师间、师生间、学生间的协调者。在同一班级中,不同的任课教师有时会因授课与实践活动的安排而产生冲突,这时候需要班主任出面进行协调,使得各科的教学任务顺利有序地进行。而当任课教师与学生,或是学生之间产生争执时,班主任需要及时了解事件发生的原因,并从中协调,维护和谐的师生关系与班级氛围,促进学生学业的顺利进行。

(3)班主任是家庭、社会教育的指导者。班主任不仅要在学校里给学生指导,在校外还应通过家访或打电话等方式与学生家长进行沟通,以共同辅助学生的学习和生活。

(4)班主任还是学生职业选择的指导者。班主任在与学生的长期交流中,对学生的个性特质、兴趣爱好、能力倾向都有深刻的了解,因此有职责帮助学生对未来的职业进行规划和选择。

(5)班主任是学生为人的榜样。职业学校的学生正处于身心成长的阶段,模仿学习是他们的一种主要学习方式,班主任就是学生认同和模仿的重要对象。学生对班主任有一种特殊的信任,在整个教育情境中,班主任的一举一动、一言一行都对学生起到很大的示范作用,所以班主任要时刻注意自己的言行举止,在学校的日常生活中为学生树立榜样。

(二)职业学校班主任在工作中应具备的角色意识

1. 创新意识

创新是一个民族进步的灵魂,是一个国家兴旺发达的不竭动力。创新能力就是发现新问题,解决新问题,提出新设想,创造新事物的能力。培养具有创新能力的人,是时代赋予每一位教育工作者的职责。所以,班主任应把培养自己和学生的创新意识、创新能力作为工作的重点。这就要求班主任首先要转变教育观念,解放思想,勇于改革,大胆创新;敢于突破旧观念、旧方法的束缚,充分发挥自身的主观能动性,探索新路子,谋求新突破。其次,必须建立一种平等、民主、信任的新型师生关系,营造一种轻松、活泼、自由的学习氛围。只有这样,才能使班主任工作因富有创造性而充满活力,才能真正地营造良好的创新环境,让学生自由地发展。

2. 多维意识

班主任服务对象的特殊性,不仅决定了班主任工作方式的特殊性,而且也决定了班主任工作的多面性和复杂性。班级的计划总结、班风、学风的问题,学生的思想、学习、生活、纪律、卫生的问题,还有班干部与学生之间的关系、任课教师与学生之间的关系、班主任与学校领导之间的关系、班主任与学生家长之间关系的问题等,这些都要求班主任从宏观与微观、整体与局部、一般与个别、必然与偶然、统一与对立、形象与抽象等多维角度,去思考组成问题的各个要素之间的关系,分析引起问题的原因,观察问题的发展,研究解决问题的对策等。

3. 服务意识

随着人类社会的不断进步、教育改革的不断深入,作为"人类灵魂工程师"的班主任所担负的责任和义务的外延也在不断地扩大,在"传道、授业、解惑"的同时,班主任必须树立为学生服务的意识,牢记"为了一切的学生,为了学生的一切,一切为了学生"的宗旨。首先,班主任要放下传统意义上班主任的绝对权威,克服以自我为中心的习惯,建立平等、和谐的师生关系,这样才能使为学生服务落到实处。其次,要注意学生的主体性,加强与学生的信息交流,常常与学生换位思考,多鼓励、少批评,多表扬、少指责。再次,在班级管理中发扬民主精神,引导学生主动参与班级管理,激发学生产生自我教育的动力,从而成为班级管理的主人。

4. 科研意识

职业学校班主任的工作对象是一群有思想,有头脑,有不同兴趣、不同家庭教育背景的学生,一个学生就是一个世界。班级教育是一个丰富的、活跃的、动态的科学领域,仍然有许多教育规律尚未揭示出来,这要求班主任首先要勇于探索,大胆创新,研究和探索班级管理中尚未揭示出来的新规律、新原则,并不断摸索班级管理中的新方法、新思路,促进班级工作更好的发展。其次,要不断总结自己在工作中的经验、教训,不断了解、借鉴他人教育研究的新成果,提高自己的工作能力,丰富班级教育艺术。再次,加强理论学习,特别需要加强现代班级管理理论的学习。只有掌握较强的理论知识,才能有效地开展科学研究,达到事半功倍的效果。

二、职业学校班主任的角色冲突和适应

(一) 职业学校班主任的角色冲突

角色冲突是指当一个角色扮演者同时处于两个或更多不同的角色位置,并要进行相互矛盾的角色扮演时,引起的角色间的矛盾冲突现象。班主任的角色如此之多,各个角色间难免会产生冲突。

1. 不同角色期待引起的角色冲突

面向班级中的全体学生并使得每个学生得到全面发展是班主任的根本职责,但当下社会、家长和学校对职业学校学生的要求时常片面化,社会上用人单位更为注重的是学生的专业技能,学校注重的是学生毕业后的就业率,甚至家长对孩子的期望很多时候也只重视当下的就业和效益。相应地,他们对职业学校班主任也存有不同的角色期待。学校中校领导、任课教师、学生对班主任的角色期待也往往不一致。班主任还可能遇到社会的理想化规范和自身个性表现的冲突,人不可能十全十美,所以规范的角色与富有个性的具体角色间就会产生冲突。要解决这个问题,一方面需要班主任不断完善自身,另一方面外界也要给班主任保留一些自我发挥的空间,使得职业学校班主任更能彰显其生命的灵动和创新的活力。

2. 角色间的冲突

首先,班主任这个角色只是作为个体的一种职业身份,在班主任的全部生活中,他们还扮演着不同的社会角色。在我国,比较明显的是班主任的职业角色和家庭角色的冲突。一方面,职业学校班主任工作需要投入超常的精力;另一方面,家庭的多种责任承担也需要班主任投入较大的精力。如何在两者产生冲突的时候取得平衡,对于班主任来说是一件很费心的事。

其次,班主任在履行工作角色时所产生的工作冲突。班主任在工作中时常将许多角色加以融合和组织,也常常遇到几种角色同时产生的相对立的角色期待,这在日常的学校生活中是经常遇见的。有的班主任在多种角色之间冲突时,就会一时难以在对立中找到统一,很多时候只有否定一个才能满足另一个,只有

否定一面才能肯定另一面。

最后，教师个人内部也存在着冲突。当班主任的个人潜能或意愿与工作需要不相符合的时候就产生一种内在的冲突。譬如，学校的教育理念与班主任自身关于教育或班级建设相关的理念相冲突时，班主任该如何处理这种矛盾和冲突？或是班主任的个人能力品质与相应的工作需求不一致时，班主任该如何处理？

（二）职业学校班主任的角色适应

角色适应指个体能够通过主观努力满足工作要求，进而较自如地、高效地完成工作任务。在不断发展的社会背景下，面临社会对职业学校教育要求的不断提升，职业学校班主任对自己所承担的角色有一个适应调整的过程。社会对班主任的实际期待与班主任的实际社会地位不符。具体来说，社会对班主任的期待较高，而班主任对自身社会地位感受低，班主任往往感受到较大的角色压力。社会客观上对角色的要求与角色的主观努力，是角色心理的两个不同方面。要想解决这两者不一致的问题，班主任要努力实现社会期待，使自我形象达到社会满意，从而解决角色冲突，获得角色的胜任和愉快感，可以从以下几个方面来强化自身的角色定位。

1. 作为职业学校班主任的素质期待

素质期待是实现社会期待的基础和前提，是社会对职业学校班主任个体的思想品质、文化修养、管理能力、个性特点、身体素质等方面的要求。班主任在进入职业学校班主任这个角色之前就需要为之做准备，在正式进入角色后也需要在工作和实践中不断加强和完善。

2. 作为职业学校班主任的责任期待

责任期待，即社会要求班主任所承担的社会责任与社会义务。角色义务是角色的中心要素，也是社会期望与角色的最重要内容，社会衡量角色都是以其是否履行义务为准绳的。职业学校班主任的角色义务相当繁重，班主任需要根据不同对象的需求来实现角色的成功扮演，并保持积极乐观的心态，享受成功扮演每一个角色的喜悦。

3. 作为职业学校班主任的形象期待

形象期待是社会对角色的外部特征,如风格、气质、言行举止,甚至外形、衣着方面的预期要求。随着社会的发展,班主任的形象要求在细微处也不断地变化着。如今的学生视野开阔,朝气蓬勃,形成了一定的个性品位,作为职业学校的班主任更要与时俱进,除了在专业能力上要不断地提升自己,还要重视形成自己的外在形象、风格。当学生欣赏班主任的时候,很多的教育就在潜移默化之中了。

第三节　职业学校班主任的工作特点

职业学校在生源、培养目标、社会功能上与其他院校的不同之处,影响着职业学校班主任的工作重点,也使职业学校班主任的工作具备一些新的特点。

一、职业学校班主任工作目标的定位

根据职业学校教育教学工作的特点以及学生年龄、智力、思想品德的特点,职业学校班主任应将自己的工作目标定位于教育学生"三学会"上。

(一) 学会生活

职业学校的生源主要是初中毕业生,入学年龄为 15～17 岁,毕业时也不超过 20 岁。他们几乎从未离开父母独立生活过,一些同学在家过的是"衣来伸手、饭来张口"的生活,依赖性强、惰性强、生活自理能力差。针对职业学校学生生活方面存在的问题,班主任可从两个方面入手:一是注重个人生活技能的培养,这方面班主任可亲自辅导或组织学生相互学习,组织生活技能竞赛活动等;二是注重环境清洁卫生,很多学校借鉴部队抓内务管理的办法来抓学生宿舍的内务,取得了较好的效果。学生生活能力的培养不是一蹴而就的,要坚持不懈,关键是要养成习惯。我们的目标是使学生养成自立、健康、文明、科学的生活习惯,养成热爱生活、享受生活、追求美好生活的高尚情操。

(二)学会做人

职业学校学生年龄小,世界观、人生观、价值观尚未最后形成,可塑性强,更应该抓紧教育。做人乃人生第一要义,未学做事,先学做人。教学生学做人是班主任义不容辞的责任。

1. 要利用集体生活、集体活动进行养成教育

集体主义是医治个人主义的良方。例如,在安排学生集体生活中的住宿时,可有意将性格不同甚至截然相反的同学安排在同一宿舍,使他们认识到人是千差万别的,世界是丰富多彩的,并在相处中学会宽容、包容。同时应开展多种有意义的集体活动,集体活动要精心设计,体现教育功能,并注意广泛性、互动性,特别是要将个别内向、游离于集体之外的同学融入集体之中。

2. 要正面引导,辅之以及时的纠偏纠错

在教导学生学做人方面,可以用中华民族的传统美德、社会主义道德引导教育他们,让他们思考并回答三个问题:在家如何做好儿女? 在校如何做一个好学生? 在社会如何做一个好公民? 班主任还要对学生的家庭情况做到了如指掌,以便有针对性地、有重点地进行教育,若个别同学品行发生偏差,要及时纠偏纠错。正面引导是教育一个人,纠偏纠错则可能挽救一个人。我们要围绕立德树人的目标,以爱国主义、集体主义、社会主义为指导,以社会公德、职业道德、家庭美德为着力点,以社会主义"四有"新人为标准,培养人、教育人、塑造人。

(三)学会学习

在学习方面,班主任首先要帮助学生树立信心。我们要用现代科学的人才观、成才观和经济发展政策调整的大好形势来引导学生树立学习的信心,使之学有目的、学有信心,走技术成才之路。其次,职业学校学生可能没有掌握适合职业技术教育教学特点和适合自身特点的学习方法。普通教育和职业教育有不同的学习方法,前者侧重于书本知识的学习,后者强调的是实践,讲究的是动手能力,是解决问题的能力。根据职业学校教育教学的特点,班主任可结合学生的自身特点,帮助他们找到合适有效的学习方法。找到了解决问题

的办法,就解决了问题的一半。只要方法对,就能事半功倍。班主任的目标,是使学生在终身学习大潮中,学得轻松自如、游刃有余。

二、职业学校班主任工作的特点

1. 突出职业学校的特色,树立实践意识

目前,由于改革过程中经济结构调整,普通高校持续扩大招生,机关事业部门的人事制度改革而出现的部分人员分流,劳动力供需不平衡等原因,致使上岗就业的竞争十分激烈;同时,经济发展又急需实用型人才和一专多能的人才。因此,班主任要配合专业课指导教师,加强对学生动手能力的培养,重视实训课程的实习,积极组织学生参加有关部门的技术考级、资格证书考试,鼓励学生参与行业技能竞赛、专业知识笔试,观看各类技术大赛,抓住展示学生才艺技术的机会。

2. 关心爱护学生,树立为学生服务的意识

马斯洛的层次需要理论认为:人的行为从实际需要产生动机,由动机推动行为,再由行为指向目标。班主任只有全面地了解学生的思想、学习、生活、兴趣爱好等情况,才能从学生的实际出发,有的放矢地进行教育,并因材施教,因势利导,从而取得良好的教育效果。班主任不仅要关心学生的学习,还要关心他们的生活,处处"急学生之所急,想学生之所想",使学生感受到班主任不仅是他们尊敬的老师,同时也是他们可信赖的知心朋友,是他们的亲人,有困难找班主任帮助,有心里话愿意和班主任讲。另外,与普通学校班主任不同,职业学校的班主任更多的是要关注学生的专业技能的学习,以及为学生提供各种实践信息与就业信息。因此,职业学校班主任树立服务意识尤为重要。

3. 对学生以正面教育为主,严格要求为辅

热爱学生是带好班级的前提,没有爱心就没有良好的教育,就当不好班主任,指挥失灵,就会降低班主任在学生中的威望。爱是感染学生的源泉,更是转化消极因素的动力。因此,职业学校的班主任应结合学生的实际情况及特点,以平等的身份走近学生,了解学生,尊重学生,一视同仁。对学生应该多表扬、多鼓励、少批评、不讽刺。要善于发现每一位学生的点滴进步,肯定学生的"闪光点",尤其对态度消极的学生、小毛病不断的学生,应及时给予纠正。纠正缺点、错误

的同时还要耐心教育、疏导,尽量不扩大批评的范围,保护学生的个人隐私和人格尊严,做到"动之以情,晓之以理,导之以行",为其指出努力的方向。

4. 注重职业道德的培养

职业教育既是对个体的培训与教育,也是对社会的培训与教育。职业学校的学生除了需要接受基本的道德知识、道德情感、道德品行的修养以外,与普通学校的学生相比较,更需要注重职业道德的培养。而这个责任就落在班主任的肩上。在新时代中,各种思维方式、价值观念产生剧烈的碰撞,人们的道德观念、道德情感、道德行为也在全球化的背景下产生了一些微妙的变化。这就需要职业学校班主任在工作中要更重视对学生职业道德的养成,包括对技术人才的团队精神及企业的文化意识的重视,并将职业道德教育与学生的职业指导及人生规划相联系,使得学生在步入社会时能够更好地适应社会的需要。

第四节　职业学校班主任的工作原则

班主任工作的原则是班主任对全班学生进行教育时必须遵循的基本要求。它是根据职业学校班主任工作的特点和职责制定的,是班主任在工作过程中解决一些基本矛盾和协调工作过程中各种关系的基本准则,是实践经验的概括和总结。职业学校班主任工作的原则概括起来有四条,即全面性原则、客观性原则、公正性原则和整体性原则。

一、全面性原则

职业学校班主任工作的全面性,要求班主任在工作中:一是要面向班上的全体学生;二是要关注每一个学生德智体美劳的全面发展;三是要充分发挥各种教育因素的积极作用,实现各种教育力量的全面协调与配合。班主任要关注每一个学生,绝不能只关注少数优秀生,而忽视其他学生。要帮助学生使每一种素质都能得到适当的发展,不能只片面着重发展某一种素质。具体地说,就是要注意培养学生的思想政治素质、专业素质、道德素质、心理素质、身体素质等各方面的素质,不能厚此薄彼,更不能顾此失彼。

二、客观性原则

职业学校班主任工作中的客观性原则主要指班主任工作要从变化着的客观实际出发,防止认识上的主观主义。班主任要教育学生,首先就得了解学生。全面、准确地掌握学生情况是班主任进行教育工作的基础和前提。而班级中的每一个学生都是活生生的个体,他们的思想、兴趣、爱好、健康状况、生活环境、学习基础都不一样。班主任若不将这些客观存在的差异搞清楚,就不可能有的放矢地开展工作。而且,学生都处在成长变化的过程中,班主任若不能从发展、变化着的实际出发认识学生,而是以孤立、静止的眼光去看学生,甚至用主观臆断代替客观实际,那么,班主任的工作就会无的放矢、事倍功半。

班主任在实际工作中要真正贯彻客观性原则。首先,要注意调查研究,并在调查研究中准确地区分似是而非的事实和现象。为此,班主任要在工作中注意观察和比较。观察和勤问,能使班主任更多地掌握第一手材料,使必要的分析和判断有可靠的基础;比较,能使班主任寻找出隐蔽在学生日常生活学习细枝末节中的,而且能反映和代表事物本质的差异。其次,班主任在工作中贯彻客观性原则还得要防止情感因素的干扰。要从客观实际出发,不能从个人的好恶出发。班主任尤其不可在学生中计较恩怨、区分亲疏,这样会使自己远离实事求是的客观存在,而陷入主观主义和形而上学,导致班主任工作的失败。

三、公正性原则

班主任工作中的公正性原则是由班级教育对象决定的。班级教育对象是几十名享有平等教育权力的学生。公正性原则要求班主任在工作中无论对哪一个学生都要公允、平等。班主任对班集体中的任何成员都要一视同仁,处理班集体中的任何一件事情都要公平合理,而绝不可分亲疏、抱成见、搞关系和感情用事。说得具体一点,班主任对班干部和一般学生,对学优生和后进生,在运用表扬和批评、实施奖励和惩罚、处理问题和事件、给予关心和照顾、写操行和鉴定、推荐先进和模范、提供条件和机会等问题上，甚至在处理某些细枝末节问题上，都要出于公心，公正办事。只有这样，班主任才能在学生心目中建立起威信，才能赢得全班学生的共同拥戴，才能让每个学生心甘情愿地接受教育。因此，公正性原则是班主任工作中至关重要的原则。

班主任在贯彻公正性原则时应注意三点：一是要注意客观性。只有尊重客观事实，才能避免主观偏见；只有实事求是，才会公平合理。二是要坚持辩证思维，防止认识上的主观片面和绝对化。三是要深化对全体学生的情感，防止情感倾斜，避免感情用事。许多事实证明，贯彻公正性原则对班主任来说并非容易的事，它需要班主任不断地学习，以提高自身的素质和修养。

四、整体性原则

职业学校和社会、家庭联系得比较密切，班主任要有强烈的时空概念，从时空的高度找准班级与班主任的位置。首先，要找准班级在学校中的位置。切实了解班级的状况，只有充分了解班级的方方面面，才能充分认识班级在学校中所处的位置，正确预见班级的明天。要认真分析现状——班级组织、学生状况、学习成绩、教学设施维护等，更要花大力气制定和完善各项规章制度，坚持"三个面向"，全面推行素质教育。其次，要帮助学生找准自己在班级中的位置。素质教育要求我们要以人的培养为目标。只有使我们的学生感受到个性成长的需要和心灵成长的力量，我们的教学才能真正找到调动学生学习积极性的源泉，找到教学过程中得以深化和发展的强大动力。因此，学生主体地位的确定以及主人翁地位的明确将直接影响到学生的成长与班级的状况。最后，要明确职业学校学生在社会中的地位。职业教育承担着培养技术人才的任务，方向明确，目标具体。职业学校的学生毕业后将直接走上就业岗位，为社会主义现代化建设服务。因此，职业学校毕业生的质量，将直接影响到劳动者的素质。根据未来人才的要求，班主任应力求本着培养基础扎实、专业面宽、素质型、能力型的人才原则，全面提高学生的知识、能力和素质，培养基础宽厚扎实，竞争力、应变力、创造力强、高素质的新型人才。

问题与思考

1. 作为未来的职业学校班主任，你是如何理解职业学校班主任工作职责的？

2. 你在班级管理中，是如何做到公开、公平、公正的？

3. 你认为应如何确定班主任的角色定位？

第二章

职业学校学生的特点

【案例 2 - 1】

人生的意义

小何是一名刚步入职业院校的新生,入学几个月后,他突然没有了前进的目标,不知道自己继续努力是为了什么。在这种苦闷、抑郁无法得到开解的时候,他想知道别人努力是为了什么,人活着又是为了什么。于是,他询问了自己的四位好友。四位好友给出了不同的答案。

大伟说:"以前上学的时候,大家努力学习,我也努力学习,从来没有想过这个问题。现在,我觉得我活着是为了努力赚钱,以后找到一份好的工作,然后拥有一个大房子,实现财务自由!"

小王说:"现在努力的原因是希望父母可以过上更好的生活。为了不让父母失望,为了我爱的人和爱我的人,我不能停下前行的脚步。这可能就是我努力和活着的原因吧!"

大帅说:"我希望让这个社会变得更好一点。希望用自己的绵薄之力,哪怕从小事做起,慢慢地让这个社会变成我期待的样子! 如果非要找一个活着的理由,这可能是其中最重要的部分。"

小威说:"我好像和你们都不同。我渴望每天都过不一样的生活,我希望去体验那些我从未经历过的事情,去蹦极,去潜水,去学一种我不会的乐器……一想到能过上这样的日子,我就充满了活力和干劲,这可能是我能够努力生活的原因吧!"①

---

① 案例改编自盖笑松. 生涯规划指导(职教版)[M]. 长春:东北师范大学出版社,2021:22.

职业教育作为一种教育类型,具有其独特特点,因而职业学校的学生也有着一些独有的特征。作为职业学校的班主任,我们有责任和义务去发现每一位学生身上的闪光点,只有在全面、深入地了解和把握职业学校学生特征的前提下,才能制定出行之有效的教育策略。

教育的本质首先是赏识学生。作为职业学校的教师,应该相信每位学生都是有能力的人,善于挖掘每一位学生的优势与潜能,并给予充分的肯定和欣赏,帮助学生增强自尊和自信。其次,教育应体现个性化。教师应主动地、自觉地为每一位学生设计适合其发展的独特方法,配合其能力特点,促进其优势才能的展示和发展,最大限度地实现其个人价值。学校、教师应努力创设适合学生发展的空间,帮助学生认识自我、建立自信,让每位学生都得到充分的发展。

第一节　职业学校学生的价值观

价值观是一个多维度、多层次的观念系统,并与认知、情绪、动机、自我心理成分密切相关。在此,我们主要讨论职业学校学生的政治价值观、人生价值观、道德价值观、职业价值观四个方面。

一、政治价值观

政治价值观是人们对于政治生活中各种人物、事件、活动及其规律等方面的认识、判断、评价和选择取向,即对各种政治现象的认识、理解和倾向。政治价值观是一个多维的整体结构,包括政治立场、政治信任度(政治态度)、政治宽容度、政治价值判断、人生观、对现实的满意程度、政治效能感、政治偏向等八个方面的要素。

总体而言,当前我国职业学校学生的政治价值观呈现出积极健康发展的态势,大多数学生热爱祖国,关心政治,社会责任感和使命感不断增强。在董广伟关于高职学生价值观的调研中可以发现,学生对政治问题表示关心的占调查对象总数的 84.1％,不关心的占 15.9％。[①] 值得注意的是,目前学生对政治问题表现得比较成熟。他们对政治问题的思考,理性多于盲目冲动,越来越关心政治、关心祖国的前途和命运,并注意从中国国情出发看待问题,站在维护民族尊严的立场上,审视国际、国内所发生的重大事件。如新冠病毒感染、俄乌冲突、ChatGPT 以及中国国际地位等问题,都引起了学生们极大的关注。在谈及对这些问题的想法时,他们表现出强烈的爱国意识及社会责任感和使命感,大都表示愿意为祖国的荣誉出力,愿意以自己的实际行动来报效祖国。

另外,我们还必须清醒地认识到,面对世界百年未有之大变局的加速演变,国际环境日趋错综复杂,我国发展面临前所未有的复杂环境。一方面,新一轮科技革命和产业变革正在深入发展,国际力量对比正在深刻调整,人类命运共同体理念深入人心。另一方面,国际形势的不稳定性、不确定性明显增加,新冠病毒全球大流行的影响和后果广泛且深远,经济全球化遭遇逆流,单边主义、保护主义、霸权主义对世界和平与发展构成威胁。这些对青少年价值观形成了巨大的冲击,部分学生缺乏正确的判断能力,极个别学生的价值取向甚至背离了祖国和人民的利益,需要教育工作者及时有效地进行劝导和规正,引领他们树立正确的政治价值观。

二、人生价值观

人生价值观是人们对人生的内涵、过程、方式、意义、目的的价值判断与选择,是对人生与社会、与集体、与他人之间的关系等进行认识和评价时所持的基本观念。人生价值观结构应该包含三个基本要素:人生价值目标、人生价值手段和人生价值评价。这三个方面相互联系、相互影响,构成了人生价值观结构的整体。

从已有研究来看,我国职业学校学生在人生价值观方面呈现出以下几种特征。

1. 人生价值目标取向方面

人生价值目标是指人在价值实现过程中所确立的行为指向。职业学校学生在人生价值目标上有以下主要特征。

(1)绝大多数学生都有自己的价值目标,毫无目标的学生仅占很小比例。

---

① 董广伟.关于高职院校学生人生观价值观调查及思考[J].辽宁高职学报,2006(6).

（2）多数职业学校学生的人生价值目标是积极向上的，极少数是消极退缩的。

（3）职业学校学生人生价值中的自我意识显著增强，越来越关注人生价值目标的自我实现。

职业学校学生由于自身学历、就业和所处环境等各种因素的影响，他们比其他学生更加关心自己的前途和命运，大多数学生以"自我成才"为中心，要求把"自我"摆在应有的位置。排在前三位的价值目标分别是理想职业、美满家庭和受人尊敬，而对祖国人民有所贡献和追求真理不断创新分别排在第四和第五位。在处理个人利益与集体利益时，多数学生以个人利益价值最大化为终极目标，过半学生认为通过个人价值的实现可以侧面推动集体与社会价值的实现。

表 2 - 1　职业学校学生价值目标比较①

		追求真理，不断创新		对祖国人民有所贡献		受人尊敬		与世无争		建立更美满幸福的家		有一个理想职业		做普通劳动者		追求金钱		追求权利		其他	
		人数	百分比/%	人数	百分比/%	人数	百分比/%	人数	百分比/%	人数	百分比/%	人数	百分比/%	人数	百分比/%	人数	百分比/%	人数	百分比/%	人数	百分比/%
普通高职		51	13.8	65	17.6	141	38.1	35	9.5	179	48.4	211	57	6	1.6	32	8.6	15	4.1	12	3.2
中职		132	18.6	127	17.9	234	33.1	63	8.9	362	51.1	401	56.6	12	1.7	82	11.6	33	4.7	22	3.1
性别	男	72	19.9	89	24.6	114	31.5	36	9.9	188	51.9	166	45.9	9	2.5	47	13	22	6.1	12	3.3
	女	64	18.5	40	11.6	121	35	29	8.4	175	50.6	233	67.3	5	1.4	37	10.7	13	3.8	12	3.5
年级	一	65	15.2	76	17.8	147	34.4	41	9.6	202	47.3	250	58.5	5	1.2	46	10.8	16	3.7	15	3.5
	二	35	12.5	37	13.2	78	27.8	21	7.5	139	49.5	140	50	7	2.5	31	11	13	4.6	7	2.5
优普	优	20	18.2	21	19.1	35	31.8	7	6.4	58	52.7	59	53.6	3	2.7	8	7.3	7	6.4	3	2.7
	普	49	13.4	51	13.9	136	37.1	47	12.8	191	52	218	59.4	7	1.9	47	12.8	16	4.4	12	3.3
独非	独	75	23.7	54	17	109	34.4	26	8.2	158	49.8	179	56.5	5	1.6	40	12.6	14	4.4	9	2.8
	非	59	15.1	75	19.2	127	32.5	37	9.5	204	52.2	219	56	9	2.3	44	11.3	20	5	15	3.8
户口	城	63	19.6	60	18.6	117	36.3	28	8.7	160	49.7	191	59.3	6	1.9	30	9.3	12	3.7	13	4
	农	50	13	68	17.6	120	31.1	36	9.3	208	53.9	225	58.3	7	1.8	53	13.7	20	5.2	10	2.6

① 资料来源：王萍.中等职业学校学生价值观现状及其差异性分析——以天津市中职学校为例[D].天津：天津大学，2014：14.

2. 人生价值手段方面

人生价值手段是指人们为达到价值目标而采取的途径和方法。它涉及"人怎样活着"的问题,是实现人生价值目标的保证。当前我国职业学校学生在人生价值手段上有以下主要特征。

(1) 职业学校学生倾向于个人奋斗与集体协作相统一的奋斗方式。多数职业学校学生为了实现自己的人生价值而努力奋斗,在面对"你最喜欢的奋斗方式"这一问题时,有16.7%的学生选择热衷于个人奋斗,有11.3%的学生热衷于通过协作完成工作,还有72%的学生选择这两者必须相统一才能更好发挥作用。

(2) 职业学校学生重视能力与素质在实现自己人生价值中的重要作用,希望能够通过学习和实践等途径提高自身能力与素质。53%的学生都强调了个人努力和自强不息的重要性。

(3) 职业学校学生在实现人生价值过程中遇到困难时,倾向于内归因。分别有61%和25.8%的学生将产生问题的原因归结到"自身做出的努力程度不足"与"自身能力素质不高",仅有9.5%与3.7%的学生会将问题归结于"命运不好"和"客观条件差"。

3. 人生价值评价方面

人生价值评价是指人们根据一定的价值标准,对人生有无价值以及价值意义大小做出的判断,它反映了人们主观的价值取向。我国当代职业学校学生在人生价值评价上有以下主要特征。

(1) 价值评价由理想主义转向现实化。从职业学校招生情况来看,报考软件工程、数控技术、机械制造等实用性、技术性较强专业的学生年年超过计划。对于双证书教育、专业技能学习和其他社会实践活动,学生表现出浓厚兴趣,而对理论学习特别是政治理论学习则兴趣不高。学校每次组织"计算机应用课外活动小组"都是人满为患,机房里座无虚席。这说明当前职业学校学生已将知识学习同未来的经济建设主战场的实际应用结合起来,在求知的同时注重务实求新。

(2) 价值取向由抽象的政治标准日益倾向于物质价值尺度。在市场经济条件下,市场经济所具有的本位利益原则、利益最大原则,以及自主、开放、平等、竞争的气氛,使职业学校学生意识到物质价值尺度在衡量事物价值方面的重要性。不少青年学生学雷锋做好事,以"自己活着,就是为了使别人活得更好"为行为准则,但现实中也有一些职业学校学生崇尚实惠、追求物质利益。例如,认为"事业有成,收入可观"是首要的成功标志,而不看重"知识渊博,受人尊敬"。这说明他们崇尚"物质"的价值观,而对精神的需求呈下滑趋势。

(3) 人生价值评价标准多元化,社会和集体价值取向被"条件化"。根据调查,学生认为最能体现人生价值的选项依次分别为:才能(54%)、成就(50.7%)、金钱(43.1%)、知识(41.4%)、德行(26.6%)、社会贡献(24.2%)、地位(19.8%)、权力(15.7%)、名誉(12.9%)。

(4) 多数职业学校学生力图在奉献与索取标准之间求得社会价值与自我价值的最佳平衡点,他们既认同社会取向的标准,也坚持个人取向的标准,具有双重性。

(5) 职业学校学生在现实生活中对人生价值的具体评价多从个体的需要和发展出发,一些人生的重要课题,如事业成功、生活幸福、婚姻美满等往往成为他们评价的重要指标。

三、道德价值观

道德价值观是主体根据自己的道德需要对各种社会现象是否具有道德价值做出判断时所持有的内在尺度,是个体各种道德规范和道德信念的总和。

道德价值观受经济、政治、文化等因素的影响和制约。改革开放以来,尤其是随着我国社会主义市场经济建设的力度加大,职业学校学生的利益观念、竞争观念、民主观念等发生了深刻的变化,加之西方文化思潮的不断渗透,职业学校学生的道德价值观也自然也发生了变化,呈现出明显的多元化倾向。一方面,市场经济促使他们形成独立性格,激发进取创新的现代意识;另一方面,市场经济又可能导致学生历史方位感错位、价值迷失,引发"权钱交易"、弄虚作假、投机取巧、个人主义等不良倾向。

因此,职业学校学生的道德价值观中存在着种种矛盾,这些矛盾主要表现在以下几个方面。

(1) 道德理想与道德现实的矛盾。大多职业学校学生都能认识到道德价值观的重要性,也希望自己能实现自己的道德理想,比如很多学生很想到农村基层去、到经济不发达地区去工作,等等。但是,一旦考虑到物质利益和现实生活问题,又影响到了他们对道德价值和道德理想的追求。

（2）道德态度与道德行为的矛盾。很多学生都能意识到道德态度的重要性,但生活中很难将自己的道德态度转化为道德行动。

（3）对他人的道德评价和对自己的道德评价之间的矛盾。许多学生倾向于对他人的品行和言行提出较高的评价标准,因而对他人的评价较低;而对自己的评价标准定得很低,结果对自我的评价较高。

四、职业价值观

职业价值观是人们衡量社会上某种职业的优劣和重要性的内在尺度。它是人生价值观在职业问题上的一种反映,是个人对待职业的一种信念,并为其职业选择、努力实现工作目标提供充分的理由。

职业学校学生的职业价值观随着社会的发展与变革不断地发生变化,而且随着性别、年级、家庭背景的不同,对各种职业价值尺度的重视程度有所不同,但总的看法是相当一致的。据调查①,职业学校的学生在职业价值观方面呈现出如下特征。

1. 注重职业的经济价值

大部分职业学校学生比较重视经济报酬,特别是福利。职业学校学生在择业主导思想上的商品意识不断加强,待遇、报酬等物质利益逐渐成为职业学校学生择业时考虑的首要因素。调查显示37.38%的职业学校学生认为"较高收入"非常重要,42.41%的高职学生认为比较重要,而仅有4.99%的高职学生认为经济价值不重要。这表明当前职业学校学生职业价值观具有务实性,更倾向于获取现实的经济价值。

2. 注重职业个人价值与社会价值双重实现

职业学校学生往往注重职业是否是自己喜欢和愿意干的,希望自己能在职业中发展自己的特长,希望能把自己所学到的知识应用到工作中去,并希望能创

---

① 刘海燕. 新时代高职学生职业价值观发展特征及教育对策研究[D].大连:大连理工大学,2021.

造性地开展工作,从而实现自己的人生价值。在职业个人价值实现与职业社会价值实现的关系处理上,多数职业学校学生更倾向于两者兼顾。从调查中可以发现,64.77％的学生认为"工作能创造社会价值"很重要,同时有 66.35％的学生认为"工作能发挥自己的创造性"很重要。新时代的职业学校学生既怀有爱国之心和强国之志,又期望获得丰厚的经济回报和实现个人职业价值。但在面对现实的职业选择和激烈的求职竞争时,他们往往又会出现认知偏差,仅把职业当作谋生的手段,而没有意识到所从事的岗位对于国家现代产业升级发展和民族复兴的重要性。

3. 对职业声望、地位等因素要求较低

在职业学校学生看来,现实社会对人才的要求越来越高,而他们的学历水平较低,很难找到社会声望高的工作,更不会去追求可望而不可即的社会地位。调查显示,被问及社会地位在择业中的重要性时,选择"非常重要"和"比较重要"的职业学校学生占比分别为 17.21％和 26.3％。再如怎样看待"易成名成家"这一问题时,选择"非常重要"和"比较重要"的职业学校学生占比仅为 17.21％和18.33％。这说明职业学校学生在选择职业时不太看重声望价值,不关注职业的社会地位,他们更加注重职业所带来的经济价值以及自我价值。

价值观是人们区分好坏、美丑、益损、正确与错误以及符合或违背自己意愿的观念行动,它通常是充满情感的,并为人的行为提供理由与支持。价值观与人生观、世界观紧密相连,价值观的改变往往会对人的一生产生巨大影响。职业学校的学生正处于价值观形成与发展的关键时期,正确认识并科学引导学生树立正确的价值观是教育工作者责无旁贷的责任与义务。

第二节　职业学校学生的学业基本情况

职业学校学生的学业状况是职业教育质量的重要体现。了解职业学校学生的学业状况,并采取行之有效的教育措施,对于增强教育教学的针对性、有效性、科学性,全面提高教育教学质量,更好地实现职业教育培养目标,具有积极的意义。

一、职业学校学生的学业基本情况

总体而言,相对于普通高中或普通高校的学生来说,中职或高职的学生在学习基础、学习动机、学习兴趣、学习习惯等方面存在着较大差距,职业学校中学业状况不良的学生比例相对更高,教育教学的难度也更大。根据相关学者的调研成果以及我们所进行的长期观察,拟从职业学校学生的学习基础、学习动机和自我效能感、学习兴趣、学习习惯等方面进行分析,对职业学校学生的学业基本情况做简要概述。

(一) 学习基础薄弱,个体差异较大

在我国现有的招生考试模式下,大多数学生都希望能通过中考或高考的关卡,最终进入普通高校接受本科教育。一般来说,职业学校学生的学习基础相对薄弱,再加上部分职业学校生源不景气,生源大战愈演愈烈,有的职业学校在招生时往往忽略了成绩标准,从客观上导致了职业学校学生的学习基础差异较大。此外,从一项调查中一项调查中学生对成绩的自我评价可以看到,以满分 5 分为基准,学生对自己入学成绩和专业课成绩的评价均分分别为 2.62 和 2.55,技能成绩的自评平均得分为 3.26,学生对自己的技能水平认可度更高,对自己的技能成绩更有信心。从平均得分来看,学生认为自己的专业成绩相对处于较差的水平,仍然有待提高。[①]

(二) 学习动机较高,自我效能感不足

职业教育是以就业与升学并重为导向的一种类型教育。因此,绝大多数职业学校学生的学习目的比较明确,那就是就业、升学、专业兴趣、提高自身素养以及获得文凭等,学习动机比较明确,且从已有调查来看,职业学校学生整体学习动机较高(4.071/5)。[②]

---

① 马欣悦. 高职学生学习者特征及教学策略研究[D].上海:华东师范大学,2021:98.
② 马欣悦. 高职学生学习者特征及教学策略研究[D].上海:华东师范大学,2021:86.

自我效能感是学生在学习活动中对自己完成学习活动目标所需的行动过程的组织和执行能力的判断。自我效能感是影响个体学习行为和学习成绩的一个重要的内在动机因素。[①]从调查统计来看,职业学校学生的自我效能感仍然有待提高。学生在学习过程中,易受到外来因素的干扰,如专业学习中的挫败感及人际交往障碍等,都有可能使他们产生畏难情绪,导致他们自信心与学习动力不足。

(三) 学习兴趣缺失,多种因素影响

兴趣是学生保持学习动力的原动力。俗话说,兴趣是最好的老师。只有对事物保持浓厚的兴趣,才能激发和释放人的潜能,收到事半功倍的效果。有调查表明,职业学校学生中承认自己"对所学的专业不感兴趣,没有学习愿望"的占27.3%。学生学习兴趣不浓的原因是多方面的。

(1) 与学生原有的学习基础密切相关。职业学校学生在以往学习过程中感受到的挫败感远多于成功和快乐的体验,所以,一旦职业学校的课程与教学超出其接受能力,学生上课甚至连听都听不懂,更谈不上学习的乐趣,也就不会产生学习的兴趣。表2-2是学生对文化课兴趣程度、专业课兴趣程度、实践课兴趣程度的结果统计表。

表2-2　职业学校学生对三类课程的兴趣状况

课程类别	非常感兴趣	感兴趣	一般	不感兴趣	很不感兴趣
文化课	7%	32%	48%	12%	1%
专业课	9.5%	39.8%	43.6%	6.6%	0.5%
实践课	17.6%	45%	31.6%	5.3%	0.5%

从表2-2可知对文化课感兴趣的学生比例低于40%,对专业课感兴趣的学生比例接近50%,对实践课感兴趣的学生比例高于60%。对专业课和实践课不感兴趣的比例约为文化课的一半。由此可见,职业学校学生对实践课较为感兴趣,对文化课兴趣不足。从另一角度来看,目前职业学校文化课、专业课和实践课三类课程的课时比例一般为3∶3∶4,文化课和专业课的课时占总课时的

① Schunk, DALE H. Goal Setting and Self-Efficacy During Self-Regulated Learning[J]. Educational Psychologist, 1990, 25(1).

60％,而有超过一半的学生对文化课和专业课表示兴趣一般或不感兴趣。

（2）学生的学习兴趣与教师的教学行为密切相关。从现实教学来看,职业学校教师在调动学生学习兴趣方面存在明显不足。

（3）学生的学习兴趣与师生之间的交流与沟通密切相关,良好的师生关系是学生产生学习兴趣的重要因素。从已有的研究来看,职业学校师生关系总体上比较和谐,但是也存在教师与学生之间的联系比较淡漠的问题。[①] 师生关系作为一种"背景条件",影响着每个学生的心理和学习行为,同时也有力地"支撑"和促发着教师的教学情感。[②] 一些职业学校教师因不能很好地与学生进行情感的交流,没有充分发挥情感交流这一重要的育人渠道的作用。

（四）学习习惯不良,缺乏学习方法

职业学校学生中,不少学生没有养成上课认真听讲、课前预习、课后复习、独立完成作业等基本的学习习惯,也很少主动向教师请教问题,并且不少学生有抄袭作业的不良习惯。

此外,职业学校学生比较缺乏正确的学习方法。自我学习、同学间相互学习还没有成为他们主要的学习方法,学习的主动性尚未得到应有的调动和发挥,致使不少学生学习的积极性较差。在高职学生的学习中,还有相当一部分同学的学习方式比较落后,没有具备自学的能力。

二、基于职业学校学生学业状况的应对策略

综上所述,职业学校学生在学习基础、学习动力、学习兴趣、学习习惯及学习方法等方面都有明显的不足。为此,职业学校班主任应树立全新的学生观、学业观,客观认识到职业学校学生的学业状况,并从大处着眼,制定全方位的教育教学策略,以使职业学校学生在现有基础上都得到最优化发展,真正实现职业教育的最大效益。

---

① 靳彤. 教育生态学视野下高职院校师生关系研究[D].天津:天津职业技术师范大学,2015:30.

② 吴岳军.论主体间性视角下的师生关系及其教师角色[J].教师教育研究,2010,22(2).

（一）充分肯定职业学校学生的优势，树立新型人才观

不论是在中等职业学校，还是在高等职业院校学习的学生，与相应层次的普通高中以及本科学生相比较，是同一层次不同类型的人才，没有智力的高低之分，只有智能类型与智力结构的不同。研究表明，具有不同智能类型和不同智力结构的人，对知识的掌握具有不同的指向性。实践表明，职业学校的学生具有形象思维的特点。而形象思维能力强的人，能更快地获取经验和策略性知识。这是职业教育的优势，也是大多数职业学校学生的优势。多项研究结果表明，职业学校学生的智能优势在于形象思维和动作思维，这与职业教育培养生产管理一线操作性人才的目标是一致的。因此，职业学校班主任必须改变传统的"重知轻技"的人才观，树立"以学生为本，人人可以成才"的新职业学校学生观。

（二）加强生涯规划教育，锻造职业核心能力

一方面，2019 年国务院颁布了《国家职业教育改革实施方案》，首次提出建立"职教高考"制度，中职学生有了一条专门的升学路径。据《2022 中国职业教育质量年度报告》数据，2021 年中职升学人数达超 180 万人，升学比例达 55.9%。在一些经济发达地区，中职学生的升学比例更高，达 70% 以上。在"升学大热"的背景下，职业学校班主任有必要重新审视生涯规划教育的重要意义，积极探索生涯规划教育开展的有效路径，为职业学校学生在"升学热"的大环境下理性选择自身发展道路提供必要的知识和能力储备。另一方面，职业教育依然要贯彻落实以就业为导向、以服务为宗旨的方针，促使学生扬长避短、发挥智能优势。针对目前职业学校学生学习的难点主要在于基础学习能力不足导致的文化课学习困难这一问题，职业学校文化课程的改革要降低起点，突出应用：一是要重视对学习能力不足的学生的补救教育，二是要加强文化课与专业课的联系。职业学校专业课程则必须实现由学科课程理论性、系统性、知识性向活动课程应用性、实践性、操作性的转变。要将部分专业课程融合到实践课程中去，加大实践课程的比例，提高实践课程的实用性和综合性。在课程组织上，要突出职业能力培养，引入项目课程和案例课程。在课程管理上，要重视地方课程建设，积极开发职业学校校本课程。要构建以学分制管理为基础的开放式的课程结构体系，给学生

以发挥特长、选择适性课程的空间。

（三）改进教师教学策略，优化学生知识技能结构

课堂教学是学生接受知识、掌握技能的主渠道。目前，学生对职业学校教师课堂教学整体水平的满意度还不高。职业学校课堂教学普遍存在着教学模式陈旧、教学方式单一、教学效率不高的问题。要提高课堂教学水平，必须加强教师教学策略的指导，创新课堂教学行为，以促进学生知识技能结构的优化。针对职业学校学生个体差异较大的现实，职业学校教学要把握住职业学校学生的学习心理特点，实施分层教学、差异教学、适应性教学，坚持扬长补短，做到以多维度的动态标准对学生进行多样化的教学，从而使得各层次各类型的学生都得到最优化发展；充分挖掘学生的潜能，让每一个职业学校学生都能找到自己个性和才能发展的独特性和生长点，从而调动和引发学生内在的学习动力和兴趣。

（四）积极开发和利用非智力因素，促进学生最优化发展

非智力因素在学生特别是学习能力不足的学生的学习和发展中起着非常重要甚至是决定性的作用。大量研究表明，职业学校学生的智商并不低，之所以在初中阶段学习落后，进入职业学校后仍不适应，主要是由于非智力因素发展较差或滞后。因此，积极开发和利用学生的非智力因素，实际上就是启动学生发展的动力系统。开发和利用学生的非智力因素，一是要引导学生树立成功的自我意向。职业学校学生由于初中阶段学业的受挫，在很大程度上存在着自我意向的偏差。心理学研究表明：倘若一个学生学习某一门课有困难，从学生的角度看，他一定对这门功课没有信心，只要扭转其自我意向，学习态度就会随之改变，学习能力也会相应提高。因此，要使职业学校学生的学习真正有起色，重要的还是要从心理上帮助他们树立成功的自我意向。二是要帮助学生提高学习的兴趣。苏霍姆林斯基认为，学习兴趣能促进学生智力和能力的发展，具有重要的智力价值。在他看来，学生对学习的冷淡态度比学业不良更为可怕。因此，教师应注意激发学生对相应学科的兴趣，使之产生认知内驱力。教师在教学中要坚持快乐教学原则，积极营造生动活泼的良好课堂氛围，使学生在学习中得到成功的体验，逐步进入好学与乐学的境界。

第三节　职业学校学生的心理特点

一、职业学校学生心理过程特点

职业教育是以就业为导向的教育,职业学校的学生从入学开始就打上了"职业"的烙印,要求学生在学习期间发展与职业相关的个性心理品质。一方面,将来从事的职业需要职业学校学生具有一定的职业心理素质,职业学校学生具有这种潜在的可能性;另一方面,职业教育促使职业学校学生的心理品质职业化,使这种潜在可能变成现实。

(一)认知模式职业化

职业教育的培养方向直接指向工作实际需要,这就决定了教育教学的内容主要是指向工作实际所需的知识、技能,学生在学习过程中自觉地形成了与职业知识、职业实践活动密切相关的认知模式。它包括观察事物的角度、记忆的类型、思维与解决问题的方式、劳动与操作习惯等。如数控专业的学生,往往就会用一种编程控制的思维模式去对待工作、生活中的其他问题,他们往往会注重计划(类似软件编程),擅长数理逻辑分析,喜欢冷静地思考;机械制造与工艺专业的学生,常用具体形象思维、动作思维去观察和解决各种问题,他们喜欢动手,注重表象。这种职业化的认知模式使职业学校学生关心与职业或专业有关的事物,善于解决与职业或专业相关的问题,这有利于学生适应职业和获得职业成就。但它也有劣势,一是容易限制学生的发散性思维和创造能力,使学生变得刻板、教条、单调和缺乏活力,影响他们取得更高的职业成就;二是使学生的注意、兴趣、信息接纳局限于狭隘的职业圈内,对与职业或专业无关的社会事物淡漠或迟钝,不利于生活多元化取向的培养。

(二) 社会化程度相对较高,职业道德情感发展相对较快

与普通高中或普通高校的学生相比,职业学校与社会的联系更为广泛、紧密,学校经常组织学生深入实习基地见习、现场教学、顶岗实习及调查研究等。众多的社会生活机会使职业学校学生视野开阔,思想活跃,信息多元,情感更加丰富,学习生活中带有鲜明的社会性,因而他们的社会化程度也相对较高。

由于经常参与专业或职业相关内容的学习,较早地与职业"亲密接触",学生对专业和职业的认识更加深刻、真实,在此基础上更容易形成职业情感。专业学习实践容易使学生形成热爱劳动、吃苦耐劳、尊敬老师、团结协作等良好的工作态度和作风,进一步加深对专业和职业的体验和认识,形成良好的职业道德情感。

(三) 职业意志趋向理性,职业行为日益稳定

职业意志就是在明确职业活动目的的前提下,调节和支配行动,并通过克服困难或挫折,实现职业目的的心理过程。职业意志对人的职业行为具有调节和支配的作用,是调配职业行为的内在动力;反过来,职业行为又能进一步强化职业意志。相对普通高中或普通高校的学生来说,职业学校学生的职业意志和职业行为更强。当他们进入某个专业学习后,能按照专业培养目标发展自己,不断克服各种困难和障碍,力求成为合格的专业人才。由于职业学校学生在学习过程中,经常与职业实践接触,而许多职业明确地对他们提出了内在要求,这些都在无形中加强了学生职业意志的磨炼与培养,学生的职业意志必然具有理性的特征。如化工生产容易发生"跑、冒、漏、滴"的现象,从而导致安全隐患,这就要求学生有很强的整体观念、纪律观念和安全意识,要有科学严谨的工作作风,遵守操作规范要求;仪表监视器工作要求不能擅自离开工作岗位,要求学生有较强的意志;等等。学生对职业规则和操守要有理性的认识,并在实践过程中不断地强化和训练,才能形成比较强的职业意志;只有具备较强的职业意志,才能形成比较稳定的职业行为。

二、职业学校学生的个性心理特点

总体而言,就读职业学校的学生与就读普通学校的学生具有很多相似的个性心理特点。然而,由于两者在学业状况、职业发展定位等方面存在着一定差异,再加上人们对职业教育在认识上的偏差,形成了职业学校学生这一群体独特的个性心理特点。

(一) 自卑心理比较突出,缺乏自信心

不少职业学校学生存在着不同程度的自卑心理,这种自卑心理主要源自以下几个方面。

(1) 传统观念的影响。在我国的教育文化传统中,"学而优则仕"的观点一直盘踞在人们的脑海中,近年来还出现"学而优则富""学而优则名"等观点。人们普遍认为,通过职业学校的学习似乎很难达到这样的目标,职业学校学生毕业后是当工人的,从事的都是具体的技术活,当"官"或当老板的可能性比较小。因此,就读职业学校实属"无奈"的选择,是学业"失败"的象征。而我国的招生考试录取制度进一步佐证了人们的观念,客观上促使许多职业学校学生形成了"低人一等""丢人现眼"等自卑心理,学生入学报到后总感到"灰溜溜的",心情郁闷、压抑,失落感、挫折感较为强烈,缺乏应有的自信。

(2) 招生制度等因素的影响。经历了中考或高考的筛选,进入职业学校就读的学生的成绩相对较差,学习基础相对薄弱,学业上的受挫则进一步加重了学生的自卑心理。

(3) 生源分布因素的影响。职业学校学生往往呈现出工农子弟多、贫困生多等特征。对贫困生来说,既要为在艰苦的条件下完成学业而拼搏,同时又要与时时袭上心头的精神压力斗争;既要应对学习、生活等方面的支出,又要面对各种歧视、非议以及由此而产生的心理苦痛,如果不能很好地疏导与调节,极易产生自卑心理,导致自信心丧失。

(二) 实用的学习观,实惠的择业观

职业教育的培养目标是以就业为导向的,这就决定了学生学习目的、学习内容、学习方式的实践性和应用性。大多数学生能将在校学习与未来就业挂钩,意识到今天学习的好坏直接影响到自己未来的工作。正因为这样,职业学校的学生更加喜欢上专业课,尤其是专业实践课,相反,对文化课则比较忽视,因为他们认为文化理论知识距离工作实际更加遥远。客观来讲,学生能把自己的学习与今后的工作联系起来,有利于学生的学业发展,但仅仅以是否"有用"作为学习的取舍标准,难免会影响到学生系统知识的构建,这种功利化的学习观会影响到学生今后工作的灵活性及广泛适应性,最终将影响其职业发展的宽度、高度和可持续性。因此,职业学校的班主任应该注重引导学生避免那种极度注重短期性和功利性的学习观,提醒学生着眼长远,放眼未来,全面发展,正确处理"专"与"宽"、"近"与"远"之间的关系。

职业学校学生在选择专业、职业上,不同程度地存在着"讲究实惠,注重体面"的问题。还有部分学生以"体面的""轻松的""挣钱多的"行业和单位为择业目标,在物质消费上追求高档次、讲排场、讲阔气,生活上喜欢安逸、轻松、舒适。因此,很多职业学校学生不愿意到农村、集体企业或乡镇企业工作,而是希望到外资企业、中外合资企业、国营企事业单位,以及外贸、外事、旅游等部门工作。

(三) 形象思维发展较快,技能水平较高

人们一般把智能分为两类:一类是抽象思维,另一类是形象思维。如果说普通教育更加重视对学生进行抽象思维的训练,职业教育则更加注重对学生进行形象思维的培养。职业教育与普通教育相比,一个重要的区别就是更重视学生操作技能的获得和职业能力的培养。而这类操作技能、技术能力的培养,无疑会促进学生形象思维能力的发展。

具备一定水平的专业技能是职业学校培养目标的要求,是职业学校学生具备就业竞争力的核心要素,也是职业学校学生区别于普通学校学生技能特征的重要内容。职业教育教学最为突出的一个特点就是实践性。实验、实训、实习、毕业设计等实践性教学在整个教学计划中占有相当大的比重。因此,职业学校

学生一般能掌握本专业的基本操作技能,大都能完成本专业比较复杂的技能技术任务,毕业后能马上顶岗操作。与普通学校毕业的学生比较,职业学校学生的技能技术水平相对更高,具有更强的职业实践适应能力。

(四) 学习动机多元化,呈现分化倾向

近年来,随着我国经济的快速发展,社会对职业技术人才的需求量不断增加,这客观上造成了有效供给与膨胀需求之间的差距呈继续拉大的趋势,职业学校毕业的学生受到了社会欢迎,待遇也不断提高,这无疑提升了职业技术人才在社会职业领域中的地位,因而有部分家长和学生愿意接受职业教育。然而,受根深蒂固的传统思维影响,社会上鄙薄职业教育的现象依然大量存在,这就造成了学生对职业教育"望而却步",有相当一部分学生是出于无奈才进入职业学校。而这样势必造成职业学校学生学习动机的主动与被动的分野。从已有研究来看,职业学校学生的学习动机呈现分化倾向。其中,63%的学生以就业为主导性学习动机,认为学习是为了毕业后能找份工作,养活自己;18%的学生以完善和实现自我为导向,认为学习是为了在社会上实现自己的人生价值;8%的学生学习是为了挣更多的钱,进一步提高物质生活水平;7%的学生学习是为了不让父母失望,以父母的期望为价值标准;另外还有4%的学生以提升学历为目标,认为个人的社会地位与学历高低密切相关,希望通过提高学历获得认可。① 由此可见,职业学校学生的学习动机呈现多元化的倾向。

(五) 就业信息意识强烈,不同程度存在着就业心理焦虑

对多数职业学校学生而言,入学的目的是学习理论知识、掌握实践技能,为今后能寻找到理想的工作而努力。为了能学以致用,找到理想的工作,大多数职业学校学生非常关注就业信息,他们对企业招聘、人才市场等信息极为关注,会利用多种途径去搜集相关的就业信息,选择自己感兴趣的职业,表现出较强的择业意识。当然也有少数学生在择业方面表现出依赖、退缩心理。虽然现在实行

---

① 张伟. 高职学生学习动机调查研究——以 W 职业学院为例[D].兰州:西北师范大学,2016:19-20.

的是"双向选择，自主择业"的就业制度，但许多职业学校学生还是寄希望于学校或家长帮助自己解决就业问题。对于职业学校承诺保证毕业后推荐就业的那些专业，职业学校学生往往是十分喜爱、情有独钟的。这说明不少职业学校学生在内心深处还是惧怕或不愿意自主择业，更缺乏创业精神和能力。

虽说随着我国经济的发展，近年来技能型人才短缺，对职业学校毕业生的需求量很大，很多专业的学生非常受社会的欢迎，但仍有部分毕业生的就业不容乐观，部分学生在就业时表现出一定程度的紧张焦虑心理。能否顺利就业，成为许多职业学校学生的一大"心病"。一些职业学校学生担心自己的学历低，专业技能水平低，害怕毕业等于失业，甚至为此寝食不安。还有的职业学校学生对所学专业不满意、没兴趣，自己又没有办法改变现实，整天心绪不宁、唉声叹气、愁眉苦脸。对此，学生管理工作应该深入细致，各方面工作都要和学生的发展出路密切联系起来，培养学生科学合理的就业观念；加强就业指导，帮助学生辩证地分析自己的优势和薄弱之处，教育学生根据自己的实际条件、兴趣特长和社会发展要求，恰当地确定自己的奋斗目标和发展道路，不盲目攀比，不随波逐流。

（六）社会情感成熟较早，道德情感发展较快

职业学校学生的情感成熟较早，这点尤其体现在中职学生身上。学生情感的发展主要体现在以下几个方面。

（1）人际交往方面。由于没有升学的压力，他们有更多的时间和更轻松的心态来面对学习生活中的人和事，喜欢与人交往，尤其喜欢与自己未来职业紧密相关的人群交往，在待人接物方面比普通学校的学生更为成熟与老练，与社会各阶层人员之间的情谊也得到了发展。

（2）职业道德情感方面。由于经常进行实践训练与实习，更早地接触到工作实践，因此，他们更容易对职业产生感情，从而养成一些优良的道德意志品质，如热爱劳动、能吃苦、不怕脏累、尊敬老师、团结协作、遵守劳动纪律、珍惜集体荣誉、爱护劳动成果等，这表明他们的道德情感发展较快、较早。

（3）恋爱现象更为普遍。处于青春期的职业学校学生，身心发展上的第二、第三性征相继出现，男女的性别意识进一步增强，有了解异性的好奇与冲动，这是他们出现恋爱现象的基础。信息时代媒体力量的"催化剂"作用、升学压力的

解脱、学习行为的相对自主、时间和精力的"过剩"、社会化程度的加深、学校的管理制度的相对宽松等，都是导致他们过早地、盲目地恋爱的因素。有的学校恋爱现象相当普遍，职业学校学生不再因为某位同学恋爱而大惊小怪，相反，对没有恋爱对象的学生，他们反而"刮目相看"了。

问题与思考

1. 作为职业学校的班主任，应该树立怎样的学生观？

2. 联系实际，谈谈应该如何扬长避短，发掘职业学校学生的人才优势和潜能。

3. 提供一个成功学生的案例，并分析学校教育对其产生的作用和影响。

第三章

职业学校的班级管理

【案例 3－1】

　　新学期开学这一天,某老师就"临危受命"接收的"困难班级"发表了他的第一篇班主任就职演说。他给同学们讲述了《这条小鱼在乎》的故事:在暴风雨后的早晨,一个男人来海边散步。他注意到沙滩的浅水洼里有许多被暴风雨卷上岸来的小鱼,它们被困在浅水洼里,回不了大海。用不了多久,这些小鱼都会慢慢干死。他继续朝前走着,看见前面有一个小男孩,不停地在水洼旁弯下腰去捡起水洼里的小鱼,并将它们扔回大海。这个男人停下来,注视着,终于忍不住走过去,说:"孩子,这水洼里有成百上千条小鱼,你救不过来的。""我知道。"小男孩头也不抬地回答。"哦? 那你为什么还在扔? 谁在乎呢?""这条小鱼在乎!"男孩儿一边回答,一边拾起一条小鱼扔进大海,"这条在乎,这条也在乎! 还有这一条、这一条、这一条……"班主任老师说,他知道班级现在的困难,但他愿意尽他所能,把更多的"小鱼"送回"大海"!①

　　从上述班主任的事例中,我们发现,班级管理是一门艺术,不仅需要用心,还需要有好的管理方法。班主任需要了解、尊重、理解学生,同时对自己的管理要有基本的设计、理念和工作艺术。对于职业学校班主任而言,还应该关注职业学校班级管理的特点,了解班级管理的功能以及管理的内容,逐步形成自己的班级管理模式。

----

　　① 　案例改编自叶斌. 大学生心理健康教育[M]. 南昌:江西高校出版社,2008:91.

第一节　职业学校班级管理特点

　　班级是学校教育教学活动的基本单位,班级管理工作是学校管理工作的重要组成部分,是学校教育中的关键因素,学校各项工作计划的实施、管理活动的开展,乃至国家教育方针的贯彻,都要依靠班级管理活动来具体实施。[①]

　　与普通教育不同,职业教育在教育的内容、对学生的要求及管理方面有着自己的特点,这些特点在班级的构成、班级风气、班级心理环境、学生的思想上都会有所体现。可以说,职业学校的班级更多地体现专业特色,展示专业前景,突出专业精神,追求职业目标。学生在学习目的、学习动机、学习兴趣、参与班级活动等方面都打上了专业的烙印,甚至形成一定的职业取向性。这就决定了职业学校的班级有着自己的特点。

一、学生构成的专业化

　　职业学校的建制是按系分专业,按专业进行分班管理。这就决定了职业学校的班级构成具有专业化的特点。学生在入学之前就已经对自己将要学习的专业有所了解,许多学生的专业还是自己选择的。对部分学生而言,专业就是自己的兴趣所在,这种专业化的班级构成对学生日后的生活、学习、活动、交友、生涯发展都有着广泛的影响,也影响着班主任的教育和管理。班主任在制定管理思想、方法、班级规范等方面都应考虑专业的要求,体现专业的方向。这种专业化的班级构成对学生的发展有许多有利方面。

　　其一,在班集体形成的初期,学生对班级的初期概念是以专业来体现的,学生的接纳心理比较强,存在专业的归属感,因此,他们比较容易融入班级,并且把班级活动同自己未来的职业发展联系起来。这种归属心理的存在对班集体的形

---

①　刘岩,王萍.班主任与班级管理[M].北京:北京师范大学出版社,2013:26-27.

成和发展非常有利。学生对班级活动的兴趣比较浓厚,如果活动设计得好,他们会在班级活动中投入更多的激情和精力,这是班级风气凝聚的基础和条件。

其二,学生对专业的好奇和未来的憧憬,会对专业学习产生一定的促进作用。因此,在班级形成的初期,善于进行专业教育,使学生了解专业的前景,对自己的未来充满信心,将有利于班级的管理。反之,如果学生对专业方向把握不够,对专业的学习比较迷茫,就会产生不利于班级管理的效果。由于职业学校不再具有中学时期的升学压力,学习的紧张程度相对降低,学生在这种相对宽松的环境里,容易产生学习上的懈怠。加之如果学习目的不明确,就会产生无所事事的感觉,进而对学校的制度产生抵触和反抗。这也是职业学校学生较难管理的一个重要原因。

二、学习目标的职业化

就学习目的而言,职业学校的学生以就业为导向,以找到一份好工作为目标,学习目标具有典型的职业化倾向。

这种职业化的倾向首先表现在对待学习的态度上。进入职业学校后,学生学习的获得感已经不仅仅体现在考试成绩上,对自己能力的期望和专业技术水平的提高将成为学生新的学习兴奋点。所以,职业学校学生的学习状况与普通中学以及大学相比,更趋实用性。大多数学生对理论学习的兴趣不高,对专业技能的学习往往投入更多的时间和精力。由于没有升学压力,在面对就业问题上,学业成绩也不再是衡量学生水平的唯一要素,学生对于学习成绩的效用开始出现评判式的观点,学习的努力程度和热情都有所变化,常常表现出"上课没精打采,下课神气活现"。许多教师反映职业学校学生不爱学习,这是他们的一大问题。

其次,在对待各类活动方面,学生对班级以及班级活动的要求也在发生变化,他们希望有更多可以帮助自己提高专业技能的活动。他们对自己专业方面的代表人物更感兴趣,需求更多样,需求的层次也出现差异。从学生的表现来看,他们对各类社团活动积极投入,甚至常常出现为了参加社团活动而放弃上课的现象。在处理学习与活动的主次关系问题、时间管理方面他们常常出现困扰。

可以看到,学生开始有了迫切了解并参与到社会活动和事务中的愿望,希望以此来锻炼自己和获得实践的经验,并将参与社团活动作为自己日后找工作的一个筹码。

最后,在对待校内外勤工俭学方面,许多同学会利用课余和节假日去做兼职,如商场导购员、楼盘促销员、汽车形象大使、家庭教师、各类培训师、广告宣传员等。虽然许多学校校内岗位有限,但只要有岗位出现,总是供不应求。学生对这类活动的兴趣在于,不仅可以获得一定的经济报酬,更能获得自我成长的机会。可以说,勤工俭学是学生步入社会的前奏,是学生主动适应社会的一种有益探索,在这些岗位上的良好表现可以大大缩短学生对职业岗位的适应期。

当然,学生参与这些活动对于班级管理会带来一些影响,如班级纪律、学生安全、学习心理等。如何合理引导和转化,这需要职业学校班主任在班级管理工作中加以研究和积极应对。

三、学生管理的自主化

从学生年龄来看,职业学校的学生已经进入青春期,他们的自我意识增强,自我管理的意识、要求、能力已经具备,班级里学生管理自主化已经成为学生的心理需要。这也构成了职业学校学生的班级特点。班主任需要了解学生的心理特点,尊重学生的自主要求,这是与学生和谐相处的前提,也是管理好班集体的保证。

一般认为,自主是这个年龄学生的共同特点,但对职业学校的学生而言这一点尤其明显,这是与他们的学习和生活历程相关的。由于此前他们的学习成绩一般并不优秀,一直没有得到来自外界的强大支持和鼓励,在自我接纳和认同感方面,他们是脆弱的。他们需要通过其他途径来达到自我肯定,因此在对自我的维护方面他们常常格外看重。班主任可以充分利用学生的自主性需求,在班级管理方面给予学生必要的信任,放手让学生自主管理。学生在自主管理的过程中可以体会到责任感、成就感,体会到理解与理智、公平与公正的道理。这对于学生的成熟与成长都是有帮助的。

四、班级管理内容的动态化

班级管理的动态化体现在班级管理工作内容随学校中心工作的需要而变化，由于职业学校以服务社会经济和市场需要为前提，除了常规工作之外，职业学校工作内容具有市场性，因时而变，如紧急事务、不同级别的技能竞赛、参观企业、参与企业活动等，这些都使得班级工作具有动态性和变化性。班主任需要对这些动态的事务有充分的了解。

在班级管理内部，职业学校的班级事务也处于动态中，如各级奖助学金评定、社会人士捐助、社会勤工俭学、企业的短期培训与企业的合作办学等，这些都会对学生的管理产生影响。管理内容的动态化需要班主任对班级工作的评价、考核进行调整，使班级考核体现时效性、动态性。为此，需要将过去的年终一次性考核改为每月考核，体现班级管理考核的过程性；年终再根据班级各月绩效进行综合评价，这样可以形成班级管理的综合性、系统性。这既反映了班级管理工作的客观规律和人才成长的动态规律，也能调动班主任及每个学生的工作、学习积极性。

当然，在班级管理动态化的过程中，要进行系统规划。学生工作在职业学校中占有举足轻重的地位，学生的教育、管理和服务工作是相互联系的，任务繁重而又千头万绪。如果不摆脱经验管理、被动适应、各自为政的状态，学生工作就只能是一种滞后、零乱、松散和低水平的拼凑组合。为此，班主任需要进行系统规划，这里需要注意三方面内容：一是起点要高，既要符合时代和社会要求，又要切合学生自身实际和未来的发展；二是系统要周密，要按照学生工作教育、管理和服务三大职能对学生从入学到毕业的全过程分类别、分阶段地做出严密和系统的设计与规划；三是特色要突出，学校的学生工作和班级管理工作，都会因各自的实际情况而在目标、任务、重点、要求、方式及途径等方面有所不同。因此，在系统的设计与规划中突出各自的特色，以便切实做到实事求是，提高针对性和实效性。这样，班级动态管理可以增强班级凝聚力、向心力，促进班级管理整体水平的提高以及学风、班风甚至校风建设。

第二节　职业学校班级管理功能

班级对学生的成长有着重要的影响。一个良好的班集体对学生的健康成长作用重大。苏联著名教育家马卡连柯说过,"集体是个人的教师"①。班主任不仅可以直接对学生施加教育影响,还可以通过集体影响集体中的每个成员。

班级管理是教师根据学校的教育目的要求,有目的、有意识地对班级中的人、事、财、物不断协调的综合性活动,它是按照一定的目标,通过计划、组织、实施、检查、总结等过程来进行的。在学校管理过程中,学生是学校的主体,学校的所有管理都是围绕学生进行设置和运行的,开展的各项活动都渗透着对学生的教育,而对学生的教育需要班级来实施。班级管理的核心是贯彻学校的管理意图,发挥教育功能。② 班级管理的最终目的是将学生培养和教育成合格的人才,班级管理如何,对学生的成长而言非常重要,职业院校班级管理还需要兼顾学生的专业以及技能培训、就业指导等多方面因素。下面简单介绍职业学校班级管理的主要功能。

一、落实学校管理目标,制订班级工作计划

班级管理是一种有目的的活动。班主任要根据我国的教育目的和学校管理目标的要求,从本班的实际出发,组织学生干部讨论,提出全班共同奋斗目标和具体措施,每学期制订切实可行的班级工作计划,引导学生不断前进,以期实现教学目标,提高学习效率,夯实专业基础,提升专业技能。班级组织产生的根本原因是为了更有效地实施教学活动,有效的班级管理不但能帮助教师实现教学

---

① 吴剑园.浅谈班级管理的功能与有效策略[J].科教导刊(电子版),2020(27).
② 李颖钰,赖青,曾朝锋.生态视域下班级管理的内涵、特征和功能[J].教育教学论坛,2017(48).

目标,而且能提高学生的学习效率。

二、做好班级常规管理工作

班级常规管理工作不仅是落实班级工作计划的一个具体的环节,也是使班集体能正常运转的必要条件。重视班级管理有助于维持班级秩序,形成良好班风。调动班级成员参与班级管理的积极性,共同建立良好的班级秩序和健康的班级风气,不仅可以规范学生的行为,还可以激发学生关心集体、对集体负责的意识,使学生对班级有认可和归属感,增强班级凝聚力,同时使学生得到各种锻炼,提高综合素质,更全面地发展。[①] 而忽视班级常规管理工作,必然会造成班集体的混乱和不协调,进而影响班级管理目标的实现。

三、促进职业学校学生的全面发展

职业学校学生的全面发展是指学生知识和职业技术技能的全面和谐发展。班级管理对职业学校学生全面发展的功能主要表现为能促进学生人格和职业技术的和谐、均衡统一。在班级教育管理实践活动中,无论是发挥班级管理的专门职能——教育管理什么,还是发挥班级管理的基本职能——怎样进行教育管理,都是依据职业学校学生身心素质变化发展的必然规律,以及社会发展对职业学校人才的期望要求逐步展开和进行的。正因为这样,职业学校班级教育管理能促进学生各个方面、各个层次的有机整合,和谐发展。这既是职业院校班级管理的追求目标,又是职业院校班级管理的价值所在。[②]

四、组织好教师集体和家长集体

班级管理工作,主要是由班主任来进行和完成,但有许多工作还必须得到任

---

① 茶国智.班级管理体制的育人功能研究[J].教育教学论坛,2016(26).
② 赵得功.中职班级管理的功能研究[J].新课程学习(下),2011(10).

课教师和学生家长的配合。班主任不能"单枪匹马",而应团结、依靠任课教师和学生家长,并且形成一个以班主任为核心的、有统一目标的教师集体和家长集体,共同管理好班集体。[①] 班主任和任课教师之间是战友关系而不是领导与被领导的关系。班主任要学会在学生面前或者其他场合赞扬任课教师,使学生看到任课教师在教学之外的优势,树立任课教师的威信;而任课教师在班级管理方面也有着班主任所不及的优势,班主任要善于借助不同任课教师之力调动学生的积极性。此外,班主任应当与家长及时沟通,要注意分析到位,引导家长辩证地看待学生,家校合力,共同培养。

总之,班级是学校对学生进行教育的主要阵地,班级管理是学校培养塑造集知识与技能于一体的职业学校学生的重要方式,只有充分发挥职业学校班级管理的功能,才能巩固职业学校教育教学的阵地,从而完成职业教育的历史使命。

第三节　职业学校班级管理内容

班级是学校教育体系中的基本单位,班级管理工作是整个学校教育工作的基础,是组成学校有机体不可缺少的细胞。学校的各科教学、活动组织、社会实践、课外活动、学生的养成教育等大多以班级为单位进行。班级管理是学校管理中的重要方面,而班级管理的重要内容是班级常规管理。

班级常规管理是班级经常性的管理工作,包括规章制度、教学常规、宿舍常规、劳动活动常规等方面的管理以及师生之间、同学之间应有的人际要求。常规管理的目的在于培养学生良好的行为规范,便于开展学生工作,实施学校的各项教学、活动等任务。班级管理工作的基础在于建立有效、持久的常规管理,而呈良性循环的常规管理是提高教育教学质量的基础和保证。学校对班级的管理主要是通过班主任来实施的,班主任是班级管理工作的重要组织者和实施者,是教

---

① 刘岩,王萍.班主任与班级管理[M].北京:北京师范大学出版社,2013:35-37.

育学生的骨干力量,班级管理工作的好坏,直接影响学校的学风和校风。

职业学校班级常规管理工作包括的内容很多,大体上可以做如下分类。

一、班级组织管理

班级组织管理包括班级制度和班级组织两个方面。从班级制度方面来看,首先要全面执行和遵守学校的规章制度,这些制度也是班级制度的基本保障,并通过班级管理来实施。班级组织是对班级进行管理的执行机构,包含班主任、班委和团支部三大模块。

(一)班级制度

在班级中存在两种类型的制度规范,一种是学校明文规定的各类制度,如教育法规、学习纪律、规章制度等,具有强制性,这些都是班级管理工作的基本保障。班级管理的制度主要包括对学生各种行为的规范和要求,大多是通过学校文件或条例的形式确立的,每个在校学生都必须遵守。另一种是学生在社会化的学习、交往和活动中形成的,为班集体所期望的潜在的规范,没有明文规定,也没有外力的强制,如班级舆论、传统、班风等。其中学校明文规定的制度主要包括以下四方面。

1. 学习制度

学习制度包括学分制、上课行为规范、晚自习制度、实习制度、请假制度等。职业学校对学生的课程学习、上课时间地点、行为都有严格要求。比如对于因故无法正常上课的学生,要求履行请假手续;在实习阶段,要遵守实习制度;晚自习需要在要求的地点进行学习,并遵守学习纪律。学习制度对课堂规则、学习纪律也都有严格的要求。

2. 学生守则

学生守则对学生从入学、军训、起床早锻炼、上下课、课余活动、自习、就餐、午休和就寝、集体活动、着装和风纪、举止和礼节、遵纪守法、复习考试、寒暑假和毕业离校等方面进行详细规定。这些规定都是考核学生的标准,也是对学生的基本要求,学生违反这些规定将会受到相应的批评、教育或处罚。学生守则确定了学生的地位、权利、义务以及日常行为规范,以确保通过常规的训练和行为习惯养成,将学生培养成为符合社会需要的人才。

3. 学籍管理

学籍管理的规定适用于学校里每个学生。学籍管理包含学生入学报到注册,课程与学分、课程考核与成绩记载,课程选修、免修、免听,升级与编班,转学与转专业,休学、停学与复学,退学,考勤与纪律,奖励与处分,毕业、结业和肄业,以及附则等内容。这些内容都是班主任应该了解并熟悉的,也是对学生进行管理的依据。

4. 公寓管理

学生公寓是学生在校期间学习、生活、休息的重要场所,也是学校对学生实施素质教育的重要场所,各个学校对学生公寓管理都给予了高度重视。公寓管理主要包含:学生入住手续、离校手续、毕业生离校手续、公共财产、环境和卫生、作息制度、公寓管理纪律和秩序、安全工作及注意事项等。有的学校在公寓成立党、团组织,并将心理健康教育引入公寓,在公寓文化建设方面也提出相应的要求。在公寓管理中,有的学校还开展宿舍评比活动,将宿舍按星级划分,分别为一星级、二星级、三星级、四星级、五星级五个递增的等级,班主任需要掌握星级宿舍的评比条例,并督促学生积极参与和配合。公寓管理有相关的制度规定,如公寓作息制度、公寓进出制度、公寓文化建设、公寓心理教育等,班主任需要详细了解这些规定,并参与相关工作。

(二) 学生管理相关制度

除了学校有关班级管理的部分制度(或规定)以外,在日常的工作中,班主任还需要了解与学生生活密切相关的各类学校规定或精神。这些制度与学生的生活、荣誉、能力的锻炼等密切相关,虽然不属于班级的常规工作,但对班级管理的影响巨大,是每一位班主任都必须了解并要公正、公平对待的问题。

1. 奖惩规定

奖惩规定是根据我国教育基本方针,鼓励先进,处罚违规,加强校纪校风建设,维护学校良好的教学、生活秩序而制定的,主要包括文明班级评比、优秀学生奖励、学生违纪处分等。

（1）文明班级评比。这是为了增强班级学生的集体观念，促进良好学风、班风和校风的建设而设置的。一般文明班级评比每学年进行一次，评比办法和要求涉及德育、智育、体育等方面，学校对获得文明班级荣誉的班级进行奖励。

（2）优秀学生奖励。这是许多学校为全面贯彻党的教育方针，鼓励学生追求上进，倡导良好学风而制定的学校条例。不同学校的奖励名称以及内容有所差异，但基本目的都是鼓励先进，引领后进，倡导良好学风。优秀学生包括学校（或院、系两级）"三好学生"及"优秀学生干部""优秀毕业生"。有的学校为了突出职业教育特点，鼓励学生获得专业技术、专项技能等领域更多的发展，还设立了各类奖学金奖励，这些奖励主要包括一等奖学金、二等奖学金、三等奖学金、学习特别奖、单项奖学金等。有的职业技术学院还设立院、系两级奖学金。

单项奖学金具体分为"学习优秀奖""文体优秀奖""学习进步奖""劳动卫生奖""社会实践奖"等。学生在某一方面成绩突出或进步显著，可获得单项奖。学习特别奖是用于奖励在英语、计算机等方面获得较高级别证书或在较高级别学习、专业技能竞赛中获奖的学生。

目前对于优秀学生的奖励，除了学校层面之外，还有其他层面的奖励。如国家级、省级、市级"三好学生""优秀学生干部"奖励。这类奖励一般比例较小，但对学生的激励作用很大，班主任应高度关注。

（3）学生违纪处分。为了维护学校良好秩序、树立优良校风，鼓励学生自我管理，学校对学生违纪行为需要进行必要的教育和处罚。这是一种行政处分，对有违法、违规、违纪行为的学生，视其行为性质和情节轻重，给予批评教育或纪律处分。纪律处分的种类分为警告、严重警告、记过、留校察看、开除学籍等。学校教育特别重视考试纪律，有些学校对考试违纪、作弊有特别规定，以严肃各类考试的考风、考纪，使学校的考试工作更加规范有序。

为了使管理更加人性化，保障学校和学生的合法利益，保证学校处分、处理行为的客观、公正，并防止在处理学生过程中出现失实、失误，许多学校设立了学生校内申诉制度。学生对学校做出的取消入学资格、退学、纪律处分等处理决定有异议时，可以向学校提出申诉，学生申诉处理委员会在接到申诉书之后，对行复查并做出处理。学生对申诉处理委员会复查决定有异议的，可以在规定时间内向省级教育厅提出书面申诉。

2. 帮困助学

随着教育收费制度的改革,经济困难学生成为各类学校中普遍存在的一个群体,帮困助学工作也成为学校学生管理工作中的重要方面。帮困助学是帮助家庭经济困难的学生,顺利完成学业的重要举措。目前职业学校的帮困助学工作主要包含勤、贷、减免、补、奖助等内容。

（1）勤:勤工助学,是指学校组织学生参加校内外的生产活动、后勤服务及各项公益劳动,学生从中取得相应报酬的助学活动。勤工助学活动有利于学生德智体美劳全面发展,而且是对广大学生,特别是贫困家庭学生的有效资助办法,是对他们安心完成在校学业的有力支持。学校一般设有勤工助学中心,负责管理相关事务,班主任需要了解勤工助学的相关规定和工作流程。

目前学校的勤工助学一般分为校内和校外两块。校内勤工助学由学校内部根据各部门工作的需要,确定勤工助学岗位,学生根据学校的规定可以提出申请,由学校勤工助学中心负责安排和管理。校外勤工助学是校外有关机构根据自身工作的需要,在不违背国家法律法规的前提下,向学校提供勤工助学的机会,学生需要在学校勤工助学中心的指导下参与校外勤工助学活动。

（2）贷:助学贷款,是党中央、国务院在社会主义市场经济条件下,利用金融手段完善我国职业学院资助政策体系,加大对职业学院贫困家庭学生资助力度所采取的一项重大措施。国家助学贷款是由政府主导、财政贴息、银行及教育行政部门与学校共同操作的专门帮助贫困家庭学生完成学业的银行贷款。借款学生不需要办理贷款担保或抵押,但需要承诺按期还款,并承担相关法律责任。借款学生通过学校向银行申请贷款,用于弥补在校学习期间学费、住宿费和生活费的不足,毕业后分期偿还。各个学校都有相应的助学贷款机构和管理办法。班主任需要全面了解这些政策。

（3）减免:不同学校都有自己的减免学费的政策,有的学校已经实施,有的学校尚未实施,班主任需要根据自己学校的实际情况来了解相关的政策。

（4）补:指临时性的困难补助。这是针对少数在校表现良好但家庭成员突发重大疾病或发生意外所引起的家庭经济困难,或在学校里因班级或学校组织集体活动而出现意外(如受伤)的学生给予临时性的补助,以帮助学生应对困难的举措。各校的补助方式、金额、要求有一定的差异,班主任需要了解本校的实际情况,并做好学生的教育工作。

(5)奖助:通过向贫困家庭学生提供奖学金和助学金的形式,帮助他们完成学业。奖助学金主要分为以下几种。

一是国家奖助学金。面向全国公办全日制普通高等学校(以下简称"高校")在校本专科学生中的贫困家庭学生,分为国家奖学金和国家助学金两种形式。国家奖助学金是为帮助家庭经济困难的普通高等学校学生顺利完成学业,激励家庭经济困难的普通高等学校学生勤奋学习、努力进取,促进学生在德、智、体、美、劳等方面得到全面发展而特别设立的国家级奖学金。国家奖学金的资助对象为高校中家庭经济困难,品学兼优的全日制本、专科学生。国家助学金的资助对象为高校中家庭经济特别困难的全日制本、专科学生,以资助家庭经济特别困难学生的生活费为目的。

二是省、市政府及学校奖助学金。部分省、市政府及学校根据国家奖助学金的发放精神,以及本省、市、学校经济状况,制定相应的奖助学金发放办法。这些奖助学金对帮助困难家庭学生完成学业有很大的帮助,当然各种帮助都是有一定条件的,困难学生必须达到受助的条件才可以获得帮助。

三是社会资助(捐赠)。随着经济的发展,以及国家对困难学生关注的增多,社会各界对贫困学生的帮助也越来越多。来自个人、企业、社会团体的资助逐渐成为助学的一支重要力量。社会资助一般由学校统一操作和管理,协调与各方的联系,班主任需要全力配合学校对学生进行组织和推荐。

以中等职业学校为例,资助范围及标准包括以下几种。①

(1)国家奖学金。奖励学习成绩、技能表现等方面特别优秀的中等职业学校全日制在校生,每年奖励2万名,每名学生每年6 000元。

(2)免学费。对中等职业学校全日制学历教育正式学籍一、二、三年级在校生中农村(含县镇)学生、城市涉农专业学生、城市家庭经济困难学生、民族地区学校就读学生、戏曲表演专业学生免除学费(其他艺术类相关表演专业学生除

---

① 财政部,教育部,人力资源社会保障部,等.关于印发《学生资助资金管理办法》的通知[EB/OL].(2021-12-30)[2024-03-01].http://www.moe.gov.cn/jyb_xxgk/moe_1777/moe_1779/202308/t20230807_1072786.html.

外)。城市家庭经济困难学生比例按规定分区域确定。免学费标准按照各级人民政府及其价格、财政主管部门批准的公办学校学费标准执行(不含住宿费)。

(3) 国家助学金。资助中等职业学校全日制学历教育正式学籍一、二年级在校涉农专业学生和非涉农专业家庭经济困难学生。家庭经济困难学生比例按规定分区域确定。六盘山区等 11 个原连片特困地区和西藏、四省涉藏州县、新疆南疆四地州中等职业学校农村学生(不含县城)全部纳入享受国家助学金范围。平均资助标准每名学生每年 2 000 元,具体标准由各地结合实际在 1 000～3 000元范围内确定,可以分为 2～3 档。

3. 社会实践

社会实践是职业学校班级管理中必然要涉及的问题。主要指在校学生利用假期(主要指寒暑假)或课余时间,通过开展社会调查、科技服务等活动,深入社会、了解国情,为经济建设和社会发展服务。社会实践一般由各校的团委组织,班主任需要积极鼓励本班学生参与,并了解本班学生参与的情况、效果等。

对于各类管理制度,班主任都需要做深入细致的了解,帮助本班级学生遵守各项制度,并积极利用各项制度来帮助学生完成学业。

(三) 班级组织

从管理心理学的角度看,有正式群体的地方往往也有非正式群体的存在,班级组织亦然。班级组织有正式组织和非正式组织之分。正式组织是指有明确的组织规定和要求、制度化的组织,如班委、班级团支部等组织。非正式组织是指班级内部的、自发的、没有明文规定的小群体,包括书法、音乐舞蹈、棋社等各种类型的兴趣小组,也包括学生自发组织的技能训练小组、志愿者小组等。它们对班级活动的开展有着无形的作用,在一定程度上影响着班级成员的心理倾向和行为,有时这种影响还超过班级的正式组织。班级管理首先是建立班级组织,并通过班级组织的管理者进行班级管理。

1. 班级组织的构成

职业学校班级组织主要包括班主任、班委、团支部。

(1) 班主任:由学校委派的,是班级组织的负责人,既是学生的教育者,也是班级组织的管理者和领导者。

（2）班委：由学生组成的班委会，是班级管理的重要力量。主要职责是处理班级日常管理事务，协助班主任开展工作，实现班级工作目标。班委会由班长和负责各项具体工作的委员组成，一般包括学习、宣传、体育、生活、劳动委员等。有的班级根据专业特点设置不同的班级管理者，如信息委员（负责班级内外信息的传递和发布等）、外联委员（负责与外界的联系，如开展班级之间的联谊活动等）、荣誉委员（负责管理和监督班级各类荣誉，负责荣誉的认证等）等。班委实行集体领导、分工负责制。

（3）团支部：班级团支部是团的基层组织，也是团的各项工作的基础。主要负责宣传党和国家的方针政策，反映学生的思想和要求，配合班委开展工作等。主要由团支部书记、组织委员、宣传委员、团小组长组成。

这里需要提一下学生会组织。班级不存在学生会组织，但高等职业院校的系和学院都存在学生会组织，这是全校（系）学生自我管理、自我教育、自我服务的群众性组织，是学校联系学生的桥梁和纽带。学生会接受学校学工部、学工处、团委的指导。虽然班级没有学生会组织，但班级学生是各级学生会的可能成员。班主任需要了解学生会与班级学生的关系，并帮助学生处理好学校、系、班级之间工作的关系。

2. 班级组织的管理

目前我国职业学校在班级组织机构的管理模式上，主要采用直线职能式结构，即在班级内存在班委会和团支部两个机构。两者虽然存在分工上的差异，但共同对班级事务负责。因此，在班级组织的管理方面，加强制度建设和学生干部队伍建设尤为重要。

（1）班级制度建设。班级制度建设首先要以国家相关法律、规章制度为依据，在遵循学校各项规章制度的基础上来确定班级的规章制度。所以，班级制度建设首先是遵守，其次是制定。

制定班级制度的目的在于规范和引导本班学生的行为，如上下课的纪律、上课行为、座位的安排、同学的人际关系、同学生病的护理等。这些制度可以是正式的，也可以是非正式的，主要是完善班级管理的常规，如："爱心大使制"——选举爱心大使，成立爱心基金，了解贫困同学的各类需求信息，帮助贫困同学解决生活、学习等问题；"学习助理制"——请高年级同学作为班级学习助理，对班级同学的学习进行引导和帮助,尤其在新生适应、人际交往、学业规划以及生涯规划方面给予帮助;等等。

这些制度是班级建设的重要方面,也是营造班级氛围,构成班风的重要举措。这些制度需要特别重视公平和公正性。

(2)学生干部队伍建设。班主任对班干部队伍的理解和要求因人而异,有的班主任强调单项素质优化组合制的班干部队伍,用单项素质最优的人组建班委会;有的班主任注重班干部轮换制,每学期更换一次,以使大多数同学得到锻炼;还有的班主任采用公司管理型班干部制,使整个班级的管理如同一个不断运转的公司。不同的班干部制度,会产生差异化的效果,但各种效果的影响是不同的。下面介绍前两种班干部制度。

单项素质优化组合制可以使优秀学生得到很好的锻炼和表现,所谓"优者更优"。在班级建立初期,这种模式可以使班主任快速进入工作状态,并将工作很好地贯彻下去。班主任可以从具体的琐碎事务中解放出来,去思考和设计班级未来的发展规划,这种方式对班级管理是有利的,但也可能会忽略一部分能力一般但又追求进步和发展的学生,使得班级工作在落实过程中出现一部分人积极参与,另一部分人消极对待的现象,还有的班级会出现什么事都由班长或具体负责的班干部一人做,其他同学很少参与的局面。

班干部轮换制可以使更多的学生参与班级管理,体会其中的快乐与艰辛,从而产生主动参与、主动工作的意识,达到锻炼组织管理能力的目的。其不足之处是能力一般的学生适应时间比较长,对班级管理在一定时间内会产生不利影响。同时轮换制也给班级管理的连续性、稳定性带来一定的影响,这种影响可能是积极的,也可能是消极的。

为了保持班级管理的连续性、稳定性,一些班级采用了一种更为严谨、稳妥的轮换制,即班干部接力制,就是每学期或一学年对班干部实行一次不完全轮换,在上一届班干部中选出两名公认的、工作较为突出的班级干部作为新一届班子成员的班长和团支部书记,而其余成员全部替换,由新同学担任,被选拔出来的两名同学负责培养新一届的班级干部成员;下一次轮换时,这两名同学自动换届,从其余成员中再选出两名比较优秀的学生干部作为班长和团支部书记,这样依次更替。就如同体育比赛中的接力一样,一轮一轮相对稳定地更替下去,靠集体的力量和团队的协作精神取得最终的胜利。班干部接力制的优势在于:第一,可以使更多的同学得到锻炼的机会,培养出优秀的干部队伍;第二,不会因为轮换而造成班级任务的遗漏和工作的脱节;第三,可以激励大多数同学。下面的数字可以说明这个问题。

我国的班级体制一般为 30～60 人左右,班级干部也在 8～10 人不等,按照一年制班干部接力式选拔培养的实施方法,三年下来就会有 18～24 人得到锻炼的机会,也就是说,60% 的班级同学有机会充分参与班级工作,展示自我。这样会使班级的凝聚力空前增强,学生之间人际关系更加和谐,学生参与班级管理工作的积极性大大提高,对班级事务也会更加关注。

选拔学生干部的数量和形式可以根据班级具体情况来确定,班主任可以根据学生的熟悉程度、能力水平、参与意愿等,采用各种有利的管理办法来选拔班级管理人才。除遵循学校规定的基本条件外,班干部的选拔和聘用可以是多元化的。通常的选拔方法是提名、自荐、竞选、按成绩排名等。各种方法都有利有弊,在班级组建初期,提名法可以使班级管理处于比较稳定的状态,在班集体比较稳定时,再进行全面的选举是大多数班级常用的方法,也可以两种以上方法结合使用。

🔗 相关链接

竞聘班长活动示例

活动目的:

(1) 通过竞聘,让有竞争意识、责任心强的同学凸显出来。

(2) 锻炼与陌生人打交道的能力。

操作步骤:

(1) 黑板上写明竞聘会内容,招聘班长、团支书、副班长。

(2) 应聘者上台参加竞聘。(需要 8～10 人上台)

第一关:介绍自己,说说自己当班长的优势在哪里。

第二关:台上同学互相谈看法,8 个人互相投票,选出 5 人留下。

第三关:提问一些管理班级方面的问题。

第四关:每人找一个班里的知心朋友,了解自己身上主要缺点,然后告诉大家。

第五关:在15～20分钟时间内,5位竞聘选手到教室外,找陌生人签名,获得签名数越多,得分越高。

第六关:同学投票——票数最多的当班长,第二名当团支书,第三名当副班长,票数最少的两名淘汰。

引导关键:

(1)若一开始没人敢上来,教师要积极引导。

(2)提的问题要丰富,可以有一些幽默的内容,以此来活跃气氛,让学生放松自己。

(3)当场宣布票数。

总结:

(1)让同学真正体会到竞争的滋味,让全班同学感受竞争的气氛。

(2)让成功当选者知道自己的优势,便于以后更好地开展工作。

附:竞聘班长具体方案

活动目的:

培养学生积极参与竞争的能力意识,为未来的求职做准备。

活动要求:

以游戏的形式展开,包含激烈的竞争和面对面"PK",对参与者进行性格、思维能力、心理承受能力、实践能力、开拓能力、创新能力等进行全面的考察测试,最终让全班同学选出自己认为满意的班干部。对竞聘者的要求:责任心强、乐于服务同学、有自我锻炼的意识、充满自信。

活动程序:

1. 自我展示

(1) 参与竞聘者主动站到台上。

(2) 每人说一句自己最欣赏的格言。

(3) 说说自己当班长的优势在哪里。

2. 胆量测试

(1) 你认为自己在班里能够得到多少票？

(2) 你最喜欢(或欣赏)班里的同学是谁？理由是什么？

(3) 你未来的伴侣将是什么个性的人,请描述一下。

3. 能力测试

目的:主要考察竞聘者的领导能力、处理问题能力、沟通能力。

操作:请就下面的问题进行选择。

假如你是一个部门的经理,上级要你提拔部门里的一个人,你选谁？

A. 跟你关系很亲密,但工作能力一般。

B. 不久前刚帮了你一个大忙。

C. 跟你关系一般,但能力很强。

4. 第一轮淘汰

通过以上测试后,全班同学投票,决定谁不适合再留在台上,最后留下 3～5 人,继续测试。

5. 能力测试

目的:测试学生的沟通能力、执行能力、策划能力、意志力等。

操作:为每位竞选者准备一张卡片,请这几位竞选者拿着卡片走出教室,去请陌生人为本班签名祝福,签名数越多越好,签名人的职位越高越好。时间 10～15 分钟。

6. 面对面"PK"

经过几轮测试下来,谁最有资格当班长？由台上的每个人发表自己的看法。

7. 确定人选

(1) 请这几位同学谈谈在对班级里,自己印象最深的人是谁,最喜欢谁,为什么,并谈谈自己对班级的希望。

(2) 全班同学把自己认为合适的班长人选写在纸条上,交给主持人,根据统计结果公布班长、团支书名单。

(3) 公布投票结果。请未当选的学生谈谈自己的感想。

(4) 请当选的学生发表就职演说。

（3）培养、任用学生干部。班干部的培养和任用是相互联系的，主要是在任用中进行培养和引导。在任用过程中，班主任要注意学生人格的优化，帮助学生在工作中成长。不能只任用不培养，这样会导致学生丧失工作的热情和积极性。在处理与学生干部的关系问题上，班主任要坚持一个基本原则，那就是鼓励加严格。多鼓励、肯定学生干部，但要严格要求他们，因为他们是学生关注的焦点，也是被学生挑剔和模仿的对象。他们的行为和作风在有效管理的情况下直接主导班级风气，而在无效管理的情况下，则是班级风气的破坏者和班级良性管理的障碍。在培养和任用学生干部的过程中，班主任要做好班干部的顾问、教练，成为学生干部的后盾。

3. 班级非正式组织

班级非正式组织的存在是一种客观现象，他们人数虽然不多，但影响有时很大，这种影响是隐形的，常常作为一种氛围作用，是班主任不可忽视的力量。在职业学校中，这种非正式的组织主要有地域型、爱好型等，他们的影响有的是积极的，有的是消极的。基本上每个群体都有一个强势的人，这个人是公认的领导者，他的观点、语言、动作等会对他人产生影响，甚至使人惧怕而不敢违背。班主任需要了解谁是非正式组织的"领导"。只要做好这个人的工作，其他同学的工作就容易做了。

二、班级教学管理

在职业学校中，由于学生学习的自主性开始增强，自我管理的能力也有所提高，班级的教学管理不再是班主任工作的重点，但班主任需要了解本专业的课程设置、理论与实践课程的比例和上课的时间安排，注重不同的课程对学生能力培养的作用。职业学校学生在学习时有轻理论、重实践的倾向，班主任需要在教学设置方面做更多的工作，帮助学生理解并学会运用理论来指导自己的学习。

职业学校学生学习的目的是就业，专业技能的学习是其学习的重点。充分利用课堂进行学习，利用课余时间进行锻炼是职业学校学生需要加强的方面。班主任要善于引导和鼓励学生参加各类课余学习和活动，加强实践锻炼，缩短与未来职业的距离。

三、班级思想教育

这是班级常规管理中最重要也是最困难的部分,它包括班级的氛围、班级思想倾向、班级道德、舆论、班级人际关系、班级风气等。这些是班级的软性影响因素,能渗透到每一个班级成员的内心,对学生的思想、行为、人生与价值观都会产生深远的影响。

班级人际关系主要包括师生之间、男女同学之间、班干部与普通同学之间、优秀学生与普通同学之间、同乡与异乡之间等关系。处理师生关系的基本原则是:尊重和理解。职业学校学生部分存在低自尊现象,给予他们尊重是教师与他们相处的基础,也是沟通与理解的前提。

男女同学之间的关系是敏感而又难以应对的关系。尤其是男女生之间出现对峙局面时,这种关系就更难处理。班主任的作用是及时沟通与协调,帮助学生自我处理和解决。

班级风气又称班风,是指一个班级的精神风貌。它是经过长期细致的教育和培养在全班师生中逐步形成的一种行为风气,一种不易更改的习惯势力。它通过班级成员的思想、言行、风格、习惯等诸方面表现出来,虽然看不见、摸不着,但班级里的每个人随时、随处都可以感受得到,是一种潜移默化的影响力。

班主任是班风形成的重要影响人物,也是班风导向的控制者。在班级风气的形成过程中,首先需要确定班风的目标和学生的行为规范,培养正确的舆论走向,通过目标来引领班风,通过行为规范养成学生的习惯,约束不良行为,而正确的舆论是对学生精神的熏染和困惑的释疑。

班级潜规则是学生在社会化的学习、交往和活动中形成的,为班集体所共同期望的潜在的规范,没有明文规定,也没有外力的强制,如班级舆论、传统等,但同样会对学生的行为产生一定的影响。

四、班级环境管理

这里介绍的班级环境主要是指班级的物理环境,包括教室环境、学生公寓环境等公共环境。对环境的管理首先是保持环境的卫生，这就需要制定班级清洁卫生制度，安排人员清扫，检查清扫质量，并对检查结果进行评比和反馈。同时对不能达到卫生标准的环境进行治理和改造，以确保每一位学生都有一个整洁温馨的学习与生活环境。公寓环境中男生公寓比较难以管理，尤其在卫生、美观方面不及女生公寓。公共环境中最严重的问题是随地吐痰以及乱扔果皮、纸屑等。这些需要通过外力的强制性措施来规范学生的行为，帮助学生养成良好的卫生习惯。同时，这也是对学生劳动态度的一种培养和训练。

五、班级信息管理

（一）对学生基本情况的信息了解

一些职业学校的学生生活并不单纯，在他们的生活中，可能会发生很多问题，比如逃课、包夜上网、赌博、成立帮派、强制推销、多角恋爱、同居等。这些问题都有可能影响到班级甚至整个学校的安全和声誉。了解他们的基本情况、思想动向、心理倾向，把握学生的各类信息是预防问题甚至犯罪的必要做法。建立畅通的信息渠道是职业学校班主任应该具备的基本素质。有的班主任采用类似侦探的方法，设立明暗两条线：明为虚，暗为实，来全面了解班级学生的各种信息，比如哪个学生家庭有困难、哪个学生经常旷课、哪个学生有恋爱现象等，只有掌握实情，才能避免意外甚至危险事件的发生。

（二）对各类信息的传达和反馈

职业学校班主任需要传达的信息包括学校的各类学生活动、学术报告、考试信息、考级考证信息、专业发展信息、就业指导信息等，这是帮助学生全面了解学校要求，提供各类发展机会的重要方面。信息的传送一旦失误，将造成许多不良的影响，甚至影响学生一生的发展。因此，信息的传达要及时、准确，尤其是要求要具体、明了。

信息的反馈是指对学生提出的各类问题尤其是生活、学习方面的问题要及时反馈和沟通，要让学生感觉到班主任与学生之间的紧密联系，感觉到来自教师的关怀和重视。及时对学生信息进行反馈有时比解决问题本身还重要。因为这里传达的不仅是一种信任、理解和支持,也是一种态度和关心。

(三) 建立完备的信息管理体系

1. 信息传达

需要确定恰当的信息传达者,以保证信息传达的准确、及时。重要信息需要班主任亲自传达,一般信息可以由班干部进行传达,个别信息可以委托某人进行传达。在传达方式方面,重要信息、难以理解的信息、需要作为资料保存的信息可以用书面、网络进行传达,一般信息可以使用口头传达的方式。

2. 信息共享

职业学校需要了解更多有关企业、行业、国家政策等方面的信息,班主任需要调动班级学生主动收集信息的积极性,并将这些信息进行处理,成为大家可以共享的资源。

3. 信息保存

信息是班主任工作的依据,对班主任工作的调节、总结、发展方向都有一定的影响。因此,保留信息、对其中一些内容进行记录和归档是班主任工作的重要方面。

(四) 与家长建立及时而有效的联系

有的班主任设计了“家校联系卡”,学生每人一份,每两周向学生家长反馈学生在校各方面的表现情况,包括学习、生活、文明礼貌、遵守校纪、劳动卫生、消费等,得到了家长的肯定和大力支持。

许多学校建立学生工作预警制度,通过学校、家长、学生之间的多方沟通与协作,对学生在思想、生活、行为等方面即将出现的问题和困难进行预先告知或警示,以督促学生及时调整自己,走上健康发展的轨道。学生工作预警分为学生行为预警(包括旷课、考试违纪、拖欠学费等)、学生安全预警(防意外事故、防电信诈骗、防网络陷阱等)、学生心理问题预警(如因学习困难、经济困难等而出现心理或行为异常,因个人情感受挫、人际关系失调、性格内向孤僻等而出现心理或行为异常,甚至可能有自杀倾向)等。当遇到上述问题,需要立即对学生实行有效的监护,确保学生人身安全,并迅速向上级部门报告,及时通知学生家长到校,共同采取干预措施。避免因处理不及时或不得当而给学校工作带来被动局面,给学生本人带去一定的伤害。

六、班级考核评估

班级考核评估是检验班级管理质量的手段之一,也是班级管理科学化的重要步骤。班级工作的考核与评估主要体现在以下三个方面。

1. 对班级整体状态的评估

班风是班级整体考核评估的重要方面,好的班风有利于培养、塑造班级成员的良好形象,从而推动个人品德素养的发展,反之相反。此外,班级的学习状况、思想品德、人际关系、活动参与、劳动卫生、公寓管理等也是考核评估的重点。这些也是文明或优秀班级评选的指标。

2. 对学生个体的评估

对学生个体的评估主要包括学生的发展状况、学习、人际能力与状况、特长、优势与不足等,都是对学生个体的一种评估。具体来说,包括各级"三好学生""优秀学生干部"的评定;各类"优秀"的评定;推荐参加各类活动和大奖赛、升学与深造等;为了鼓励职业教育的发展,有些地方还有"职教之星"的评选等。这些评估关系到学生的荣誉甚至就业和未来的发展,学生对这些评估也非常重视。班主任需要高度重视这项工作。

在对学生进行考核评估的过程中,需要把握以下几个基本原则。

(1) 实事求是的原则。即根据学生的实际,用全面、发展的观点看待学生,对学生的考核和评估要客观、真实、准确,恰如其分。

(2) 定量与定性的原则。定量的考核更具有科学性和说服力,一般学校都有一种定量考核的标准,需要严格执行,使量化内容真正落到实处。定性的内容往往弹性较大,可塑性比较强,也是容易引发问题和矛盾的方面。

(3) 公平与公正的原则。对班级的评价和考核要客观、公正。既要进行横向比较,又要进行纵向比较,全面客观地评价班级的管理、学生的学习状况等。对学生个人的评价与考核,尤其是"优秀学生干部"与"三好学生"的评定,更要公开进行,不能教师一人说了算。公正的重要方面是考核与评估要按照程序办事,严格执行制度的规定,要求在制度面前人人平等、事事平等。

3. 对班主任的评估与考核

对班主任的评估与考核主要以班级的氛围、工作目标、工作的态度、班级的成绩等为衡量标准。有的学校对班主任还有一些量化的指标,如每周到学生宿舍的次数、开班会的次数、学生考试的分数、职业学校特有的考级考证通过率等。

🔗 相关链接

班主任工作常规示例

(一) 周常规

(1) 周日晚自习前到校,检查学生到校情况,与没有返校学生的家长及时取得联系,对班级周工作进行小结和布置。

(2) 星期四(各学校可以自定时间)下午第三节课召开班会,班主任应根据学校的计划,并结合本班的实际情况安排班会内容。

(3) 凡学校组织的集体活动(集会、参观、外出等)应到场负责组织实施。

(4) 检查学生出勤情况,负责学生一天内的病、事假的审批,超过一天的经班主任签署意见,报上级主管部门审批。遇学生无故缺勤的,应及时了解情况,马上与家长取得联系,并告知值日教师。

(5) 组织学生搞好室内外卫生大扫除,必要时调整学生座位。

(6) 经常对学生进行思想教育,倾听学生的心声,以人为本,关心学生,努力形成良好班风。

(7) 了解班级基本情况,记好班级日志,及时对违反校纪校规的学生进行教育,并经常与家长取得联系。

(二) 月常规

(1) 至少主持召开一次民主班干部会议。

(2) 督促检查班级宣传委员的宣传工作(如每两周出一期板报等)。

(3) 了解班级工作月量化考核情况,针对班级中出现的问题,采取及时有效措施予以解决。

(4) 写一份班级工作心得材料。

(三) 学期常规

1. 学期初

(1) 落实缴费注册工作；协助做好住宿生安排及管理工作；检查本班收费情况，填报本班学生变动情况，填写新生名册。

(2) 布置好班级环境，营造团结向上的教育氛围。

(3) 确定班干部人选，做到分工清楚，职责明确。

(4) 检查学生仪容仪表，制定班规，提出班级学期奋斗目标。

(5) 制订班级工作计划，并上交主管部门（在开学一周内）。

(6) 落实本班学生参加学校生活实践活动，带好班级道德实践活动。

(7) 建立班级后进生和家庭困难学生档案，规范填写《班主任工作手册》。

2. 学期中

(1) 动员学生复习迎考，严肃考风考纪。

(2) 期中考试后分析班级学习状况及班集体建设状况，明确下半学期班级工作的努力方向。

(3) 广泛与家长联系，汇报学生在校学习和生活情况。

(4) 召开一次班级学生、班干部、家长座谈会，了解学生对班级和学校工作的看法。

(5) 召开班级期中表彰会，表彰班级先进学生。

3. 学期末

(1) 动员学生复习迎考，严肃考风考纪。

(2) 按规定程序做好学生思想品德评定工作，按要求填写学生档案。

(3) 写一篇班级学期工作总结。

(4) 建立班级假期联络网，对学生进行假期遵纪守法和安全教育工作。

(5) 交一篇班主任工作研究论文或案例。

第四节　职业学校班级管理模式

任何班级都有自己的风格,这些风格的形成与班主任的性格、管理理念、管理方法有关。在班级管理上没有固定的模式,班主任的性格、特点,有影响力学生的思想等,都会影响班级的风气,进而形成班级的特色。职业学校班级管理有几种常见的管理模式。

一、生涯规划型

生涯规划型管理模式将学生的学习与个人的生活、未来发展紧密结合,要求学生的学习生活以实现目标为导向,利用目标的引领来激发学生,利用目标的实现程度来调节学生的行为和认知,利用目标实现的优劣来激励学生。在这个过程中伴随对学生的关爱、支持和指导,班级风气以积极向上为主,班级成长为一个文明、团结、和谐、温馨而富有正气的集体。

【案例 3-2】

王老师是系里的专业教师,给人的印象是认真、和善、慢条斯理。他每天吃完晚饭,一般都会到学生宿舍去转转。他非常喜欢与学生聊天,几乎就是学生的朋友,虽然他的年龄是系里最大的,可是爱打球、爱聊天的随和性格,使他和谁都聊得来。他称自己的班级管理是生涯规划型管理。

新生一到学校,开始组成新班级时,他就要求自己班级的学生要做到"三有七会",即有目标、有行动、有信心,学会适应、学会思考、学会学习、学会交往、学会选择、学会珍惜、学会创新。班级工作就围绕着"三有七会"展开。

学期初,他要求每一位同学谈自己的目标,并制订切实可行的学期计划,同时在全班同学面前,大声说出自己的目标以及实现目标的计划、步骤。到学期中,需要学生对自己的目标进行检查和评价,看看自己完成的情况,达成了哪些目标,还有多大的距离,存在差距的原因是什么。在这个过程中,每位同学对自己进行优势总结、差距发现,提醒自己还有哪些方面的不足,并提出自己修正的具体方法。到学期末,要求学生对自己进行全面的重新评估,发现自己的优势,指出自己的不足,以及提出扬长避短的方法。

到第二学期,再次进行目标的确立,并遵循"确立—检查—评估—完善"的过程,达到自我激励和自我管理的目的。

王老师在开展工作时,注重言传身教,以身作则。通过自己的言行,赢得学生尊敬,获得学生好感,给学生以潜移默化的影响。这样,班主任在学生面前有威信,有号召力,有说服力,工作也就迎刃而解了。王老师通过自己的行为,告诉学生"天下难事,必作于易;天下大事,必作于细"的道理,努力把学生培养成自知、自觉、自悟的人。在王老师的努力下,学生的自信心和综合素质普遍提高,能力普遍增强,班级学习、管理、纪律、卫生等方面均走在同类班级的前列。

王老师的班级管理,体现出一条主线,那就是生涯规划。将学生的职业生涯与学业生涯紧密结合起来,让学生在进入职业学校以后,不会因为目标的失去而迷茫。期中的目标检查,主要考核学生目标实现的情况、完成的程度,让学生自己检验自己,自我反省目标的可行性,自我修正目标。在"目标—修正—完善"的过程中,学生需要全程体验,自我总结。学生在自我总结的过程中,完善自我的认知;在自我剖析的过程中,学会自我规划;在自我反省的过程中,学会客观认识自我。这是一个自我体验的过程,也是帮助学生实现自我成长的过程。

这种模式的重要表现是目标导向。教师在这个过程中更多的是一个支持者、引导者,与学生的关系以平等、和谐为主,师生之间像朋友。

二、动态发展型

【案例 3-3】

刘老师个性活泼、爽直,思维活跃,语速较快。她所带班级的学生活跃在学校的各个学生社团、各级学生会、团委组织,以"活、灵、能"著称。

刘老师发现，职业学校的学生有许多不良的生活习惯，如上课迟到、不善于利用和管理时间、缺乏责任意识，做事凭自己的好恶，甚至半途而废等。因此，她的班主任工作首先从培养学生做人开始，帮助学生养成符合社会规范的日常行为；其次从就业需求入手，培养学生的职业能力。在管理学生方面，刘老师采取刚柔并济的原则，施行高压政策，严格要求学生按时上课、不准迟到和早退，一旦发现问题，立即处理；当学生在对抗被压制、被迫接受以后，则开始进行柔性管理，对学生的进步大力表扬，鼓励他们参加各类活动，并帮助学生积极策划，使学生在活动中提升自信。

在学生将就业目标定位在企业的同时，班级管理也在悄然发生变化。刘老师对自己班级的管理采用动态发展的模式，看似变化不断，实则以养成教育和能力培养为中心。这种模式的典型表现就是差异性、发展性。根据学生个性、能力、性别的差异采用不同教育方法，根据阶段的差异采用不同的手段、充实不同的教育内容，来促进学生的发展和成长。

这种管理需要充分了解和训练学生，根据学生的具体情况，实施动态化的教育、管理，最后达到提高学生综合能力的目的。对班级而言，采用先稳定、再规范、再发展的循序渐进的策略，使班级在稳定中发展，在发展中曲折前进。从时间上看，第一学年的主要任务是规范学生的行为，通过班规、班级舆论、班级风气、班级事务的处理，让学生了解并遵守班级规范。第二学年，强化学生的学习态度和学习意识，注重专业教育，帮助学生了解自己的专业、自己未来的就业岗位以及就业前景，将学习内容和目标具体化，培养学生的专业感。通过解析就业能力，对学生的相关能力进行训练。第三学年主要训练学生的职业技能、人际关系处理能力、团队合作能力、沟通和表达能力。各个学年的关键点不同，需要根据学生的年龄情况、学习能力、自我需求不断调整，来促进学生的发展。

动态管理模式还将企业需求的迅速发展和变化移植到班级管理中。在班级活动的开展方面进行模拟，以加强学生对企业的感性认识。如有的学校进行"物流公司模拟运营"活动，设立公司，进行市场调查，确立营销方案等。通过动态的活动来激发学生自我发展、自我管理、自我激励的意识，从而在众多动态活动中获益。

动态管理模式最大的特点在于发展、变化,具有与时俱进的魅力。但操作不当也可能造成班级管理的混乱。因此,班级动态管理需要班主任有良好的计划和周密的安排,尤其需要发挥广大专业教师的作用,并吸引专业教师积极参与到班级管理中来,以提高班级管理的水平和内涵。

三、自主管理型

职业学校的学生自我接纳意识、自我约束能力普遍较差,容易冲动,但自我表现意识很强,有的同学甚至会做出违规的举动来表现自己。因此,激发学生的自主意识,唤醒学生的内驱力,促使学生由"被管"到"不用管",由"被迫"到"自发""自愿",从而达到自我教育、自我管理、自我发展,这是职业学校班级管理应该努力实践的。班集体作为一个有自主能力的教育主体,它的发展和形成也是在教师集体教育、教学、管理和指导下,通过学生自我管理,进行自我教育和自我发展的产物。自主管理既是班集体能动性的表现,又是自身建设与发展的内在动力机制。

自主管理型班级具有如下特征。

1. 班级管理的透明度高

学生可以及时了解学校的各项管理制度,如优秀的评定、行为的规范和要求,各种违纪、各类考核结果,各类学习与考试的通知等,学生可以一目了然,只要留意关注,就可以全部了解。

2. 人人是班级管理的主人

对于班级内部事务进行分责设岗、学生竞争上岗,实现自我管理。班级设置班、团委干部岗位,并将班内事务进行分组分块管理,将每个岗位的主要职责、管理范围予以公示,然后通过自愿报名的方法进行竞选。班、团委干部选出后,将班内事务安排给每一位学生,做到"人人有事做,事事有人管"。班级中的绝大多数学生都应成为一项工作的管理者,同时自己也是其他管理者的管理对象,形成一种人人平等、人人有责、相互制约、相互竞争、相互促进、相互交融的良好环境。它的好处是能够调动所有同学的积极性、主动性,人人有事做,事事有人做,使每个学生都可能成为班干部,提高管理能力;使每个学生都能得到全面发展,从而达到培养学生自主管理班级能力的目的。自主管理模式班级的综合考评,实行"每周一小结,每月一评比"的方式。这样,不仅培养了学生的踏实、进取的精神,也增强了学生自我管理、自我教育、自我服务的能力。

3. 班风积极进取

一个好的班级,应该是一个拼搏的集体,有着向上的、团结进取的班风和勤奋钻研的学风。当这股"风气"充满这个集体的时候,这个集体将所向披靡。职业学校学生往往就缺乏进取精神和坚强意志,造成纪律差、班风不良的现象。在自主管理的过程中,班主任要鼓励学生多开展活动,拓展知识面,以调动他们的学习积极性,营造良好的学习氛围。学生在参与活动的过程中,体会组织的含义和责任,对班级管理产生新的理解,能更主动地认同管理,参与管理,同时更懂得尊重别人的劳动,增强自我约束力。

4. 教师角色更多是引导、监督

学生自主管理模式不是对教师角色的弱化,而是要求班主任有更强的管理和掌控能力,对学生进行监督、协调、指导。班主任依然要全面参与班级管理,及时把握班级动态。班主任是班级的灵魂,是班级全局事务的掌控者,在事务的具体操作方面,则要充分信任学生,放手让学生去做。这样,学生进行班级管理时既有充分的安全感,可以放手大胆操作,也不会出现方向性的失误,使整个班级管理形成一种良性循环。

班主任还要树立以人为本的管理思想,强化学生的主人翁意识,放手让学生管理好自己、管理好班级,使他们在管理中学习知识,发展能力,获得成功,做自我发展的主人。

问题与思考

1. 在你的班级里,有哪些班级规章制度? 这些制度是怎样出台的?

2. 你在选拔和任用班干部方面,有哪些做法取得了良好效果?

3. 试对本章提供的三种班级管理模式进行评述,并结合本班学生的特点,设计自己的班级管理模式。

第四章

职业学校的班集体建设

【案例 4－1】

班级大整治

刚接手这个班级时,课堂纪律差极了,乱哄哄的,比菜市场还热闹;班上的怪事也多,同学们不是打架,就是去网吧,或是搞恶作剧;班里简直是"娱乐圈",每天都有"绯闻"、"爆炸"性新闻……这些现象真是让人头疼。于是我决心一定要进行"班级大整治"。

我和几位班干部开了个会议,商量怎样治理好这个班级。经过研究,计划用三套方案彻底让这个班级每个方面都有所改善。

第一套方案就是让这些调皮鬼的首领——霍勇当纪律委员! 这样做的目的就是让霍勇听指挥,借着他的威力让众人安静。这一招果然有效,课堂纪律立刻好了很多。这周我们班终于获得了"流动文明红旗"。

虽然课堂纪律好了,但其他方面还是较差。于是,我又使出了第二套方案,决定来搞"班级风云榜"颁奖,每三周举行一次。这些奖由班委会在三周时间里观察大家,然后评选出来,列出入围名单。这很让大家期待。还真有点像电视上的一些音乐风云榜的样子。果然,这个消息一传出,同学们都变了个样。他们在每个方面都很努力地做,都希望自己能入围并获奖。"班级风云榜"奖项有"最佳文明奖""作业完成优秀奖""衣服整洁奖""热爱劳动奖""纪律奖""进步突出奖""最佳值日生"等十几个奖项,这些诱人的奖,让大家精神振奋,各方面进步都很大!

第三套方案是什么? 鉴于课余时间很多学生爱去网吧,贪玩厌学,我们班成立了"放学后俱乐部",让同学们的课外生活丰富起来,从而实现"劳逸结合"。俱乐部只收取5元钱就可以入会。这5元钱是干什么的?是活动经费,用来买书刊报纸和一些学习用具。俱乐部的活动时间是每周星期六,每到星期六,会员们就都聚集在某位同学的家中搞活动。俱乐部开设了美术兴趣组、"小荷"文学社、书法兴趣组等兴趣小组,"小老师"则由在这些方面有特长的同学担当。当然,还有"读书天地",让大家在知识的海洋中遨游,丰富大家的课外知识。

通过全班同学的努力,我们这个班的学习成绩有所提高,纪律变好了。文学社的几篇作文还在杂志上发表了呢!

班级与班集体并不是完全相同的概念。班级,作为一种教学的组织形式,是班集体形成的组织基础,班集体只有在班级这种形式的基础上才能逐步建设起来,但并不是每一个班级都称得上是班集体,它需要经过大量组织教育和管理工作才能形成。[①] 优秀的班集体会对学生的全面发展产生深刻的积极影响。班集体是班级教育系统的重要组成部分,是班主任全面实施素质教育的重要载体。班主任对学生的全面关怀不仅表现在对学生个体的关怀层面,更重要的是通过营造健康和谐的班集体氛围,给全体学生以积极的促进和影响。然而,优秀班集体不是自发形成的,它是班级所有的任课教师和全班学生根据一定的教育目的和任务,按照一定的教育计划和要求,共同努力建设才能逐步形成的。班主任作为班级的组织者、领导者和管理者,在培养班集体的过程中担负着重大责任。在学校教育中,只有让学生生活在优良的班集体中,学生的各方面素质才能得到全面发展。因此,如何培养班集体,是班主任面临的重大课题,也是班主任进行班级工作的中心环节。

---

① 金效奇. 班主任工作策略研究[M]. 长春:吉林人民出版社,2020:4.

第一节　职业学校班集体的内涵与功能

在职业学校中,班级集体建设是学生学习和成长的重要环节。班集体建设是为了促进同学们之间的团结合作、互帮互助,营造积极向上的学习氛围,是提升班级整体素质的重要途径。同时,班集体以其独特的优势发挥着社会化功能、组织功能、教育功能、个性化功能和归属功能。

一、班集体的概念

在我国,班级是学校最基本的教育、教学单位,但班级并不天然地都是班集体。组织有序的班级作为一种教学组织形式,仅仅提供了班集体发展的基础;班集体又不同于一般意义上的班级群体,班集体是班级群体发展到一定水平的结果。① 所谓班集体,"并不是单单聚集起来的一群人",而是"一个以儿童与青少年为主体的具有崇高的社会目标、以亲社会的共同活动为中介、以民主平等与合作的人际关系为纽带并促进其成员的个性得到充分发展的有高度凝聚力的共同体"②。

班集体是以共同学习活动和直接性人际关系为特征的社会心理共同体。任何一个班集体,就其实质而言,既是一个学生组织集体,又是一个社会心理集体,具有组织行为和社会心理特征。

班集体是学生最直接的社会环境,它影响着学生的理智、情感、个性和社会化进程,它是满足学生交往和归属的"情感家园",是学生迈向社会的"演习场",也是班主任开展工作的"主阵地"。③ 由此可见,职业学校的班集体建设尤

---

① 周玫.德育与班级管理[M].武汉:华中师范大学出版社,2011:172.
② 龚浩然,黄秀兰.班集体建设与学生个性发展[M].广州:广东教育出版社,1999:125.
③ 刘德军,高敏敏,何殿安.班集体管理与建设的创新[M].长春:吉林人民出版社,2019:4.

为重要,通过班集体建设对职业学校学生的情感、行为规范以及凝聚力等方面产生积极影响,促进职业学校学生处理个性与共性的关系、个体在群体中的发展问题。

二、班集体的功能

班集体在与外部环境和内部成员交互作用中所显现的作用就是班集体的功能。班集体的功能具体包括五个方面。

(一) 社会化功能

所谓社会化,是指一个生物意义上的人通过学习各种社会规则和经验,而成为一个能与他人和谐相处并进行有效社会活动的社会人的过程。班集体作为社会群体的一种类型,存在于专门对学生进行社会化的机构——学校之中,必定具有促进学生不断社会化的功能。

班集体是按照一定的社会规则和经验组织起来的正式群体,学生在这个群体中,除了能更有效地完成学习任务外,还能通过集体活动获得人际交往的技能和经验,了解各种社会角色的内涵,提高自己的社会心理素质,从而使自己获得适应社会、适应环境的能力。职业学校学生一方面在班集体中可以获得与职业相关的知识、技能等,另一方面与其他同学共同生活在一个班集体中,需要遵守共同的行为规范,会在潜移默化中学习各种群体的规则和经验。职业学校班集体就相当于一个微缩版的社会,在班集体中学习到的行为规范、人际交往的技能和经验在一定程度上可以迁移到社会生活中。

(二) 组织功能

班集体作为实施教育教学的基本单位,既是班级授课制的基层教育组织,又是学生集体学习、劳动、游戏等社会活动的基本组织形式,具有一切学习活动的组织功能。班集体在教育过程中的组织功能主要表现在以下方面。

(1) 集体目标在组织共同活动中的指向、激励作用。集体目标是全体成员的共同目标,集体目标使全体成员认同活动的社会价值和意义,进而使集体成员把活动的社会价值转变为自身内在的需要和动机,这是集体自我运动的源泉。

(2)集体中的人际交往。学生的交往需要一些契机,可以通过在班集体中开展一些共同活动,为学生之间的交往提供契机。学生在集体开展共同活动过程中相互交往,沟通信息,协同作业,形成互助、合作、竞赛、尽责、服从、团结等友好和谐的人际关系。

(3)集体的规范作为统合集体中个体行为的规则,在组织共同活动和校正人际关系的过程中,具有调控功能。它以纪律、舆论、习惯、制度等手段,使集体活动按照一定的模式和秩序运行,从而保证教育教学质量的提高。

(三)教育功能

教育是有目的地培养人的活动。班集体作为实施教育教学的载体,可以使班集体中的每一个成员按照教育目标进行发展。班集体相对于集体中的个人来说,是一种巨大的教育力量,相对于个别教育,班集体具有不可替代的教育功能。实践表明,当班集体以正确的方法组织起来以后,就会成为巨大的教育力量。这种教育力量主要通过以下四种效应来达成。

(1)凝聚效应。班集体中的成员需要遵循共同的行为规范和相同的价值取向,具有高度凝聚力。凝聚效应是指班集体对其成员具有吸引力和同化作用。人的认识活动本质上是一种社会活动过程,主体的认知水平取决于主体对他人经验的注意程度,而好的班集体能有效地凝聚学生的注意力,使学生愿意投入到集体的学习中去,提升集体学习和活动的效率,促进班集体各项工作的完成。

(2)同化效应。同化效应是指集体成员在交往活动中,接受了集体的潜移默化的积极影响,自觉与不自觉地产生了与集体一致的行为。因此,在班集体中,教师可以运用同化效应,对于集体中一些成员好的行为予以表扬,潜移默化地影响班集体中的其他成员。在集体教育和集体活动的背景下,教师就可以在更大范围和多种活动中,充分运用多种教育因素,形成系统的教育方法,积极地给学生以深刻的影响。

(3)协同效应。协同效应是由集体成员团结协作所共同创造的积极的心理体验。

（4）激励效应。当学生的个体目标和班集体目标一致时,学生的进取、发展、成功等需求心理就能得到激励和激发,即产生所谓目标导向的激励效应。这种激励效应能增强学生的自主意识和计划执行的自觉性与能动性。

(四) 个性化功能

个性化即个性的形成和发展过程。班集体作为一个集体主义价值取向的社会心理共同体,具有在集体建设中培养和发展成员独特个性的功能。学生集体对其成员的社会化过程,就其内容而言,就是学生个体个性形成和发展的过程。因此,班集体具有培养和发展学生个性的功能。

研究表明,班集体不单纯是一种对学生起影响作用的教育环境,在班集体建设中,学生是活动的主体,因而班集体的特征也就不可避免地打上了学生个性的烙印。现代教育强调学生自主学习、自我教育、自我管理,同时又提供学生自我约束的集体目标、价值、规范等集体意识。在个体与集体的不断磨合中,学生进行着自己的社会化发展,从而使自己的个性不断优化并趋于稳定。学生在班集体中担任不同的角色,承担不同的责任,展现自己的才能,发挥自己的潜力,促进个性化发展。

(五) 归属功能

班集体中需要有良好的心理氛围。身处其中的成员能得到集体的尊重、关爱,感受到自由、安全、愉悦的集体心理氛围。良好的集体心理氛围无疑是有利于学生心理健康发展的。学生在班集体中与其他成员沟通交往、互帮互助,承担班集体责任,从而发现自己的价值,获得人格上的自尊感。同学之间的交流可以相互排解不良情绪,理解他人和被他人理解,从而调整自己的不良心理和行为。[1]

三、班集体的评价

通常我们评价班主任的工作,主要就是看其所带班级的风气如何,也就是班风如何。这里的班风,是指一个班级的精神面貌。它是经过班主任细致科学的

---

[1]　涂艳国. 教育学导论[M]. 武汉:华中师范大学出版社,2011:285.

教育训练以及全体成员的相互影响,在全体师生中逐步形成的一种行为习惯,并通过集体成员的思想、言行、风格、习惯等诸方面表现出来。它是由班级成员共同营造的一种集体氛围,反映了班级成员的整体精神风貌与个性特点,对于班级建设、未来发展具有重要的导向作用。优良班风主要体现为政治立场坚定,积极上进,具有强烈的集体荣誉感和集体认同感,热爱所学专业,具有共同的奋斗目标和努力方向。①

班风是巩固和发展班集体的必要条件,是班集体形成的综合标志。有良好班风的班级,首先能普遍地珍惜自己班集体成员的身份,为良好的班风感到光荣和自豪。这样的班集体不仅可以更加牢固,而且可以往更高水平发展。

班风是一种巨大的教育力量。良好班风和正确的舆论氛围相辅相成、相互影响,成为潜移默化的教育力量,并且不受时间、空间的限制,时刻发挥巨大的教育作用。班风是学生思想、道德、人际关系、舆论力量等方面精神思想的综合反映,班风的好坏对班级的建设、对学生的成长都有很大的影响。良好的班风能给学生带来有利于学习、生活的环境,能使学生精神振奋,班级正气上升;不良班风会使学生受到不健康风气的熏染而消极、不思进取,使整个集体涣散。②

评价一个班的班风,主要考虑下列几个方面。

(1)班集体成员的人际关系是和谐的、平等的,具有较强的凝聚力。其中,班主任、班长等核心成员具有良好的人格感召力。集体成员的个人才能和个性能得到充分的发展。

(2)具有完善的集体主义价值取向的规范体系。集体成员对具有社会意义的事物,能独立地根据正确的思想、政治、道德等标准做出正确的判断与评价,表现出集体主义的自决能力。

(3)集体成员具有比较自觉的集体意识。集体成员对共同活动的对象表现出主动性、积极性;集体成员个体良好的兴趣、欲望、需求能得到适合的满足。集体成员对集体有一定的心理依附和归属感。

---

① 刘德军,高敏敏,何殿安. 班集体管理与建设的创新[M].长春:吉林人民出版社,2019:11.

② 刘德军,高敏敏,何殿安. 班集体管理与建设的创新[M].长春:吉林人民出版社,2019:15.

第二节　职业学校班集体的形成规律和特点

良好的班集体是学校进行教学活动的载体,对于学生的身心健康发展起着至关重要的作用。要想建设良好的班集体,就需要对其有充分的认识和了解。职业学校班集体在形成和发展过程中呈现出一些规律和特点。

一、职业学校班集体形成的规律

班集体是在不断的矛盾运动过程中形成和发展的。班集体的形成,可大致划分为松散群体阶段、制式联合阶段和形成集体阶段。

1. 松散群体阶段

一个新组建的班级,学生互不熟悉,彼此之间还没有形成有机而主动的交往关系,各人有各人的动机和愿望,此时需要班主任将各学生个体串联起来,建立学生间的正常联系。

2. 制式联合阶段

学生通过参加各种班级活动,以言语、情感、日常行为等有形无形的联系方式,相互影响,逐渐形成了"伙伴群",学生之间的联系日益巩固,有益活动的范围不断扩大。同时,班干部人选酝酿成熟,班级组织体系开始建立,班级制度开始发挥整体效应,班干部和一部分学生能团结在班主任周围,形成班级的组织核心,共同目标下的健康舆论开始主导学生的日常言行。此时,班级的每个成员在各种活动范围内开始积累积极的集体生活经验。

3. 形成集体阶段

从制式联合体转化为班集体是一个质的飞跃。班干部具备了自治自理能力,班主任和班干部对集体提出的要求已转化为大多数学生的自觉要求,大多数学生能自觉积极地为集体服务,表现出较高的责任感和荣誉感;良好的班风已经形成;集体可以依靠自己的力量来影响有不良行为的个别学生。

二、职业学校班集体应具有的特点

职业学校班集体应具有以下五个特点。

（一）共同的奋斗目标

共同的奋斗目标是班集体形成的基础，也是唤起集体内在发展动力和达成共识的重要手段。班集体共同的奋斗目标可以把大家集中在一起，充分发挥每个人的才能建设班集体，让大家"心向一处走，劲往一处使"，在实现班集体目标的过程中分享集体的欢乐和幸福，从而形成集体的荣誉感。[①]

（二）坚强的领导核心和健全的组织机构

一个班集体想要高效有序地运转起来，就必须健全组织机构，通过班委会、班干部等把班集体中的每个成员联系组织在一起。班级的领导核心需要能够正确地扮演自己的角色，正确处理与教师、同学的关系，能够带领全班同学实现共同的奋斗目标。[②]

（三）健康的班集体舆论

马卡连柯说："集体中的舆论力量，完全是物质的，是可以实际感觉到的一种教育因素。"舆论会影响班集体的建设方向。正确的班集体舆论可以发扬正气，约束班集体成员，从而形成良好的行为规范，促使班集体成员更加团结，引领整个班集体形成积极向上的风气；错误的班集体舆论会破坏班集体的友好融洽的氛围，对成员的健康成长产生不利影响。因此，班集体舆论是衡量班级成员变化的"晴雨表"，必须予以重视，保证健康的班集体舆论。

（四）和谐的人际关系

人际关系是每一个班集体成员都需要积极建立的，既包括学生和学生之间

[①]　张作岭. 班级管理［M］.北京:清华大学出版社，2010.
[②]　李明敏，李渭侠. 班级管理原理与方法［M］.北京:中国社会科学出版社，2017.

的关系,又包括学生和教师之间的关系。和谐的人际关系需要每个班集体成员之间相互帮助、关心友爱,在班集体中找到自己的位置,发挥出自己的价值。和谐的人际关系是班集体凝聚力的前提,是优秀班集体的必备特征,是班集体成员茁壮成长的必然要求。

(五) 高度的凝聚力

班集体一旦形成,就具有高度的凝聚力,其成员遵循共同的价值观念及公认的行为规范,学习活动也会提高效率,使集体能圆满地完成学校和社会规定的学习任务。班集体的领导核心和众多积极分子之间,以及他们与同学之间会产生极大的影响力。这种影响力不仅有利于学生成长,而且会形成一种合力,推进全班各项工作顺利开展。[①]

第三节　职业学校班集体建设的内容和方法

班主任是学校派到班级的一名特殊的成员。其特殊性就在于班主任既是班级群体的一员,又作为一名"学生领袖"肩负着建设班集体的重任。作为班级的组织者与领导者,理想的班主任与班集体成员的个人感情融洽;是班集体的灵魂;所完成的任务目标明确,步骤井然,卓有成效;拥有对班集体的教育权和影响力,班集体功能充分发挥。而对班主任不利的情境是:与许多学生关系较差;师生关系冷淡、抵触甚至对立;所完成的任务无结构,较被动;缺乏对集体的教育影响力,从而导致班集体的功能无法正常发挥。

良好的班集体,就像阳光和空气一样,对学生的日常生活和个性发展发挥着潜移默化的影响作用。班主任应该按照班集体形成和发展的规律,通过各种途径和方法,努力创造条件,促进班级向着良好的班集体的方向发展,建设一个团结友爱、积极进取的班集体。

---

① 李明敏,李渭侠. 班级管理原理与方法[M].北京:中国社会科学出版社,2017.

一、职业学校班集体建设的内容

(一) 提出班级发展目标

目标是指某一行动所要达到的最终目的,或某项工作预期达到的某种结果的标准、状态。是否有明确的奋斗目标,是班集体形成与否的重要标志。因此,组织培养班集体首先要明确集体奋斗的目标。

班集体目标不是空洞的口号或标语,而是班集体发展的整体规划,是集体每个成员的灵魂。当一个班集体有了一个共同的发展目标时,它会激励班集体中的每一个成员,使每个成员充分发挥自己的才能,成为集体发展的不竭力量之源。因此,有效的班集体目标必须具备下列功能。

(1) 指向功能。目标犹如航标,对全班学生的活动、行动具有指向作用。它把全班师生联结在一起、团结在一起,朝着共同的方向努力,成为全班师生的统一认识和统一行动纲领。设计正确的奋斗目标,能指引班级活动和个体行为沿着正确的轨道前进。相反,目标不正确,会使集体活动和个体行为偏离正确的轨道。

(2) 动力功能。目标是预期的结果,只有通过努力才能达到,因此具有推动作用。这种推动作用主要表现在:一是对集体成员起着鼓舞人心、催人奋进的作用;二是集体成员会被展现在面前的符合班级实际水平的前景所吸引,并激发出高度的责任感、荣誉感;三是鼓励大家为达到预定目标而克服困难,使班集体始终朝气蓬勃,不断前进。

(3) 评价功能。评价可以强化学生的信心和态度;可以反馈信息,提高班级建设水平;可以使学生获取教育和自我教育的信息,提高班级整体素质和成员素质。目标就是评价的标准,以目标为标准评价班级工作成效的大小、质量的高低,一方面可以随时检验集体发展的水平,另一方面可以及时为成员提供动力源泉。

【案例 4 - 2】

班主任王老师带领全班同学制定了班级发展目标——将(2)班建设成为优秀班集体。为实现这一目标,大家一致认为必须做到"四心",即"信心""恒心""爱心""上进心"。全班同学以"四心"为行动准绳,努力学习,积极工作,严格要求自己。班级中的各项任务从以前的"要我做",变成了"我要做",班级的整体风貌越来越好,就连原来最爱打架惹事的学生也变了,开始主动为班级做好事。为了帮助在学习上有困难的同学,该班开展了"四人学习小组"活动,互帮互学,使那些学困生慢慢地有了进步。建设优秀班集体这一目标,引导着全班同学努力奋斗,形成了团结、踏实、好学、进取的良好班风,促进了学生的素质发展。①

(二) 健全组织机构

在班级发展目标确定之后,要使目标得到全体学生的拥护和认同,使每个学生都成为班集体的主人,就要建设一支能独立工作的学生干部队伍,并使他们明确各自对集体的责任。因此,培养一支得力的班干部队伍,形成班集体的领导核心,是实现班级发展目标的重要环节。

1. 选拔班干部的标准和总体策略

选拔班干部的标准有:① 思想品德端正,学习成绩良好,无明显的人格问题;② 有一定的工作能力,或在某一个方面具有感召力;③ 热心参加班集体活动,热心为大家服务;④ 有较好的人际关系,善于团结同学;⑤ 责任感强,勇于负责。

班干部不能搞"终身制"。处于青春期的学生在不断地成长着,而且各人的发展是有一定的差异的,有的发展快些,有的发展慢些,各方面的素质发展也不平衡。班主任要时常去发现新的积极分子,让更多的学生得到锻炼和培养。如实行班干部轮换制,尽可能给更多的学生提供为集体服务的机会。同时,也能避

---

① 班华,高谦民.今天,我们怎样做班主任(小学卷)[M].上海:华东师范大学出版社,2008:23.

免某些学生干部因任期过长而影响学习以及滋生骄傲情绪等问题。值得注意的是,在做干部轮换工作时,必须让全班学生明确认识到轮换制的好处,做到"下级"的干部愉快,"上级"的干部乐意,全班学生视为理所当然。同时也应注意更换干部的民主性和相对稳定性问题。这些都是班主任选拔干部的重要策略。

2. 正确培养和使用班干部

班干部在建设班集体中起着至关重要的作用,是班集体中的排头兵,是班集体建设的重要力量。一般说来,大多数学生有强烈的自尊心、荣誉感,有为大家服务的愿望,有搞好工作的热情,这是正确培养和任用好班干部的心理基础,班主任应抓住这些心理特点对班干部进行培养和任用。

培养和任用班干部必须处理好以下几个关系。

(1) 具体指导与放手工作的关系。一般情况下,班干部上任后责任感较强,"当家做主"的愿望较高,但他们的认识水平、工作能力、组织才干都处于学习、积累阶段,此时班主任要适时加以具体指导,和他们共同分析、讨论班上的现实情况,教给他们处理问题的工作方法,让他们在工作实践中逐步提高认识问题、分析问题和解决问题的能力。然而,这些能力的提高,又只有将学生干部置身于纷繁复杂的人际关系中,切实充当一定的角色,体验集体的力量时才能实现。因此,班主任要把具体指导与放手工作结合起来,这样既能有效地推动班级工作,又对培养学生干部的独立工作能力具有积极的意义。

(2) 任用与提高的关系。班干部是班主任的助手,班主任要依靠他们,大胆地任用他们,使他们积极地协助自己开展工作。但是,如果只任用不提高,班干部容易滋生优越感,逐渐失去其骨干作用,对班集体的发展极为不利。因此,对班干部既要大胆任用,又要注意提高要求,使班干部自身不断进步。这之中特别重要的是,要帮助他们切实树立全心全意为全体同学服务的思想,坚决杜绝特权思想和高人一等的优越感。

(3) 因人制宜与统一要求的关系。因人制宜,是班主任要根据学生干部各不相同的情况,采用恰当的方式方法,有针对性地进行培养、教育。统一要求,是指学生干部都应具备一定的基本条件,每个干部都应达到一定的标准。班主任如果不根据班干部不同的情况有的放矢地进行培养、教育,就很难收到实效,培养班干部的目的就会落空;若不按班干部的基本标准要求他们,无统一目标,就会造成培养干部过程中的盲目性和随意性,就不可能培养出班级组织的核心力量。

(三) 培养自觉纪律

这里的自觉纪律,是指学生将外在的纪律要求转化为自我品格修养的内在要求和自觉行动。班级自觉纪律形成的过程,也正是班集体形成的过程。一个班级如果没有形成自觉纪律,就谈不上班集体的形成。因此,培养自觉纪律是组织和建设班集体的保证。

1. 自觉纪律的特征

在对学生进行自觉纪律的培养之前,我们应该对纪律有个正确的认识。首先,自觉纪律表现为:当一个人单独在一个地方的时候,也应当知道应该有怎样的行为。其次,纪律是教育的结果。再次,培养自觉纪律的方式应该是:尽量多地要求一个人,就要尽可能地尊重一个人,因为教师对学生自觉纪律的培养总是从提出要求开始的。

2. 自觉纪律形成的阶段

班集体形成自觉纪律有三个阶段。

第一阶段是约法阶段。在这一阶段,班主任向学生说明有哪些需要遵守的集体纪律,以及为什么遵守这些集体纪律。这个阶段会有些学生不习惯集体纪律的约束,需要教师经常督促。

第二阶段是自我约束阶段。在这一阶段,班级组织已经建立,班干部已能开展工作,集体舆论也初步形成,学生中有相当一部分已能自觉地用纪律约束自己。

第三阶段是自我要求阶段。发展到这一阶段,外部的纪律已转化为班级中大部分学生的自觉要求,少数不够自觉的学生也能自我约束,个别不遵守纪律的学生,在集体的督促下,违反纪律的行为会有所收敛。

(四) 制定班级规章制度

班级规章制度实质上是社会规范在学校生活中的具体表现形式,也是自觉纪律形成和发展的准绳。严格的规章制度从正面告诉集体中的每个成员应该怎么做,不应该怎么做,怎么做才是对的。因此,它对自觉纪律及班集体的形成和发展具有重要的作用。

班级规章制度的内容包括学生学习、生活、各项活动的规范,大致有四个方面的内容:① 学生在校学习、生活的常规制度;② 为建立班级良好的教学秩序而制定的课堂纪律及评比制度;③ 按照国家的有关规定,帮助学生妥善安排一天时间的学习、活动、睡眠的规定;④ 清洁卫生制度,包括室内、室外环境的清扫和保洁。这四种制度都不可缺少。

制定班级规章制度的过程,就是组织学生共同学习、讨论,对学生进行组织纪律教育,不断提高学生组织纪律性的过程。在这个过程中,应注意以下几点。

第一,制定班级规章制度要体现党和国家教育方针政策的要求,要符合学生的特点和班级的实际情况。要组织学生学习有关规定,并结合班级实际组织讨论,以提高学生对所制定的规章制度的认识,形成共识,成为内驱力,使规章制度具有权威性。这些规章制度不能与学校规章制度相违背,更应有利于学校规章制度的贯彻执行;既要考虑到在本班的有效性,又不能影响其他班级的学习和生活;既要强硬,有惩罚措施,又不能有体罚、变相体罚等不符合教育法规要求的条文。

第二,制定班级规章制度要经过全班师生的反复酝酿,认真研究确定。内容要明确、具体,要求要科学合理,文字要准确、简练,易懂、易记又易行。

第三,制定班级规章制度要严肃、慎重,有关规定要有相对的稳定性,不能朝令夕改,否则会丧失规章制度的权威性,使学生无所适从,以致班级秩序混乱。

第四,班级规章制度一经制定,就应组织学生反复学习,坚决贯彻执行,使其成为学生的行动指南,并通过检查督促、评比表彰等措施,使其充分发挥规范学生行为、调节各种关系、形成和巩固班集体的作用。

第五,在执行规章制度的过程中,要坚持思想教育为主,绝不以规章制度代替班主任应做的思想品德教育工作。在执行过程中根据实际情况不断完善规章制度,使其成为既全面又具体,既科学又可行,并能产生良好实际效果的规范。

【案例 4 - 3】

"学生在学校应该穿着校服上课"是学校的一项规定。可是有一天，某学生没有穿校服上课，也没有得到相应的处理，且从其他人那里得到一种默许的宽容。另一个学生就会想："有人没穿校服了，明天我也不穿"，渐渐就会有一小批人不穿校服上课，进而发展到一大批人不穿校服上课。最后"学生穿着校服上课"的规定也就不再成为规定了，就会出现"有制度不依，执行制度不严，违反制度无所谓"的现象，于是制度的执行力严重下降，并直接影响到班级的日常管理。

(五) 建立和谐的人际关系

和谐的班级人际关系，表现为师生之间、同学之间感情融洽，心情舒畅，人际交往中充满着舒适感和安全感，还有着热烈而又健康的竞争和合作心理气氛。建立和谐的班级人际关系，能有效调动每一个学生的积极性，能在令人愉快的教育情境中消除学生中的不健康心理和不良行为，使学生的个性特长得以充分发挥。和谐的班级人际关系，同时也能增强班主任不断完善自身的教育工作的热情和信心，在师生共同努力下不断完善班集体。良好的班级人际关系是协调知、情、意、行诸要素的基础，也是诸要素的载体。

1. 同学关系

学生与学生之间的人际关系，是班级人际关系最基本的结构。对于一个班集体，构成这一集体的最原始的成分，是其中的每一个学生。每一个学生在班级中的任何言行都将影响着自己和他人的学习、情绪和思想。因此，同学之间的关系是班级人际关系中最基本的也是最复杂的关系。形成互尊互助、团结友爱的同学关系，是组织和建设班集体的一项重要工作。

2. 师生关系

和谐的师生关系就是一种师生相互尊重信赖的关系。信赖感是班主任做好一切教育工作的基础。每一个班主任都要注重和珍惜信赖感，这是每一个班主任都不可缺少的，它是由教师的道德品质——人品产生的。例如，他是否以身作则，努力工作；是否充分理解学生，一言一行都对学生有益；办事是否公道，表里如一;等等。教师人品中最重要的是不以自我为中心,且设身处地地为学生着想。班主任必须是一个"利他型"的人,必须是一个对教育事业高度负责和对学生高度尊重的人。以尊重感和责任感为前提的信赖感,是师生关系的最重要的纽带,是班主任发挥教育作用的最佳渠道。

(六)营造正确的集体舆论

集体舆论,就是指在集体中占优势的,为多数人赞同的,具有一定道德意义的言论和意见。它们以群众议论、褒贬的方式肯定或否定集体成员的言行。正确的集体舆论是学生自我教育的重要手段,也是形成和发展班集体的巨大力量。实践证明,集体舆论越健康有力,就越能激发学生的集体荣誉感和责任感,班级凝聚力就越强,班集体就越巩固。同时,正确的集体荣誉感能促使形成有特色的良好班风和优良班级传统,两者一旦建立后,就会形成更有力的集体舆论,使班集体更加巩固。

二、职业学校班集体建设的方法

(一)制定班级发展目标的方法

班主任提出的班级发展目标要具有阶段性和层次性。在实现目标的时间上,可把目标分为近景目标、中景目标和远景目标;在提出目标的水平上,可分为高、中、低等不同档次,要求不同层次的学生分别达到。远景目标是通过中景目标、近景目标的实现而逐步实现的,高级目标是通过中级目标、低级目标的实现而逐步达到的。因此,远景、中景、近景目标,以及高、中、低级目标是相对的,近景、低级目标达到了,中景目标就成为近景目标,中级目标也就成为低级目标。这样,一个目标实现了,又有新的目标等着班集体成员去实现,班级就能保持积极向上的态势,在远景目标、高级目标一步步接近、实现的过程中,班集体也就在一个个目标实现的过程中逐步形成。因此,提出的班级发展目标应当由近及远,由易到难,实现一个目标后,立即又提出一个要求更高的目标,以推动集体不断向前发展。

制定班级发展目标的方法多种多样,一般说来,主要有两种基本方法。

一是师生共商法。这是指由班主任同班干部或全班同学一起讨论提出集体目标的方法。这种方法多用于发展状况良好的班集体。采用这种方法可以集思广益,使提出的目标更合乎实际,确保目标的可行性;可以更加满足学生的情感需要,使提出的目标更易内化为学生的自觉需求,并主动为之奋斗,增强目标的吸引力和激励性;可以沟通学生和班主任的感情,使提出的目标更具有凝聚力,还有利于培养学生自我教育的能力。但是,这种方法在学生还不具备共商的条件和水平的情况下,会在一定程度上表现出它的局限性。

二是班主任定夺法。这是指班主任做出决断,向班级提出要求,并作为集体必须达到的目标的方法。这种方法通常适用于班集体的初建时期,或暂时处于混乱状态的班级中。它的最大缺陷是不利于调动班级成员的主动性、积极性。因此,它要求班主任在提出要求之前,必须深入学生中进行细致的调查研究,使提出的目标尽可能地符合学生的实际,不能脱离学生实际、随心所欲地提出班级目标。即使目标已经提出,也要向全班学生做反复的讲解、动员,使目标逐步转化为学生自觉奋斗的方向,切不可要求学生盲目执行。

(二) 选拔班干部的基本方法

选拔班干部的方法没有固定的模式。但班主任根据所在班级的实际情况,大致有两种不同的情况,应分别加以考虑。

一种情况是班上多数学生基本情况较好,班主任对班级各个方面的状况非常熟悉,这时班主任可从中指定一些学生分别承担各项工作。经过一段时间后,不但班主任对他们更加了解,全班学生也对他们了解得更加充分,这时再由全班同学无记名投票,差额选举正式的班干部。另一种情况是班上多数学生表现较差,班主任对班级情况不够了解,积极分子也难以发现,班主任可指定临时的值日生来管理班上的一些日常的事务。同时,迅速发现相对具有某些优点、具有一定号召力的学生,根据他们的爱好和特长,由班主任分配暂时承担某方面的工作,在为班级服务的实际活动中,进一步发现他们的能力和特点。过一段时间之后,再进行民主选举。

总之,在选拔班干部时,既要掌握一定的标准,又不可要求过高,要从班级的实际出发,也要以发展的观点看待学生,确定人选。

(三) 培养自觉纪律的方法

第一,严格要求,讲清道理。班主任应把有关纪律的要求一一向学生讲清,力求做到具体、形象。对已出现的违反纪律的苗头要及时纠正;对违反纪律的学生要分析原因,及时批评教育,讲明不遵守纪律的后果,并指出改正方法。

第二,指导实践。自觉纪律只有靠学生反复地道德实践才能逐步形成。不少优秀班主任通过开展行为训练来进行自觉纪律的培养,取得较好效果。一般班主任经常在组织学生参与校外活动(如春游、参观、公益劳动、观看影剧、访名胜古迹等)中,因地因时、因人因事、有的放矢地进行纪律教育,也能行之有效。

第三,不断总结,不断提高。班主任应与班干部一起制订出搞好班级纪律的计划,每个阶段进行一次总结性的讲评。讲评以表扬和赞许为主;对极少数素质较差的问题学生,也应采取一些惩罚措施,如责备、公开批评、警告、降低品德等第,等等。但惩罚应尽量慎用。

总之,对学生自觉纪律的培养,并不是一蹴而就的,在与学生不良行为做斗争的过程中,会发生多次反复,需要班主任做艰苦细致的工作。

(四) 形成良好人际关系的方法

第一,要树立班干部群体的良好形象。在同学关系中,班干部的形象是十分重要的因素。班干部应具备较高的素质并发挥应有的作用,才能协调好同学之间、学生和教师之间的关系。

第二,做好个别学生的思想工作。在一个班级中,总有几个个性独特的学生,他们在个性心理品质上甚至存在着缺陷,表现出与班级大多数人不协调,对集体持冷漠态度。对于这些学生,班主任要调动班干部和其他学生,帮助他们调整好个人与环境的关系,逐步形成良好的个性心理品质。对于班级中另外存在的一些不关心集体的学生,班主任要积极采用集体教育的方法,让他们感到集体的可爱和温暖,主动参与班级活动。

第三,加强对非正式小群体的引导。在班集体内常常会存在着各种由学生自发形成的非正式小群体。研究证明,一般每个班有6~8个伙伴群。对于这类小群体,班主任要运用妥善的教育方法,及时予以引导,引导他们扩大交友范围,将个人的情感融于集体之中,共同维护班级和谐的局面。班主任在进行引导时,首先要了解情况,对各个小群体进行分析,拟订不同的教育计划,然后根据不同情况分别予以解决。对于由于性格接近、爱好相同而经常聚集在一起的学生,要教育他们把个人爱好和集体需要联系起来,用自己的特长来为班级服务。对于一部分学生由于对某些班干部或某些事情有意见而形成的小群体,班主任应及时做好深入细致的思想工作,使他们摆正个人与集体的关系,支持班级工作。在引导这类小群体时,有经验的班主任往往先从小群体"领袖"入手,可以取得事半功倍的效果。在班级中也有可能会出现受错误思想支配而形成的或经常违反校纪校规或反社会行为的小群体。发现这类小群体,班主任应抓紧教育,必要时向学校领导汇报,并求得有关方面的配合,及时对他们加强思想教育,采取妥当而有力的教育措施,尽量纠正他们。

第四,创造友谊情境,指导学生交流。班主任要悉心创设友好交往的情境,组织丰富多彩的活动,鼓励学生特别是那些不善交往的学生介入交往,并让他们懂得互助友爱是集体中必不可少的。应该理解别人,关心别人。同时,应使学生懂得友谊和竞争的关系。提倡友好竞争,提倡合作基础上的竞争。

总之,在形成互尊互助、团结友爱的同学关系的过程中,班主任要对所有学生倾注满腔的爱,并激发学生爱的情感,使整个班集体充满友谊和爱。

(五) 培养和建立正确的集体舆论的方法

第一,要使学生树立正确的是非观、荣辱观和美丑观。班主任要通过晨会、班会、主题班会、行为规范训练及其他教育实践活动等途径,来提高学生的思想道德认识水平,为建立正确的集体舆论打下坚实的思想认识基础。同时,班主任要善于抓住教育契机,加以种种强化,将学生的良好行为固定下来,这对于建立正确的集体舆论会产生良好的效果。例如,有一个班级的一位学生得了重病,班内有几个同学悄悄捐款买了补品去看望他。随后,班委会出面向全校发出捐款倡议。班主任掌握这一情况后,立即召开班会,一方面肯定了学生的做法;另一方面引导学生懂得,关心同学只从财物上考虑是不够的,更要从思想上、精神上去关心、爱护同学,帮助他树立生活的信心。此后,学生们经常自觉地分批到生病同学的医院里,跟他谈学校里的新鲜事,给他抄听课笔记,辅导他学习,使这位学生深切感受到了同学的友爱、互助之情,树立了生活信心。这样,同学间相互帮助、团结友爱的价值观便逐步得到了确立。

第二,树立榜样,及时表扬。榜样是值得学习的模范及其行为,榜样的力量是无穷的。青年学生模仿性强,对榜样的学习,常可以在班级内形成一个共同的心理氛围,这就是正确的集体舆论形成的起始。因此,有经验的班主任都十分重视榜样教育。

第三,严格要求,反复实践。在建立正确的集体舆论的过程中,学生的思想总会有反差。因此,班主任对班级中发生的任何不良现象,都要及时批评教育,做到态度明朗、是非分明、真诚相见,绝不可以似是而非,模棱两可。对个别情节严重而又屡教不改的,要加以公开批评甚至处罚。当然,严格要求也应讲究方法。在严格要求的同时,班主任还应让学生通过反复的道德实践,养成良好的行为习惯,引导学生将外部的教育要求内化为内心的品德需要,升华为自觉的道德行动。

第四,利用宣传阵地,开展舆论宣传。班主任要指导学生善于利用黑板报、专栏、班级网络主页等园地,开展问题讨论,宣传主流的价值观念,使正确的集体舆论得以发扬和巩固。

第四节　职业学校班集体文化功能与建设

班集体文化是指班级内部形成的独特的价值观、共同思想、作风和行为准则的总和。班集体文化构成了班集体形成和发展最稳固、最有活力的基础,体现了一个班集体特有的风格。它是以班集体为主要活动空间,以师生为主体,以班级物质环境、价值观念和心理倾向等为主要特征的群体文化。这种群体文化能将学生个体行为融入班级集体行为,产生并升华为集体意志,从而最终形成健康、积极的班集体文化。

文化作为一种积淀,必须是活动的产物。因此,班级要形成自己优秀的集体文化,就必须围绕班集体宗旨开展各种有益的文化活动。在活动中体现文化,在活动中创造文化,在活动中形成文化。

一、班集体文化的功能

班集体文化的功能,主要体现在以下几个方面。

1. 育人功能

教育目标实现的最终载体是班集体。班集体文化对于学生的发展具有重要作用。学生在班级中的学习分为显性学习和隐性学习。显性学习即学生在老师的引导下,以教育目的为指导,按照规定好的教学计划,有组织地开展学习活动。显性学习主要是在教师的指导下完成的。隐性学习也可以叫潜在学习,即学生在班级正式教育教学活动之外的学习。这种潜在的学习实际上就是通过班级文化来体现的。班级文化是学生健全人格形成的直接的文化环境。职业学校学生对于显性学习的热情度不高,适合通过班集体文化这种潜在的学习来健全他们的人格,促进他们健康成长。

2. 统合功能

班集体建设初期,教师与学生、学生与学生之间经常处在不同价值观及行为方式的矛盾运动之中。需要通过一种文化载体,如班集体活动,使各方在共同的活动中获得一种共同的文化导向,从而最终形成各方认同的文化价值体系。如果活动形式符合学生的身心特点,再加上教师的主导作用,就会极易显出成效。开展班集体活动有利于逐步形成班集体文化,增强学生对于班集体的认同感,提升班集体的凝聚力。

3. 陶冶功能

陶冶功能主要来自活动情境的感染力。学生在活动情境中,受到各种积极信息的刺激并通过暗示、从众、模仿、认同等心理机制的作用,使自己的态度及行为与情境信息相和谐,从而促进人格的不断完善。陶冶功能具有隐蔽、持久和难以度量的特性,这是因为活动中信息刺激的程度受制于学生个体原有的人格特征和当时的心理状态,而人格特征又具有相对稳定性,因此,这种来自班集体活动的信息刺激必须有一定量的积累才能引起质的变化,成为人格构成中新的特质,这种特质一旦形成就难以改变,有的甚至保持终身。

4. 习得功能

习得就是学习、掌握并内化。班集体文化的习得功能主要体现在两个方面:一是培养学生适应社会生活的基本观念及态度,尤其是社会责任感;二是培养学生适应社会生活的基本能力及技能,促使学生能够将社会责任转化为社会责任行为。

5. 归属功能

班集体文化的形成过程中需要开展一些班集体活动。一方面,班集体活动的开展为学生个性与能力的发挥与发展提供了很好的机会与可能,活动中学生更清楚地认识到自己的价值和潜在的能力,获得了对自己的积极评价及良好的角色地位,由此对集体产生较强的亲和力。另一方面,班集体活动为学生个体间的合作性交往提供了条件,活动中学生感受到合作、友情及相互支持的重要性,并体验到集体和他人对自己符合团队利益行为的肯定与赞许,由此更加认同集体目标和团队规范。上述两个方面共同构成班集体活动的归属功能,是班主任开展班集体活动的基本出发点,也是开展班集体活动要达到的最高境界。

6. 激励功能

班集体文化会对每个成员产生深刻而持久的影响。在一种"人人受重视,人人被尊重"的班级文化气氛下,同学的贡献就会得到及时肯定、赞赏和奖励,学生时时受到鼓舞,处处感到满意,就会产生极大的荣誉感和责任心,自觉地向更高目标努力。班级文化所倡导的观念和宗旨,正为学生提供了良好的激励标尺。班级文化着眼于整体的文化建设和人的不断完善,在建立一种人创造文化、文化塑造人的良性循环机制中发挥其巨大的激励作用。①

二、班集体文化活动的类型

班集体文化活动既可以促进班集体文化的建设,又可以展现班集体的文化风貌,大致可分为以下几种类型。

---

① 张作岭. 班级管理[M].北京:清华大学出版社,2010.

（一）持续性活动与一次性活动

这是按照班集体活动的时间特性划分。持续性活动是指从开始到结束有一个连续的、较长的活动过程，且只有经过这一过程才能取得预期效果的活动，如考勤这样的一些常规的管理活动等。一次性活动是指从开始到结束只在一个较短的时间内完成并能达到预期目的的活动，如一次主题班会或师生联谊会等。从操作层面看，持续性活动需周密计划、保质保量、连续进行，所以这类活动一般适用于班级管理、学习指导等方面。从效果层面看，持续性活动重在形成动力定型，建构班集体行为规范与价值导向的基础体系。一次性活动由于所需时间少，过程短，策划与操作较为灵活：其主题可深可浅，规模可大可小，安排可先可后。一次性活动的意义在于不断地从各个方面强化持续性活动可预期的效果，调整班集体行为与价值的基本走向，促进学生德、智、体、美、劳及个性心理的全面发展。

（二）刚性活动与柔性活动

这是按照活动的教育方式划分。我们把有明确的教育目的的活动称为刚性活动，如模拟法庭活动、青年志愿者活动等；把主要是隐性教育目的的活动称为柔性活动，如郊游踏春、篝火晚会等。刚性活动是班集体活动体系的"骨干"，而柔性活动则是"血肉"。从"寓教于乐"及促进学生全面发展的教育观出发，这两类活动的配比应该恰当，同时在刚性活动取得实效的基础上，适当提高柔性活动的比例应该是更为可取的策略。

（三）内向性活动与外延性活动

这是按照活动的参与者是否都为班内成员为标准划分。比如主题班会，如果不邀请班外人士参加就是内向性活动，反之则是外延性活动。

外延性活动有三个方面的积极意义：一是可以协调各方面的教育影响力；二是可以增进班内学生的团体意识，强化学生的归属感；三是促进学生社会适应能力的提高。因此，班主任应有目的地多开展一些外延性活动，尤其是多开展一些符合学生身心特点的社会实践活动，这无论是对班集体建设还是对学生个体发展都是极其有益的。

(四) 个体性活动与群体性活动

这是以活动主体角色是个体还是群体为标准划分。比如作业质量评比、演讲等都是属于个体性活动,而篮球赛、讨论会等都属于群体性活动。在个体性活动中,个体独立性强、内驱力大,但承受的心理压力也大,学生易产生失败的挫折感。在群体性活动中,个体依赖性强、内驱力小,同时需要合作意识和内部的行为协调,因而对培养学生的团结协作精神及能力较为有效,但需防止失败后个体产生不良的情境归因和推诿责任等消极现象的出现。

(五) 组织性活动和自为性活动

这是从活动的源起划分。凡是班集体组织的活动均为组织性活动,而由学生"自然领袖"组织或学生非正式群体自发进行的活动均为自为性活动。做这种分类的意义在于,班主任要加强组织性活动的开展,使组织性活动成为班集体活动的主体,进而发挥活动在班集体建设中的作用。同时要研究自为性活动,并尽可能多地在组织性活动中吸纳、同化自为性活动,对难以吸纳、同化的各种校外自为性活动要加强指导,从而最终实现对自为性活动的有效规范。

三、班集体文化活动的构成

班集体活动涉及的内容非常广泛,理论上说,凡社会经济基础与上层建筑的方方面面均可进入班集体活动策划的范围。然而从班集体建设的角度看,班集体活动的构成还是有其自身特定的基本范畴的。

(一) 常规活动

常规活动是每天、每周、每月、每学期必须进行的活动,主要有班会、值勤、班刊、评议等。

1. 班会

班会有每日晨会和每周例会两种形式。班会一般都会纳入学校课程表中:每日晨会 15～20 分钟,每周例会 1 课时。班会安排保证了班集体活动的最基本的时间,保证了班主任与班集体及其成员相互交往、共同活动的最基本的时间。

班会的主要内容有两个方面:一方面是固定的项目,反映班集体及学校教育经常性的需要,如一天(周)的工作布置或小结、常规的表扬与批评、时政学习、校内重大问题评析等;另一方面是根据需要临时增加的内容。如学校临时的通知、活动等。

班会的形式多种多样,有很大的选择余地。一般说来,形式的选择要考虑三大因素:一是与班会的主题内容相适应,比如时政学习可采用读报、看新闻直播,校内重大问题评析可采用讨论、演讲、辩论等;二是为学生所喜闻乐见,使学生愿意参与、积极参与,这就要求形式要新颖、有变化,符合学生的兴趣。三是基于现有的班集体条件,班会的形式可以多种多样,但是都需要在现有的班级硬件设施条件下,要考虑可操作性的问题。

班会的主要作用在于向学生传递连续稳定的信息,丰富班集体生活以及实现师生间的日常沟通。班会的主要教育价值在于"滴水穿石"的行为导向及德育功能。班会是班集体德育工作的重要形式。优秀的班主任会精心计划每一次班会,使其内容、形式及功能均体现一定的教育价值,从而促进班集体发展水平的提高。

2. 值勤

值勤是学生自我教育、自我管理、自我服务的有效方法。班集体成员通过值勤的方式可以培养自己的班级责任感和班集体的奉献精神。值勤有三种:一是服务性值勤,如卫生值日、管理班内设备器具报刊、收发信件等;二是管理性值勤,如记录教学日志、考核行为规范、主持集体活动等;三是荣誉性值勤,如在学校大门口与教师共同值勤迎送师生等。

值勤制度设置的初期,班主任应明确值勤的具体内容及质量标准,要求学生做好值勤日志。此后可随时调整值勤的范围,使学生由体验而产生自觉的认知,从而提高学生的责任心。

值勤宜采取轮流制,这可以使每一名学生都能在值勤活动中从另一个角度认识班集体,认识秩序与纪律在集体生活中的重要性,认识自我尊重与尊重他人对于个人发展的意义,同时也公平地给了每一位学生展示自己的机会,有助于教师在同一个平台上对学生进行认识和评价。

荣誉性值勤，班主任对值勤学生应突出两方面的要求：一是突出个人行为对班集体的代表意义，使学生明白自己的言行并不仅仅是个人的行为，而是关乎自己所在班集体的形象；二是突出学生个人形象对学校的价值，使学生明白自己的言行反映着学校教育的价值导向，自己是学校树立的供全体学生在某一方面仿效的榜样。

值勤活动使"教育""服务""管理"等词的意义在学生的脑中不再是空洞抽象的文字，而是实实在在的行动与体验。值勤活动潜移默化地影响班集体成员，班主任应将其纳入教育实践的范畴，持之以恒，并努力使其产生相应的教育实效。

3. 班刊

班刊的形式有黑板报、手抄报、壁报等，随着校园互联网络的普及，还可以制作班集体电脑网页、班集体公众号或视频号等。班刊的主要作用有：① 舆论宣传；② 反映班集体面貌；③ 展示学生的才智和力量。

从舆论宣传的角度看，班刊的内容可涉及学校及班集体的工作目标、工作建议和某一阶段的中心任务等。当然还包括对重要的国家时事政治、党的方针政策的宣传、学习等。

从反映班集体面貌的角度看，班刊的内容包括班集体动态报道，班集体及其成员成绩展示，对不良现象的批评讨论，以及同学们喜爱的知识性、娱乐性、文体性等方面的内容。

从展示学生才智和力量的角度看，班刊需要采访、写作、编辑、制作等一系列专门人才，还需要组织、分工、协作等一系列管理制度及管理过程，如果没有一定的才智和责任心，要想办好班刊是非常困难的。

与自办班刊密切相关的，就是要鼓励学生向校刊、校广播站、校电视台及校园网站投稿，这不但具有上述三种自办班刊的作用，还有助于提高学生的荣誉感和班集体的凝聚力。

4. 评议

评议对于班集体来说是十分重要的，这是班集体成员进行自我反思、了解成员之间的想法以及与教师进行沟通的桥梁。评议活动分三个层面：一是自我评议，就是学生个体对照学生守则或行为规范进行自查自省、自我评价；二是民主评议,就是通过一定的民主程序,对被评议者进行评价,比如评选优秀学生、选举学生干部等;三是教师评议,就是教师采用一定的形式如表扬、批评、评语等对学生进行评价。

评议活动具有三个方面的积极作用。一是促进学生自我认知,无论是自评还是他评,都需用社会公认的标准作为尺度,这就从客观上帮助学生对这些必须遵循的行为准则进行进一步的认知并消除意义障碍。二是行为调节作用,显然,否定性的评价对行为有抑制功能,而肯定性评价对行为有强化功能,经常性的评议活动对行为的这种调节作用会更加明显。三是驱力作用,在评议活动中经常得到肯定的学生,对班集体的认同度高,反之就低。因此,从班集体的评价功能看,要经常给予学生正面的评价,以提高学生对班集体的向心力。

评议活动是最严肃的活动,班主任应严格本着教育原则和科学方法,公平公正地进行这项活动。要将平时评议与期末评议相结合,以平时评议为主;将单项评议与综合评议相结合,以单项评议为主。对一些带有选拔性质的评议一定要有既定的民主评议程序,切忌教师一人专断。只有这样才能使评议的作用得到良好的发挥。评议的目的并不是评出个人优劣,而是在于促进班集体成员认识到自己的问题并进行改正。因此,切记不可因为评议结果对班集体成员进行过度批评,而要引导其进行积极改正,不断完善自己。

(二) 学习活动

这里的学习活动是指为了调动学生学习积极性、拓宽学生知识面的正常课程教学以外的活动,如第二课堂活动、互帮互学活动、学习督查活动、学习竞赛活动等。

1. 第二课堂活动

第二课堂一般由学校开设,但并不排斥班集体也开设第二课堂。班集体开设第二课堂会受到许多诸如师资、设备等客观条件的制约,因此应因地制宜,量力而行。

2. 互帮互学活动

班集体内总会有一些后进生,互帮互学就是让学业优秀者与之结成学习伙伴,或编入一个学习小组,通过共同的学习活动帮助后进生提高学习效率,进而提高学业成绩；与此同时，锻炼学业优秀者的口头表达能力和逻辑思维能力。

3. 学习督查活动

就是成立班集体学习督查小组，以检查学生各科作业状况为主。督查方式有两种：一是检查作业是否按时完成，二是检查作业是否独立完成。后者是重点。检查的方法可以采用作业综合考查法，就是随机抽取一定数量的各科作业，不加改动地组成一张综合试卷，考试合格即说明平时作业完成质量较好，反之则差。对考试不合格的学生可采取一定措施督促其改进作业状况。学习督查活动是检查学生学习情况的一种方式，借助班集体成员的相互影响作用来促进整个班集体的学习行为、学习态度的提升。职业学校学生的学习积极性不高，可以通过学习督查活动来督促他们对于专业知识的学习。

4. 学习竞赛活动

班集体内举行的各种学习竞赛，其目的就是激发学生的学习动机，提高学生的学习效率。因此，不能将淘汰性的选拔竞赛作为竞赛的主导。淘汰性的选拔竞赛如果被不恰当地使用，必然会导致三种明显的消极作用：一是气氛紧张，学生心理负荷加重；二是造成大多数人失败，反而削弱学习动机；三是易使学生间产生不友善的心理及行为。为避免这些消极作用的产生，班主任在设计学习竞赛活动时，应考虑下列原则：第一，应当让所有参赛者都有成功和失败的可能，也就是说，不能让学业优秀的学生有天然的获胜优势；第二，竞赛的重要目的在于激励学生比以前做得更好，而不是与他人比个高低；第三，竞赛的形式、内容及评价的标准要多样化；第四，竞赛中要尽可能多地增加合作的成分。

（三）社会适应活动

社会适应活动的内容非常广泛，包括道德观念适应、行为规范适应、社会角色适应、社会职业适应以及社会生存适应等。班主任在策划此类活动时不用面面俱到，只要抓住适应社会的关键能力，将其融于少而精当的活动中，比如社会实践活动、职业角色模拟活动、社会公益活动等。社会适应活动应该注重让学生掌握适应社会的技能，培养学生的迁移能力。

（四）文体娱乐活动

文娱类活动有利于调整生命节律，促进学生身心健康发展；体现审美价值，提高学生志趣水准；寓教于乐，陶冶学生情操，优化生活体验；活跃班集体气氛，丰富班集体生活内容，改善班集体内部人际关系。这类活动大多属于柔性活动，往往不太受班主任的重视，在学校对班主任工作的考核评价中，此类活动的权重亦很小，但此类活动非常重要，因为它最易为学生所接受和认同，是班主任教育理念和教育期望的最佳载体，因而绝不可将其当作可多可少甚至是可有可无的一类活动。通过文娱活动，可以发掘部分职业学校学生的闪光点，培养他们的自信心，促进他们的成长。

四、班集体文化创新活动

应该说，新颖性和独特性是班集体创新活动的重要特征。学生通过班集体组织的创新活动，能培养奋发向上、团结友爱、朝气蓬勃、积极创造、开拓进取的精神。因此，创新活动也可称作创造性实践活动。

组织创新活动必须有更为具体明确的目的，那就是进行道德实践，提高学生的思想道德水平和道德评判能力，以及巩固和发展、健全和完善班集体。因此，创新活动的内容、形式、方法都应服从于这一目的，例如传统的班干部选举，目的往往仅是选出班干部。而具有创新意义的班干部竞选，目的主要是对学生进行一次生动的社会主义民主教育和竞争意识的教育，使他们具有未来公民应有的政治素质。

要组织班集体创新活动，班主任首先应该有创新的思路。其次要不断学习，不断接受新思想，树立新观念。最后要不断了解新形势，开拓新思路，探索新方法，提出新课题。

具体来说，班主任在组织班集体创新活动时要注意以下几个方面。

（1）抓住教育的契机，使学生产生搞活动的兴趣。注意观察学生在生活中对一些事物所产生的兴趣，抓住机会，将有意义的活动设想巧妙地暗示给学生，引起学生对活动的兴趣。学生有了兴趣，就有了搞活动的积极性。这样活动就成功了一半。

（2）寻找情感共鸣点，使活动产生动情效应。班主任可以及时提出能使学生引起情感共鸣的问题，巧妙地设置教育情境，使学生身临其境，在活动中思考，在活动中受熏陶感染，得到较深刻的思想道德情感体验，从而加快了学生的内化过程。

（3）选准突破口，使活动产生教育效应。教师可以把与学生思想生活联系最密切的内容作为活动主题，形成突破口。然后在活动中由浅入深，层层深化教育作用。

（4）发挥创造性，使活动产生创造效应。班主任在设计班级创新活动中，要重视学生创造性思维的发挥。确定活动主题时，启发学生自己理顺思路；组织活动时，引导学生运用创造性思维的方法。

（5）切合不同年龄阶段和专业特征，体现活动的适应性。不同年龄、不同专业的学生，有不同的生理、心理特点，也有不同的认知程度和不同的兴趣爱好。班主任在组织创新活动时，必须针对这些特点，注意活动的适应性。

问题与思考

案例分析：

（1）一位同学在自己的博客中写道：对现在这个班集体，我是一点信心都没了。每次活动只有不到一半的人参加；班里事务事不关己，出来结果又闹腾着不满意；对他人的工作成果不尊重；班委某些人缺少责任感；"老班"是个好人，我不想说他的坏话。我想不出还能有比这更差劲的"集体"了。从小学到初中，我所在的集体在年级里都是赫赫有名的，无论是活动、学习、氛围，都让别的班的同学羡慕不已。可现在，为什么这样呢？

因为这里不是普通中学，来就读的同学有许多并非自愿。素质的参差不齐，造成某些人自私、狭隘的心理和行为得不到修正。在他们眼里，"集体是个什么东西"，于是心里就只剩下了自己。

从上面这段话中，你认为这个班集体存在哪些问题？如果你是班主任，你会怎样做？

（2）上周二晨会上，班主任说下周二要搞一次班会活动，让大家思考活动主题、活动形式，星期四晨会上交流并评选最佳设计方案。我不是班干部，可我很想主持活动,我觉得我有这个能力。但光想是没有用的,得拿出让同学们喜欢的方案呀!我开始认真思考起来。晚上,中央一台正在播放的《焦点访谈》让我灵感顿时显现:我们也可以通过录音、摄像的方式去采访同学们在家的生活情况,然后编成一个节目。星期四交流方案时,同学们对我的方案报以热烈的掌声,大家一致推举我的设计为最佳方案。我很激动。双休日,我们分头到同学家里采访,直接拍摄同学在家里的各种情景。回来后我们编辑了一档25分钟的电视节目。节目播出后,大家的反响非常热烈,被采访到的同学更是异常激动。班主任也给了我们最好的评价。我想,什么事情只要有创意,能敬业,就一定能够成功。

分析该案例所体现的班集体功能,并亲自设计一个专题活动以最大限度地体现班集体的基本功能。

第五章

职业学校班级活动的设计与组织

志愿服务　让心回家

周五晚上 11 点,班干部报告说,留宿学校的小安同学还没返校,电话也打不通。班主任潘老师马上联系家长,确认小安并没回家。一晚上的失联后,第二天,小安才通过 QQ 告知潘老师自己没事,自己是因为无聊在外面上网。小安事件促使潘老师对全班进行了调查,发现相当多的学生和小安一样每天都处于"无聊"的状态,人生没有目标,缺失同理心,缺乏责任感。为此,潘老师推荐小安参加"阳光助残"志愿服务活动。活动中,小安从一开始感到手足无措,到后来能够主动细心照顾老人、陪老人聊天唱歌……她还说:"陪伴老人们挺有意思的,我想继续参加。"潘老师顺势召开"志愿服务,我能行"的主题班会,以小安为榜样,宣传志愿服务活动的内容与意义,建立班级志愿者服务队,小安被选为分队队长。两个月后,积极上进、乐于助人的小安活跃在校园志愿服务中,班级互帮互助的气氛越来越浓厚,很多同学也渐渐脱离迷茫和无聊的状态,甚至有些同学能够主动承担志愿服务分队的管理工作……①

职业学校班级活动是指在班主任的指导下,有目的、有计划地为实现班级教育目标而举行的各种教育实践活动。班级活动不仅是班集体形成和发展的必要

---

① 技工院校班主任工作实务编委会.技工院校班主任工作实务[M].北京:中国劳动社会保障出版社,2020:207.

条件,也是开发集体成员身心素质潜能的基础。开展班级活动有利于培养学生良好的品德,发展其个性特长,锻炼其意志品质,养成良好的行为习惯。班级活动既是班集体形成的基础,也是学生发展的"催化剂"。

职业学校班级活动的种类多种多样。分类标准不同,内容也有所不同。主要有以下三种不同的分类方式。

(1) 按照活动方式,可分为课内活动和课外活动。

(2) 按照活动内容,可分为思想品德教育活动、文化学习活动、科技活动、文艺活动、游戏活动、综合活动等。

(3) 按照活动目的,可分为目标内化活动、建设舆论活动、建立良好人际关系活动、班级常规管理活动、培养自觉遵守纪律活动、培养学习兴趣活动等。

一般而言,职业学校的班级活动是由主题班会、课外活动和社会实践活动三个部分构成的有机组合的开放、多维、有序的共同活动体系。

第一节　职业学校班级活动的意义和特点[①]

职业学校班级活动是进行德育的重要途径之一,对培养学生的人际交往能力、帮助学生展示个性及特长、建设良好的班集体等具有重要意义。职业学校班级活动具有灵活多样性、自主参与性、实践性和教育性等特点。

一、职业学校班级活动的意义

教育界众多学者都曾撰文探讨班级活动的意义。比如,南京师范大学高谦民教授认为:"它是班级教育系统中不可或缺的一个重要子系统。因为无论是建设班集体、营造班级文化环境、优化班级管理、还是整合班级教育力量,都离不开有益于学生发展的实践活动。"台湾著名教育家林进材认为班级活动的意义是多

① 参何万国.现代班主任工作研究[M].成都:西南交通大学出版社,2009:272-277.

方面的:班级活动是课程的延伸与运用;是课内的整合与统整;是强化人际关系及相处的机会;可以强化学生做事的态度;可以培养学生的班级归属;能够深化学生的经验与能力。综合已有研究成果可以发现,班级活动的意义主要体现在以下几个方面。

(一) 班级活动是进行德育的重要途径

第一,通过多种类型的班级活动,促进学生明辨是非,加深对道德规则的理解,在内心深处认同某些道德规范,为道德的最终形成提供认知基础;第二,促进学生在活动过程中培养道德情感,是道德行为的催化剂;第三,通过学生之间的交往和协作,培养发展其真正的责任意识、义务感,懂得交流与合作的重要意义;第四,有助于学生之间在活动过程中,促进学生团结协作和集体思想的形成和发展,从而促进良好班集体的形成。

(二) 班级活动满足了学生交往的需要,锻炼了学生的交往能力

首先,在班级活动中,学生基于共同的班集体目标而共同努力,相互之间敞开心扉进行合作,互相帮助、互相鼓励,加深彼此之间的了解,逐步克服骄傲自大的缺点;其次,一个有价值的班级活动,如通过诚心教育、感恩教育、基础文明等教育,更是滋润学生心田的雨露,会让他们懂得正直、善良、诚信的重要性,懂得感恩的意义;最后,在班级活动的准备以及实施过程中,教师以引导者的身份与学生进行交往,师生之间的交往增多,关系更加民主。

(三) 班级活动提供了学生展示个性及特长的机会

活动既是青年学生学习期间的重要内容,也是观察了解学生的重要渠道,特别是在活动中学生潜在的个性特长可以得到比较充分的展现。教育需要通过形式多样的、生动活泼的实践活动来深入青少年的心灵,这样青少年在活动中才能感受到无穷的乐趣,才会产生积极参与的强烈欲望,而班级活动正好具有这样的优势。在丰富多样且实践性很强的活动中,学生的各种欲望被激发,在这种自我发展欲望的激励下,学生又会自觉主动地去寻求发展。此外,在轻松的班级活动氛围中,表现者会有极强的成就感,观者也会被表现者的榜样力量所感染。

(四) 班级活动有助于建设良好的班集体

良好的班集体是在教学以及各种形式的活动中逐步形成并得到培养的。在班级活动中,学生之间充分交往、互相了解、建立友谊,为形成集体奠定情感基础。在班级活动中,逐步学会了正确处理个体与个体、个体与集体之间的关系。建设班集体需要一支优良的学生干部队伍,而在班级活动中,可以发现、锻炼和培养学生干部,扩大积极分子队伍。同时,在健康有益的班级活动中,正确的、合理的、健康的内容可以得到弘扬与肯定,错误的、不良的内容则为大家所不齿。久而久之,正确的集体舆论和良好的班风就会逐渐形成。

(五) 班级活动有利于学校学习与生活和职业世界相联系

在一些实践性很强的班级活动中,为了完成活动,学生不仅需要运用一定的学科知识,通过互联网查找资料,更需要在日常生活中注意观察和积累。比如开展一个关于环境保护的主题班会,学生为了真正认识目前环境保护中存在的问题,不仅需要通过网络查找相关资料,更需要观察并统计现实中的问题,诸如自己家里垃圾的处理方式、小区里垃圾的处理等。这样,学习和生活,课内和课外在一个活动中被紧密地联系起来。可以说,一个有意义的活动的完成绝对不是哪一门学科知识的单独运用,而是多学科知识的综合运用,是学习与实践的结合。因此,在班级活动中,更彰显了"生活课程"的理念。在学校组织的与企业相关的活动中,学生可以尽早了解企业文化和价值观,促进其未来更好地适应工作岗位。

二、职业学校班级活动的特点

(一) 灵活多样性

首先,在活动内容上,没有过多的限制。学科课程有固定的课本和内在的知识逻辑体系,同一年级所学内容差别不大。而班级活动则没有固定的教材,活动的内容可以基于学校特点、专业特点、学生特长以及学生的思想、心理问题展开灵活多变的活动,即使是同一所学校同一个年级不同班级进行的班级活动也可能完全不一样。教师完全可以根据本班班情和学生特点自定,也可以通过学生提议来确定活动内容。其次,班级活动形式多样而丰富,既可以是教师主持,也可以是学生自己主持;既可以采用诗歌朗诵,也可以采用歌唱、舞蹈、小品、相声等形式;既可踏青,也可赏秋;既可在教室内进行,也可在户外广阔的天地里开展。最后,对班级活动的评价也是灵活而多样的。

(二) 自主参与性

自主参与是班级活动最明显的特点。对于学校和班级来说,一部分活动是具有强制参与性的,但是更多的班级活动内容和形式可以由学生自主确定、自主参与。而对学生来说,他们是具体活动的主人,活动形式可以根据个人的兴趣爱好特长进行选择,也可以自由进行小组组合,自由选择任务。虽然期间教师会对学生进行一定的帮助和指导,但是最终活动的实施主体是学生,活动作用的直接对象也是学生。缺失了学生的自主性,班级活动是低效的。

(三) 实践性

顾名思义,班级活动中的"活动"二字就是让学生动起来,在"做中学",边做边学。课程中尽管也有学生实践活动,但现实情况是很多课程教学往往只把实践活动作为一种铺垫、一种辅助、一种点缀,在时间比重上、内容比重上并不占主导地位。而在班级活动中,学生活动的时间占大部分,学生在活动中学,在活动中体验。

(四) 教育性

班级活动是对学生实施德育的主要阵地和重要路径。班级活动和其他一般性活动的一个重要区别就在于它蕴含了提升学生道德水平的意图。一般活动更多地培养学生的探究精神、创造力,获得一种科学的认识,而班级活动更看重通过活动增进学生的道德感悟,提升他们的道德水平。比如同样是关于环保的主题,科学活动更注重环保知识和环保意识的形成,而班级活动除此之外更强调培养学生关爱自然、关爱生命的情怀。近年来,有一些非常经典的主题班会活动,比如学会节约、学会感恩、学会珍惜等,都是蕴含了非常强的教育意义的。在教育效果上,由于它是专门以教育学生为主,因此效果更突出和明显。

第二节　职业学校主题班会的设计与组织

一、职业学校主题班会的作用

主题班会是班级活动的一种形式。它是班主任根据学校培养目标,针对班级特点,围绕某个事件,突出中心,运用班集体力量对学生进行思想政治教育、科学文化知识教育的一种普遍的教育形式,也是职业学校学生进行自我教育的有效方式。主题班会是班集体建设的一项必要活动,包含的内容特别丰富,可以涉及思想品德问题、班级管理工作,可以让学生交流学习经验,开展批评与自我批评,也可以针对班级、校园内及社会上存在的思潮或社会热点问题进行讨论。主题班会的作用主要有以下几点。

1. 有利于学生形成良好的思想品德

学生良好思想品德的形成是家庭、社会、学校相互作用的结果,其中学校教育在学生思想品德的形成中占据主导地位。学校通过设计各种教育情境活动,有计划、有目的地对学生加以启发、引导和培植,帮助并教育学生形成正确的思想观念,在活动中培养学生良好的道德习惯,进而产生良好的道德行为。主题班会可以使学生在健康、活泼的集体情境中受到教益,逐步分清是非,提高认识,同时丰富学生情感,充实其精神世界。实践证明,主题班会是学生提升道德认识的重要途径,是陶冶情感的熔炉、转化行为的动力,在思想品德教育中具有多方面的功能。

2. 有利于班集体形成正确的舆论,树立良好的班风

班风是班集体中大多数人的思想觉悟、道德品质、意志情感和精神状态的共同表现形式。要形成良好的班风,首先就要在班集体中形成正确的舆论,借助舆

论的指导、监督,支配集体成员的行为,培养集体成员的荣誉感、义务感、自豪感,美化集体生活,熏陶并感染学生的思想意识,从而使班级形成一个富有凝聚力的、团结友爱的集体。而主题班会在集体舆论的形成方面起着主导作用。通过主题班会,班主任可以将班级出现的好人好事和良好风尚,在全班同学中加以宣传、扩大、巩固和反复实践,也可以将其他班级、其他学校的优秀经验引入本班,使之在本班中得到支持和发展。对于一些不良风气、不正确的舆论,可以及时纠正、控制,将之消灭在萌芽中,从而达到鼓励先进、鞭策后进的目的。

二、职业学校主题班会的类型

(一) 专题班会

专题班会一般是根据班级需要,为解决某一问题而进行的班会。通常采用报告、讲座、辩论、演讲、对话、经验介绍等形式进行,有时也采取一些特殊的形式,如模拟记者招待会、竞赛、相声、诗朗诵等。

(二) 综合性主题班会

综合性主题班会往往是围绕一个或几个主题开展一次或一系列的活动,它突出了学生的主体地位,兼顾学生的兴趣、特征,融教育性、知识性、趣味性于一体,教育效果较好,学生比较喜欢。综合性主题班会的形式主要有以下几种。

1. 知识性班会

知识性班会以学习知识、培养能力、增长才干为主,是发展学生个性的有效手段。知识性班会的内容很多,形式多样:可以是动脑的智力竞赛,也可以是动手的设计制作竞赛;可以是参观访问,也可以是辩论会;可以是经验介绍,也可以是专题讲座。不管以何种形式进行,目的只有一个,那就是创造条件,把学生带进知识的海洋,鼓励学生放开思路,发展个性,增长智慧。

2. 节日性班会

节日性班会的形式不拘一格。班主任可以根据节日的性质特点、班级的管理目标和学生的具体情况,举办不同内容不同形式的节日性班会,如展览会、筹火晚会、游戏、表演、比赛、朗诵、舞会等。节日性班会一般要在喜悦、热闹、轻松、愉快的情境下进行,以放松学生的情绪,增强学生间的凝聚力,鼓励学生发展个性,丰富学生的生活,让学生在愉快和笑意中感受到生活的真、善、美,感受到班集体的温暖,并从中受到教育。

【案例 5－2】

粽子宴会

某班主任为了让学生进一步理解祖国的历史文化,培养民族自豪感,在端午节举办了一个名为"粽子宴会"的主题班会。"宴会"期间,政治老师介绍了端午节的来历,语文老师朗读了屈原的长诗《离骚》,然后每位同学围绕"今日吃粽子"说一句话。这次活动主题鲜明,形式活泼,同学们对祖国灿烂的历史文化有了进一步的了解。活动结束后,同学们深有感触地说:"粽子年年吃,今年的味道特别香,因为我们不仅知道了它的来历,更懂得了什么是爱国。"

3. 教育性班会

教育性班会,可以是针对班内存在的问题,如班内纪律、学习态度、文体活动、劳动问题,以及为帮助个别同学而举行的班会,也可以是职业理想教育、职业生涯规划教育、人生观教育、青春期教育等班会。教育性班会的形式也是多种多样的,如教师的独幕戏、同学之间的辩论会、专家学者的专题报告、座谈会、学生的游戏活动等。教育性班会应具有连续性、系统性、整体性的特点。

4. 民主生活性班会

民主生活性班会就是学生自己组织的班会。由学生自行设计、自行召开,借以培养学生的组织能力和管理才能,使他们在实践中受到锻炼,得到培养。民主生活性班会的内容、形式、步骤、方法、要求、时间、场地等,都由班级的特点或学生的兴趣决定,寓教于乐,使学生在自己的天地和活动中受到良好的教育。

🔗 **相关链接**

表 5-1　班会设计的参考主题①

序号	大类	主题
1	理想信念教育	社会主义核心价值观系列主题班会
2		技能成就梦想——中国梦，我的梦
3	中国精神教育	让长征精神薪火相传
4		弘扬中华优秀传统文化
5		中国共产党党史
6	道德法治教育	安全教育，警钟长鸣
7		学会感恩，懂得宽容
8		团结协作，互惠共赢
9		节约环保，保护地球
10		远离欺凌，拥抱友好
11		知法守法，维护和谐
12	职业指导教育	专业认知
13		预见未来的自己——职业生涯规划
14		弘扬工匠精神
15	心理健康教育	悦纳自我，自信成长
16		挫折是最好的礼物
17		在赞美中学会沟通
18	学习方法指导	自主学习
19		高效学习
20		深度学习
21	生活方式指导	生活技能教育
22		时间管理
23		生命健康教育

---

① 技工院校班主任工作实务编委会.技工院校班主任工作实务[M].北京:中国劳动社会保障出版社,2020:72-73.

三、职业学校主题班会的设计原则

（一）教育性

主题班会的教育意义是多方面的，可以提高学生思想道德水平，开发智力，提高学生实际操作能力，增强其审美情趣，等等。如果没有教育性，任何主题班会都将失去目标和方向。因此，主题班会必须有明确的教育目的，并且贯穿始终，绝不能流于形式。职业学校的学生普遍具有较强的失败感，自信心不足，学业水平较低，对前途充满了无奈与彷徨，鉴于此，职业学校主题班会的教育性主要体现在主题班会的内容和过程中。

首先，主题班会的内容应侧重于培养学生的自信心、激发学生的上进心、引导学生树立积极的人生目标等方面。主题班会名称要寓意深刻，言简意赅，富有号召力和感染力。例如，针对职业学校学生的具体情况，可以设计"为什么而学""人生路怎么走""生命的价值"等主题班会。再如，组织"电脑与人脑"的讲座，展开讨论并进行引导，改变部分学生沉迷游戏、忽视学习的做法。

其次，活动场地要有教育氛围。会场布置要体现教育情境、活动气氛，标题的书写、展板的摆放、桌椅的形式都要做到整体设计。

最后，主题班会要有利于学生道德修养的提高和意志品质的养成，要教学生学会做人。主题班会是职业学校实施德育、对学生进行良好教育的重要阵地和载体。在主题班会中，学生以饱满的主体意识参与，从鲜活的体验中深化对自我价值的认识，树立正确的世界观、人生观和价值观，学会正确处理个人与社会的关系，在养成团队合作精神的同时，激发他们的竞争意识，激活他们的创新精神和创新能力，培养他们的实践能力和良好的意志品质。

🔗 相关链接

主题班会方案示例：今天和明天

（一）目的

今天是起点，明天是目标。通过班会活动，学生唱出今日的赞歌，并展开理想的翅膀，畅谈祖国的明天，美好的未来。对学生进行形象生动的理想教育，激发学生的学习热情和对未来的憧憬。

（二）形式

表演，包括听录音、诗朗诵、唱歌、讲故事、小戏剧表演和诗的解说等。

（三）准备

1. 思想准备

首先进行"什么是理想"的教育，教师宣讲历史上的名人名事、报纸上的先进人物、学生身上的闪光点，从感性上使学生对理想有初步理解，引导学生了解"今天和明天"的含义。

2. 内容准备

科技组：组织班上有科技兴趣的学生，进行课外科技活动（如生物、物理、化学、手工等），介绍知识趣闻，动手制作标本，做实验等。

设计组：确定设计项目（如未来校园），开动脑筋，展开想象，拿出方案，利用废料，自制模型。

朗诵、故事组：根据要求，寻找材料，练习朗诵并表演。

小戏剧、唱歌组：在教师的辅导下，根据需要，排练小戏剧《今天和明天》，学唱歌曲《小草》《每当我们走过老师窗前》《明天会更好》。

3. 事物准备

（1）指导学生写串词、发动学生拟定"明天"规划，物色主持人。

（2）准备录音机、实验器材、小道具等。

（四）过程

序曲：《今天和明天》、对白（揭示今天和明天的内在联系，交代活动目的）。

1. 今天

(1) 祖国的今天。① 诗朗诵(展开一幅祖国安定团结,欣欣向荣,飞跃发展的图画)。② 听录音介绍英模事迹。③ 谈听英模事迹后的感想。

(2) 我们的今天。① 课堂中的我们。讲故事(学习事迹)。② 课堂外的我们。展览、实验、介绍(科技组汇报活动成果,科学小实验——我们怎样管理自己)。③ 课堂里的老师。合唱:《每当我们走过老师窗前》。朗诵:《啊,老师》。

2. 明天

(1)"明天的图画",口头作文想象画(《展望描绘明天》)。

(2)"明天的设计介绍"(谈设计方案和出示模型)。

(3)"明天里的我"即兴谈(设想未来生活中自己的形象)。

小戏剧表演:《今天和明天》,通过 21 世纪的机器人同当代青少年的对话,引导学生认识到明天是美好的。但今天的努力更重要,有知识才能奋进每一天。

歌曲:《明天会更好》。

(五) 总结

(1) 从班会活动效果上看,学生明确了今天的学习是明天工作的奠基石,应从自己做起,产生学习的紧迫感。

(2) 从班会活动的形式上看,寓理于乐,寓情于乐,动之以情,晓之以理,将教育性、创造性、娱乐性融为一体,培养了学生的各种能力。

(二) 针对性

主题班会目标的选定必须结合职业学校学生实际,有的放矢,确定的主题必须针对职业学校学生中普遍存在的典型的思想问题。具体地讲,必须按照学生的年龄阶段、心理特点、思想发展的脉络,密切结合学校、家庭、社会生活实际,针对学生的思想、学习和生活等问题,广泛选取题材,才能叩开其心扉,使其产生共鸣,受到强烈的感染。

1. 从本班学生实际出发选定主题

在设计、组织主题班会时,班主任必须对本班学生的状况进行认真分析,把准学生"脉搏",从学生思而不明、想而不清、懂而不做的问题中,抓住与大多数学生相关的学习、生活等方面的主要问题,选择恰当的主题,选定具有启迪性的主题,为整个班会定准基调。

2. 从本班学生年龄特点和能力水平出发来确定目的

班会目的的确定要从本班学生年龄特点和能力水平出发,选定科学合理、循序渐进、由低到高的现阶段的学生能够做到的系列活动内容。首先,班主任要转变"贪大求全"、不求实效的陈旧观念,一节 40 分钟的主题班会能解决多少问题,班主任要做到心中有数,不能确定学生达不到的、不切实际的、面面俱到的许多目的,否则,目的的确定就形同虚设。其次,主题班会目标不能过高,不能超越本班学生的接受能力,否则难以取得教育效果。只有从本班学生实际水平、接受能力出发来确定目标,主题班会才能有实效。

3. 主题班会应贴近学生情感,紧扣学生心理

学生的心理因素与情感变化,直接关系到主题班会的成功与否。从一定意义上讲,选题贴近学生情感,紧扣学生心理,主题班会等于成功了一半。主题班会的设计应做到贴近职业学校学生的心理、生理特点,对传统的说教式的教育,学生往往会产生一种逆反心理。他们喜欢直观、形象的教育,喜欢听当事人的故事,喜欢听同龄人的劝告,喜欢以情感人、以理服人的教育方式。

4. 结合学生特点,选择恰当的组织形式,优化主题班会

开好主题班会,除了要有好的主题之外,还必须选择适当的形式。职业学校学生正处于思想活跃的时期,他们喜欢参加新颖活泼、知识性强的活动,厌倦空洞的说教。只有形式多样的主题班会,才能适应职业学校学生的特点,才能满足他们在求知、增长才干、抒发感情、关心时事和走向社会等多方面的需要,从而调动其积极性。

🔗 相关链接

主题班会示例:从一分钟谈起

（一）目的

通过这次主题班会使学生认识到"时间就是生命",从而有效利用时间,珍惜每一分钟,做时间的主人。

（二）准备

（1）会前由班委会干部带领数名同学,分专题深入社会调查,了解"一分钟"在工农业、国防事业上的重大意义（制成图片、表格或视频）,并在调查基础上,结合班级与本人浪费时间的现象,写出调查报告。

（2）教室布置:在黑板上方悬挂一座时钟,黑板中央写着"从一分钟谈起",旁侧书写名人有关珍惜时间的格言。

（3）起草班级爱惜时间公约（草案）。

（三）过程

（1）宣布"从一分钟谈起"主题班会开始,请同学静看时钟走完一分钟。

主持人:"一分钟在我们现实生活中是那么短暂,然而这60秒在我们的现代化建设中是那么不平凡,现在让事实来说话吧——"

（2）请调查组同学宣读调查报告。

正面:一分钟在工农业、国防事业上的重大意义（可用图片、表格或视频展示）。

侧面:班级或个人浪费时间的典型事例。

（3）围绕中心议题"如何珍惜每一分钟"座谈,班主任与主持人要对发言者进行评议,对正确的意见要肯定,有创见性的要表扬,对有欠缺的要一一指正。例如有人说,"走路背外语,晚上少睡觉"。教师指出:"珍惜每一分钟,不是要求大家24小时不休息,而是要求我们在应该学习的时间里要精力集中,有效地发挥每一分钟的作用。"

（4）在同学广泛发言的基础上,班委会、班主任集思广益,制定"班级爱惜时间"公约,并当场宣读通过。

（5）要求每位学生根据公约制定个人作息时间表，合理安排学习、劳动、文化生活和休息等，并决定在期末召开"交流珍惜每一分钟"经验的主题班会，以巩固这次班会的成绩。

（四）总结

（略）

（三）时代性

信息化社会的到来，使当代青年学生有了新的思维方式和生活方式，也有了新的理想和追求。这就要求主题班会应从火热的现实生活出发，要富有鲜明的时代气息，体现时代的精神和要求，具有强烈的时代性。为了让职业学校学生尽快了解社会发展现状，职业学校主题班会的设计，一方面要选择有时代感的主题，另一方面要贴近青年学生的成长成才，满足他们锻炼自我、提高素质的需要。无论是主题班会的内容还是形式都应紧扣当前的形势和社会发展的需要，与学生的实际密切联系。针对当前的时代特点，通过各种各样的方式，解决学生思想中存在的一些问题，使学生明确方向，认清形势，更好地理解当前的方针政策，从而端正学习目的。要体现主题班会的时代性，可从以下几个方面选取题材。

（1）社会时事。班级活动要善于从时事中抓住有教育意义的题材。例如，针对现在大中专毕业生就业难的问题，班主任可以组织相关主题班会，以使学生明白今天的学习应该如何为明天的就业做准备。

（2）生产、科技发展。在这个信息时代，电脑已经非常普及，班主任可以组织一些电脑水平高的学生向大家讲解、演示自己新制作的网页，鼓励更多的人从中学习新知识。

（3）身边的新鲜事。主题班会的内容要生活化，要用"身边的人""身边的事"使学生在喜闻乐见的活动中感受到朴素道理的"真实面孔"，让学生从生活小事中领悟大道理，使学生的思想得到净化，精神得到升华，情感得到熏陶。

⊘ 相关链接

主题班会示例：珍惜生命

（一）目的

班会的目的是培养学生独立自主解决问题的能力，使其以健康的心态正确对待困难和荣誉，做一个珍惜生命的人。

（二）形式

表演，包括听录音、诗朗诵、唱歌、讲故事、小戏剧表演和诗的解说等。

（三）准备

引导学生了解相关故事，如观看影片《生命的起源》，聆听钢琴曲《命运交响曲》和歌曲《在我生命里》；收集意志坚强的人勇敢生活的例子，如雷锋、张海迪、桑兰等；翻看家里的旧照片，了解自己成长过程中难忘的、有趣的事，记录一件感人的事。

（四）过程

1. 提出问题：生命是什么

生命是怎样来的？组织学生一起听《命运交响曲》，观看影片《生命的起源》，讨论生命的来之不易。请学生用事例说说在十几年的成长过程中，父母如何为自己操劳，为自己学会走路而欢呼，为自己的点滴进步而欣慰……

2. 探讨话题：生命是脆弱的

印度洋海啸，新冠病毒在世界各地的肆虐，泥石流、洪水、交通事故……每时每刻都有生命在逝去。

3. 解决问题：如何面对困难

引导学生相互交流成长过程中的困难、烦恼，探讨克服挫折的方法。

（五）总结

（1）人生道路上虽然有鲜花、掌声，但也布满荆棘和陷阱，挫折和诱惑常在我们身边，就看我们如何面对和抵挡。每个人都应该明白这样的道理：活着很难——因为生活的道路是崎岖与坎坷的，活着必须有战胜坎坷与崎岖的勇气。

（2）引导学生珍惜生命，爱自己。没有一个人可以阻止你爱自己，如果你觉得别人不够爱你，你就更要加倍地爱自己；如果别人没有给你机会，你应该加倍地给自己机会；如果觉得别人真的爱自己，就要为自己的健康成长汲取需要的东西；如果珍惜生命，就不会轻易地毁灭自己。

（3）生命十分宝贵，人的生命只有一次。生命不仅需要快乐，更需要灿烂。一个人的生命之旅是光彩照人还是黯然失色，在于其自我能力能否得到最充分的展示。愿所有学生勇敢面对困难，培养自主解决问题的能力，培养健康的心态，做一个珍惜生命的人。

（六）拓展

1. 手抄报。以珍惜生命为题出手抄报，评选优秀作品进行展览。

2. 读有益书籍。组织学生课外阅读《珍爱生命》《活着真好》《轮椅上的梦》《生命课——一个学生的必修课》等书籍，并做读书笔记。

教师不仅要把爱无私地奉献给学生，还要让他们理解爱，学会感恩，感谢父母赐予的生命，感谢生活给予的阳光雨露，感谢教师赋予的智慧，感谢朋友的友谊，感谢父母的养育。一个经常怀着感恩之心的人，心底坦荡，胸怀宽广，会自觉自愿地给他人以帮助，助人为乐。我们将爱的种子撒向学生心田的时候，要让他们懂得做人的基本道理，为把握自己的一生打下良好的基础。要让他们学会回报，懂得爱的本质，懂得感恩，珍惜生命，对生命有强烈的责任感，在生活中学会爱。只有这样，我们的教育才是成功的。

（四）系统性

系统性是指主题班会的内容、活动过程、影响学生发展的各种力量之间都要成为一个有机整体，用整体论的教育思想和系统论的方法设计与组织主题班会，达到教育目标实现的整体性和学生身心发展的整体性的最高境界。为此，职业学校主题班会的系统性设计应考虑以下方面。

（1）从主题班会的内容看，包含德、智、体、美、劳诸方面活动，形成全面的信息网络，使学生得到多方面的教育和发展。系列性的主题班会在内容的深度和广度上有所突破，改变某些班会的单一性、片面性、零散性的缺陷，教育效果将更为有效。

（2）从主题班会的活动过程看，活动之间应有一个系统性和连贯性的安排。要根据学生年龄段特点，有计划、有步骤地设计出一个总体方案，对整个学期的主题班会有一个总的设计，也就是说，将主题班会编排成一个体系，使之具有连续性、层次性，对学生进行持续不断、循序渐进的教育，整体教育效果就显现出来了。

（3）从影响学生发展的力量看，主题班会还要尽可能地发挥学校、家庭、社会、企事业单位的整体教育功能。要争取任课教师和家长的支持，向他们咨询，请他们协作并参加班级活动。在争取社会力量，尤其是用人单位配合时，可采取"请进来""走出去"的方法，使班级活动由封闭转为开放，从而有效提高教育的效果。

（五）主导性和主体性相结合

一堂优化的主题班会，离不开学生的主体参与，更离不开班主任的精心指导。主题班会要取得成功，达到良好的效果，就必须坚持"学生为主体，教师为主导"的指导思想。班主任要相信学生，让学生大胆尝试，从筹备到设计，全过程均由学生完成，教师在后台加以指导。在组织实施的过程中，班主任要做到会前点拨，会中引导，会后评判。在主题班会中，学生的认识有时并不一致，有积极的，也有消极的，甚至还会产生分歧。在这种情况下，班主任要利用总结来启发、诱导和点拨，让学生的认识得到升华，使学生奋斗有目标，行动有准则，学习有榜样。只有这样，主题班会才能发挥积极的作用，达到最佳教育效果。

相关链接

主题班会示例：读懂母亲

（一）目的

通过举行"母亲节"纪念活动，引导学生用实际行动表达对母亲的感恩之情，促进两代人的沟通和相互理解，培养学生对家庭的热爱和责任感。

（二）形式

学生、家长、教师多向互动；演讲、文艺表演、艺术欣赏等结合，突出对母爱的真实感受。

（三）内容

以歌曲《世上只有妈妈好》为主要背景音乐，欣赏散文《读懂母亲》和与母爱相关的图片《孩子谈妈妈，妈妈说孩子》；女生独唱《妈妈的吻》；从小事、细节中出发，表达出高尚和伟大的母爱。

（四）准备

（1）活动所需用到的文章、音乐、图片。

（2）准备一个4～5公斤的物件。

（3）邀请学生家长。

（4）创作主题班会PPT。

（5）布置任务，落实场地和设备。

（五）过程

（1）让两个学生在腹部绑上4～5公斤的物件，让他们谈感受，体验母亲怀孕时的辛苦。

（2）用《世上只有妈妈好》做背景音乐，播放婴儿出生过程的图片及能够体现母爱的图片。

（3）请学生说说自己对母爱的感受。

（4）欣赏散文《读懂母亲》。

（5）请学生谈谈自己的母亲，讲述母亲为自己所做的一件难忘的小事。

（6）用问卷形式调查学生对母亲的关心程度。

（7）家长发言，谈对孩子的关爱和期望。

（8）女生独唱《妈妈的吻》。

（9）学生给家长送鲜花。

（六）总结

倡导学生在"母亲节"开展"孝心行动"。要求学生通过给母亲送一束花、说一句祝福语、做一张贺卡或为母亲捶一次背、洗一次脚等活动，表达对母亲的感激之情。

第三节　职业学校课外活动的组织与指导

这里的课外活动,指的是与课堂教学活动相对应的一种学校教育活动。职业学校课外活动是指在课堂教学活动范围之外,对学生开展的多种多样的有目的、有组织、有计划的教育活动。

一、职业学校课外活动的作用

(一) 有利于促进学生素质的全面发展

课外活动是弥补课堂教学之不足的有效手段。通过竞赛、参观、访问、科技制作、文艺等活动,既巩固和拓展了课堂所学知识,提高了实践活动的能力,又对学生进行了思想政治教育,同时还发展了学生的艺术兴趣和创造才能,有利于陶冶学生的高尚情操,提高学生的审美意识和欣赏水平。

【案例 5 - 3】

课外活动——孕育人才的园地

苏霍姆林斯基认为,丰富多彩的课外活动可以使不同学生的不同禀赋、才能、爱好和特长得到最充分的表现和发展。为此,他在自己领导的巴甫雷什中学实行半天上课、半天活动的制度。学生在上午早读、做作业和上课;午饭时结束全部必修课;下午时间全部让学生自由支配,或集体开展文艺、体育、科技、团队等课外活动,或单独阅读课外书籍,或参加劳动;晚上也不做功课,而是参加一些文艺活动。巴甫雷什中学虽然只有 600 名学生,但有 120 个课外活动小组。每天下午学生参加课外活动的时间就成了学生最喜爱、最快乐的时候。实践证明,完全依靠书本是培养不出人才的。课外活动不仅没有影响学生的学习,而且有力地推动了学习,并使巴甫雷什中学成为一所学习的乐园,一所人才辈出的育才中学。

(二) 有利于丰富学生的精神生活

职业学校学生精神生活的需要是多种多样的,他们不仅有学习求知的需要,还有友谊社交的需要、审美的需要及自我实现的需要。这种种需要单靠课堂教学是无法满足的。所以,职业学校开展丰富多彩的课外活动,能从多方面满足学生的需要,使学生感到充实,更加热爱生活,充满青春的活力。苏霍姆林斯基曾经打了一个比方,说明学生丰富的精神生活对实现个体和谐发展的重要意义。他把教师执行课程标准、搞好课堂教学比作"选种",把学生的精神生活比作"土地",优良的种子必须播种在耕耘过的"土地"上,教学必须建立在学生充实的精神生活之上,而课外活动正是丰富学生精神生活的重要途径。对于曾经遭受过升学挫折、成就动机不高的职业学校学生来说,丰富其精神生活是激发其上进心、求知欲的有效方法。

【案例 5 - 4】

某职业学校的主要专业是电子和机械,平时课程学习有很强的技术性,学生技能水平较高,但学校对学生艺术欣赏能力的培养较少。一位班主任特别注意观察和思考,有一次,她参观一所戏剧学校,发现该校的舞蹈队表演精湛,颇富感染力,便建议学校邀请戏剧学校的舞蹈队到校表演,以此来提高学生的审美能力。果然,表演活动赢得了学生的好评。不仅如此,令这位班主任意想不到的是,后来学生在设计作品时,不仅关注其实用性,也更加注重作品的美感了。

(三) 有利于培养学生的独立性、创造性和实际工作能力

学生所参加的各种课外活动,多数以亲身实践为主,如科技制作与实验,标本、模型制作,种植、养殖实验等,都需要把动手和动脑结合起来。在活动过程中,阅读、观察、收集资料、实验、设计、制作等都是由学生独立进行,学生自己克

服困难、处理问题、解决矛盾。因此,课外活动使学生受到了各种实际锻炼,学生的独立性、创造性和实际工作能力得以提升。此外,利用课外活动开展各种有益的竞赛活动,一方面能够满足学生好胜心强的需求,对推动学习、增强兴趣起到有益作用;另一方面有利于培养学生的竞争意识,使他们从学生时代起就敢于竞争,善于竞争,逐步培养起工作、学习的主动性、创造性和开拓性,为将来独立走向社会、从事实际工作打下坚实的基础。

(四) 有利于发展学生的特长

不同的学生在身心发展方面存在着差异,有的富于艺术素养,有的长于逻辑思维和数理运算,有的善于阅读欣赏,有的长于科技实验和制作等。这些倾向性,或许因为没有表现机会而处于潜在状态或萌芽状态,只要经过适当的引导、培养和勤学多练,就可以形成自己的特长。而课外活动形式多样,内容丰富,正好可以从各方面给学生提供这种机会,为每一个学生提供发现、尝试、锻炼和表现自己天赋和才能的自由时间和空间;同时也有利于教师的因材施教和个别指导,使具有各种聪明才智的人都得到应有的培养并能充分地施展他们的才能,实现人才资源的早期发现与开发。

二、职业学校课外活动的类型

(一) 学科专业活动

这是以学习和研讨某一学科的知识或培养某一方面能力为主要目的的课外活动。它的内容与课堂教学联系比较紧密,但又不是课堂教学的简单重复,而是以课堂讲授的知识为基础,且加深和扩大了课堂教学的内容。如数学小组、物理小组、文学小组等。也可以以学科的某一专题成立小组,如以化学实验为专题的小组,以会话为专题的外语小组等。学科专业活动在教师的指导下,进一步学习本专业的知识,掌握本专业的技能。这种学科专业活动对学生将来选择职业起着导向的作用。

（二）科技活动

这是以组织学生学习现代科学技术知识、进行各种科技实践性作业为主要目的的活动。如学习无线电、制作科技小模型、气象观测、标本采集、种植实验、良种培育,以及举办科技知识讲座和科学家故事会、科技表演、发明竞赛等。通过这种活动,不仅可以使学生掌握一定的科学知识和技能技巧,获取科技信息,还能扩大学生的科学技术眼界,培养学生的科学态度和创造精神以及初步的技术创新能力,形成爱科学、学科学、用科学的良好风气。对职业学校的学生来说,这是培养他们技术创新能力的基础。

（三）文化艺术活动

这是以培养学生的审美能力,满足学生对文艺的兴趣特长需求为目的而开展的活动。开展文化艺术活动,一方面可以培养学生高尚的情操,提高学生的欣赏水平;另一方面也可以为在某一方面有特别爱好和特长的学生提供表现和发展的机会、场所。文化艺术活动的范围很广,包括文学欣赏、文艺评论、读书会、诗社、音乐节、舞会、戏剧、绘画、雕刻、书法、工艺美术活动以及各类文艺会演、比赛等。

（四）体育活动

体育活动的主要目的是提高学生的体能,增强他们的体质,训练他们的运动技能,培养他们勇敢、坚强、耐劳的精神和对体育的兴趣,并尽可能满足体育爱好者的需要,及早发现和培养体育专业人才。通过体育活动,可以培养学生的合作意识、集体意识和荣誉感。

三、职业学校课外活动组织的原则

（一）坚持自愿、自主原则,发挥学生的主动性

1. 自愿性

从课外活动的性质来看,课外活动是以学生自愿选择、自觉参加的活动为

主。可以说,课外活动没有自愿选择性,也就不能体现其优越性。为此,班主任不可强制学生参加,而应尽量为学生创造自由的活动环境,允许学生根据自己的兴趣和特长组织和选择活动。

2. 自主性

在具体活动的组织过程中,要以学生为主体,充分发挥学生的主观能动性。从计划的制订、形式的选择到活动进行的全过程,教师处在指导者和参谋者的位置,鼓励学生积极开动脑筋,出主意,想办法,自己创造条件,克服困难,解决各种复杂问题。

3. 指导性

课外活动以学生为主体,班主任处于辅助地位,给予学生引导启发、指点和帮助,为学生参加活动提供条件,帮助学生把握活动方向,制订活动计划,在活动的关键处给予必要的提示。事实证明,越是充分发挥班主任的指导作用,就越能调动学生的积极性。

(二)坚持知识性和趣味性相结合,增强活动的吸引力

课外活动符合学生的特点,富有吸引力,能引起他们浓厚的兴趣,使学生具有参加活动的积极性。况且职业学校学生正处于好奇心重、求知欲强的青年时期,如果课外活动没有充实的知识内容,不但无法吸引学生,而且会丧失其教育意义。另外,课外教育活动是学生自愿选择参加的,他们富有朝气,对活动的兴趣常常取决于活动的新异程度,只有生动有趣的活动,才能使他们产生强烈的参与愿望。因此,课外教育活动要融知识性与趣味性于一体,做到寓学于乐,发挥其应有的功效。

(三)符合学生的年龄特征,兼顾学生的兴趣和特长

职业学校学生正处于旺盛的成长发育阶段,不同年龄的学生,由于积累的知识与经验不同,他们的兴趣与需要也不同。因此,选择课外活动的内容、形式和方法就要考虑学生的年龄特点。对职业学校学生来说,他们的知识水平和实践能力随着年龄的增长而逐渐提升,因此,课外活动可以选择一些较复杂的技术性和操作性的活动,也可以开展研究探索性活动,以满足其旺盛的求知欲和探究心理。要鼓励个人发挥专长,因势利导,使每个学生都得到充分发展。

相关链接

表 5 - 2　班级活动应用新媒体参照表①

活动内容	新媒体推荐
班会	学习强国、钉钉、Zoom(视频会议、挑战答题、积分排名)等手机 App
科技活动	全景客、问卷星、超级博物馆
文体活动	易企秀、快影
节日及纪念日活动	中华节日、中华诗词等 App

第四节　职业学校社会实践活动的组织与指导

这里的社会实践活动是指让学生走出学校接触社会,了解科学技术发展,了解社会生活、经济建设的实际的教育活动。从本质上说,职业教育是与社会联系最为密切的教育类型。因此,职业学校必须积极开展社会实践活动。

一、职业学校社会实践活动的作用

(一) 有利于学生更好地了解社会,提升其适应社会的能力

参加社会实践活动是职业学校学生进入社会岗位前的主动实验和自我锻炼,是加速其社会化进程的重要途径。班主任应当鼓励学生在假期和课余时间走出校园,开展各种形式的社会实践和调查研究活动,了解国情、区情与民

① 技工院校班主任工作实务编委会.技工院校班主任工作实务[M].北京:中国劳动社会保障出版社,2020:301.

情,正确分析和评价现实生活中政治、经济、文化、道德现象和各种社会思潮,既要看到我国改革开放后发生的巨大变化,也要正确看待发展中存在的困难和问题,增强自身的社会意识,使学生能根据社会、市场的需要不断改变自己、重塑自己,又要有自己做人的原则,养成"有理想的包容性,有原则的适应性"这种现代社会所需要的理想人格,提升学生适应社会的能力,从而为日后走上社会打下良好的基础。

【案例 5-5】

汉服社团的社会实践①

服装班班主任贺老师组织学生参加了本市某企业汉服展示演出活动后,同学们表示想多多参加汉服活动,因此,她指导大家成立了学院的首个汉服社团。

学生李雪在演出服租赁公司实习时疏于检查,事后经理发现归还的衣服有破损,因此想把她"退"回学校,李雪情急之下向班主任求助。贺老师要求她主动承认错误,同时带领大家将破损的衣物进行了修补。经理原谅了李雪,并愿意与汉服社团长期合作。在贺老师的指导下,汉服社团在校多次协助企业出色地组织了各类汉服展示活动,并引进校外汉服资源开办了学院服装专业汉服展示卖场。在学院服装周时,还邀请市汉服协会会长为全院师生开办了汉服文化讲座。

汉服社团学生在实践中快速成长,他们的服务与团队意识、沟通协调能力明显增强,部分毕业的汉服社团成员优先选择到与汉服文化有关的企业就业。新学期里,汉服社团又快速招新,吸纳低年级学生,壮大了力量。

(二) 有利于学生综合实践能力的培养

职业学校是为生产、建设、服务等实践一线培养实用型人才的,对这类人才

---

① 技工院校班主任工作实务编委会.技工院校班主任工作实务[M].北京:中国劳动社会保障出版社,2020:224.

来说,综合实践能力是其关键素质。在实践活动中,学生会遇到各种矛盾与困难,促使他们去调查询问,分析研究问题,寻求解决办法。整个活动过程是学生动手动脑、运用知识、发挥聪明才智和创造性活动的过程,有效地培养了学生的观察能力、思维能力、自学能力、实际操作能力以及自主、自强的能力和多种实际工作能力。此外,社会实践活动加强了职业学校与社会之间的沟通和联系,可以提高学生理论联系实际的能力,从而克服学校职业教育的局限性,使学生在现实的天地里真正懂得当今社会需要的是什么样的人才,受到在学校里得不到的教育和锻炼。

【案例 5 - 6】

步入社会,在实践中成熟

山东济源某职业高中为了加深学生对自己和社会的认识,培养他们坚强的意志和吃苦耐劳的精神,促使他们尽快走向成熟,决定在暑假期间举行"谋生训练"活动。经过慎重的思考和周密的部署,通过层层筛选,在高一、高二年级中择优挑选了 10 位学生,在老师的带领下赴济南进行为期 10 天的谋生生活锻炼。到达济南时,天正下着小雨,在没有钱、没有食物、没地方睡觉甚至连上厕所卫生纸都得掏钱的条件下,这 10 位学生开始了艰苦的"谋生"。他们从最普通的饭店开始求职,从解决最基本的生活需求开始尝试。经过一次又一次失败,一次又一次努力,他们成功地度过了这难熬的 10 天。通过这次活动,学生切身体会到了粮食的珍贵、劳动的艰辛和珍惜的意义。

二、职业学校社会实践活动的类型

职业学校社会实践活动大致可以分为以下三种类型。

1. 生产劳动

职业学校的生产劳动是指学生直接参与生产过程的实践活动形式。对职业学校来说,生产劳动与生产实习不同,前者是指社会实践活动,而后者属于实践教学形式。职业学校的生产劳动一般在高年级进行,学生到专业对口的生产现场,以实习人员的身份进行生产劳动,学生得到实际工作的锻炼,熟悉工艺要求和生产操作过程,掌握直接迅速顶岗的操作技能,并逐步形成良好的职业道德规范和职业行为习惯。

2. 社会公益劳动

职业学校的社会公益劳动一般有两种:一种是校内的,如环境卫生工作、校园绿化、校舍设备的维修、整理图书、校办工厂的义务劳动等;另一种是校外的,如参加农村的抢收抢种,到医院、车站等公共场所打扫卫生,帮助孤老病残人士,走上街头进行卫生、交通、政策和科普知识的宣传等。

3. 社会调查与参观

这是指组织学生到工厂、科研院所、农村、部队、商场等进行社会调查,以增进学生对社会的了解。调查可以采用个别采访、开座谈会、问卷、实地考察、查阅资料等方法。还可以组织学生参观历史人物故居、陈列馆、博物馆、国情展览以及与专业相关的厂矿企业等。

三、职业学校社会实践活动组织的原则

组织职业学校社会实践活动除了要遵守职业学校课外活动原则外,还要遵循以下原则。

(一) 坚持社会实践活动与专业特点和学生就业相结合

为了应对当前的就业形势,职业学校可以借助社会实践活动这个平台开创性地开展活动,以提升学生自身的综合素养,为他们的就业打下良好基础。

首先,在活动内容上突出专业性。为切实发挥社会实践活动服务社会的功能,在选择实践活动项目、确定活动的具体内容方面都应该充分结合职业学校学生的专业特点,在联系用人单位时先征求用人单位意见,选择他们需要的对口专业的学生,使学生能学以致用,将书本知识应用到实践中去,在服务社会、服务他人的过程中巩固所学的专业知识,加深对专业知识的理解,也提供一个展示自己才华的机会,为学生今后的就业做铺垫。同时通过开展富有成效的社会实践活

动,使用人单位对参加实践的学生能够有近距离的了解和认识,促进实践单位主动与实践学生签订就业协议或长期实践的协议,为学生就业选择开辟一条道路。

其次,在活动形式上体现多样性。如职业学校可以多建设一些教育实习、实训基地,通过教育实习,学生既可以施展自己的知识和技术,又能和实习单位建立良好的人际关系,实习单位也可对学生有较为全面的了解。现在职业学校普遍开展的勤工俭学活动,也是开展社会实践活动的有效方式,这既为社会、他人提供了服务和帮助,也为学生带来一定的收入,解决了他们的实际困难。以上方式,职业学校若能加以科学指导,就能提前锻炼学生适应社会的能力,为学生就业打下一个良好而坚实的基础。

(二) 坚持社会实践活动与地方经济和社会发展的需求相结合

社会实践活动受到客观条件的限制,因此,要因地制宜、因时制宜、因校制宜地开展社会实践活动。经验表明,要想让社会实践活动得以顺利开展,取得实效,就必须坚持社会实践活动符合地方经济和社会发展实际需求的原则。只有切实为地方的经济建设和社会发展做出贡献,办了实事,才能获得社会各界的大力支持与帮助。为此,职业学校要根据自身的特点,组织不同专业的学生赴企业、农村等开展社会调查、爱心助教、扶贫助残、义务宣传等社会实践活动,引导学生用勤奋和汗水为地方的经济建设和社会发展奉献力量。

(三) 坚持社会实践活动与学生的职业道德教育相结合

职业学校学生的思想政治面貌和道德素质如何,直接影响我国的经济发展和社会主义精神文明建设。因此,职业学校要特别重视加强学生思想政治品德教育,尤其是职业道德教育,提高学生的思想道德素质,培养学生的敬业精神。原国家教委副主任柳斌指出:"一个合格的从业者,不仅要有必要的文化技术知识和过硬的职业技能,而且必须有良好的职业道德素质,这已成为各单位录用人员要考查的基本条件。"这就要求职业学校班主任在社会实践活动中,一方面要注重培养学生的职业技能,另一方面更应该重视培养学生的职业态度以及劳动观念、劳动习惯等。职业学校应该以"服务社会,了解社会,教育自我"为主题,以"实践育人"为宗旨,开展形式多样的志愿服务活动与劳动教育,从而实现以劳辅教、以劳益智、以劳促体,培养学生热爱劳动、艰苦奋斗、自力更生的精神,增强其社会责任感和历史使命感。

🔗 相关链接

市场调查范例

（一）内容

因为物价上涨,广州某职业学校学生食堂的饭菜价格上涨,学生对此议论纷纷。财会班的班主任经过组织学生讨论,结合专业及课程特点,决定举行市场调查。调查对象为学生食堂、校园周边餐馆及本校学生。

（二）准备

（1）分组:参加调查的学生共81人,自由组合,分为14组,每组5～6人,各选出1名组长。

（2）确定调查对象:销售方——食堂;竞争者——校外餐馆;消费者——学生。

（3）确定调查方法:食堂——访问法;校外餐馆——观察法;学生——问卷调查法。

（4）分工:2组学生访问食堂负责人,2组学生负责观察校外餐馆,10组学生负责对全校学生进行调查。

（5）可行性分析:本主题联系生活实际,不需要很深奥的专业知识,适合学生的知识特点,符合学生的兴趣爱好,调查可在校内进行,具有可行性。

（三）过程

（1）确定主题阶段。

（2）制订方案阶段。

（3）设计问卷阶段。

（4）调查过程阶段。

（5）统计整理阶段。

（6）编写调查报告阶段。

（四）总结及反思

学生在调查后所写的心得体会中提到："经过这次调查，我们更加了解了市场调查这门课程，明白了进行一次调查并不容易，需要做好充分的准备，也间接地增进了同学之间的友谊，最重要的是，培养了我们的责任心和组织能力，提高了我们的社会实践能力。希望以后能更多地组织这样的社会实践调查。"

社会实践活动使学生动手、动脑、交际能力得到了提高，学生体会到学以致用，并在此过程中获得了技能和科学精神的体验，提高了思维表达能力，激发了创造精神，增强了社会责任感和使命感。

💡 问题与思考

1. 参考下面表中社会实践活动的设计模式，设计一个职业学校班级活动方案，要求如下。

（1）要有明确的教育目标。

（2）形式要新颖、灵活。

（3）活动的过程要有充分的准备。

（4）活动结束要有总结评价。

表5-3　指导学生开展社会实践活动的具体步骤与内容①

步骤	内容	备注
项目选择	选择依据：学生的年龄特征、兴趣爱好、专业和班级特点等	内容和形式上体现时代性，关注学生的兴趣点，提高学生的参与性，最大限度地发挥学生的自觉性和创造性
	活动地点：以学校附近为主	—
	活动时间：以课外为主	—
	活动内容的安排：要有系统性、计划性、层次性	内容：涉及学生生活各个方面 形式：集中与分散结合 过程：连续性与阶段性结合

---

① 技工院校班主任工作实务编委会.技工院校班主任工作实务[M].北京：中国劳动社会保障出版社，2020：227.

续　表

步骤	内容		备注
活动准备	思想准备		让学生明白活动的目的、意义,激发其内在动力
	物质准备		适合的服装、必要的工具、相关资料、安全应急预案
	社会支持		活动前征求家长的意见,说明情况以及学生活动中的注意事项,争取家长的支持配合;另外,还要取得实践单位的有力支持和必要的公众与媒介支持
过程指导	注意发挥学生的积极性和主动性		注意发挥学生的主体作用,班主任为学生提出指导性意见、提供外部条件、解决疑难问题
	关注学生心理状态,科学引导		引导学生尽快适应新环境,渗透抗挫能力的教育,让学生学会选择用正确的方式缓解排解心理的压力,提高心理承受能力
总结评价	总结的三种基本形式	班主任全面总结	对学生表现、活动效果进行总结评价
		学生分组总结	本组完成的任务、遇到的困难、主要收获
		综合汇报式总结	将活动过程、收获等采用文学、艺术、信息技术等多种方式进行展示和分享

2. 设计、绘制班徽是一项富有创造性的工作。如何让全班学生参与,需要班主任精心设计与组织。请就此课题,设计一个活动方案。

第六章

职业学校学生心理健康与辅导

【案例 6 - 1】

　　小静是一名职业学校一年级女生。她过去学习成绩优秀,在学校受到老师重视,但因考试失利上了职业学校,不能接受这个事实,一直无法找到自己的准确定位,无法适应集体生活,外加自控力较差,学习表现不突出,自卑和自负情绪并存,不接纳自己。小静和男朋友是异地恋,不能与男朋友经常见面,使得小静没有安全感,两人经常产生误会。她认为男朋友可能不那么喜欢自己或者变心了,感情上的困扰直接影响了她正常的学习和生活。第二学期,小静出现了更多的异常表现,情绪起伏很大,时常焦虑,有间歇性的难以入睡,白天难以起床,逃避现实,对学习无兴趣,无法参加考试,社会功能有所减退,无法融入人群。班主任与其交流后发现,小静的病情与学习压力和情感发展有关。比如,一旦有考试或者与男朋友的感情出现矛盾,她的负面情绪就会增加,出现失眠、食欲减退、兴趣缺乏等症状,但是在刚开学学习压力不大,或者与男朋友情感顺利的阶段,其行为和情绪与其他的同学没有特别明显的差别。班主任及时联系学生家长,送其去医院就诊,经医生诊断为重度抑郁症后,小静在医生指导下服用药物,并开始接受心理辅导。经过一段时间的诊治,病情有所缓解。

　　学校教育既要给予学生健康的体魄,也要给予学生美好的心灵。随着科学的发展、社会的进步,人们对健康这一概念有了新的理解与认识。世界卫生组织认为,健康不单是指没有疾病,还要有良好的生理、心理状态以及正常的社会适应力。现代社会的竞争日益激烈,现代人的心理健康问题正日益引起全社会的普遍关注。职业学校学生距离职场的激烈竞争相对较近,因此,学生的心理压力越来越大,相应地,社会对班主任担当心理保健师的这一角色的期待也进一步加深。

班主任开展心理健康教育工作与专业的心理健康辅导的不同之处在于,班主任需要将心理健康教育与班级工作结合起来,形成良好的班风班貌,从而促进教学活动的开展和班集体风貌的形成。开展班级心理健康教育工作,培养职业学校学生良好的心理状态,可以使他们更快适应职业学校的学习、生活及未来社会的挑战,同时也为实现终身教育提供一个优良的心理平台,满足学生对心理健康的需求。为了培养能迎接新时期挑战的、心理素质过硬的接班人和建设者,实现素质教育对新时期培养人才的要求,作为职业学校班主任,树立心理健康的理念,掌握心理健康教育的方法迫在眉睫。

本章将对职业学校学生心理问题的表现及成因进行分析,同时对职业学校班主任做好学生心理问题的早期预防工作,积极开展班级团体心理辅导,并对有心理障碍的学生提供个别化的帮助提供指导。

第一节　心理健康的标准

一般认为,心理健康就是指心理及行为方面不存在障碍的一种持续的状态。但是,随着人与人关系的复杂化及对待生活态度的多元化,心理健康的标准和定义呈现出多元化的态势。

(一) 职业学校学生心理健康标准

根据学生的年龄特征、心理特征和社会角色特征,有学者将心理健康的基本标准概括为以下几方面。

1. 智力正常

智力是指一个人认识能力与活动能力所达到的水平,是人的观察力、注意力、记忆力、想象力、思维力、创造力和实践能力等的综合。智力正常是职业学校学生学习、生活与工作的基本心理条件,也是职业学校学生胜任学习任务、适应周围环境变化所必需的心理保证。因此,智力是衡量职业学校学生心理健康的首要标准。一般来说,职业学校学生的智力是正常的,甚至其智力总体水平较高,因而衡量职业学校学生的智力正常与否,不在于智商水平高低,而是其智力是否正常地、充分地发挥了效能,即是否有强烈的求知欲和浓厚的探索兴趣,并乐于学习;智力结构中各要素能否在认识活动和实践活动中积极协调地参与并正常地发挥作用。

2. 情绪健康

情绪健康的主要标志是心情愉快和情绪稳定。心情愉快,是指愉快情绪多于不愉快情绪,多数情况下表现得乐观开朗、充满热情、富有朝气、满怀自信、善于自得其乐,对生活充满希望。情绪稳定,是指善于控制和调节自己的情绪,既能克制约束,又能适度宣泄,不过分压抑,使情绪的表达既符合社会的要求,也符合自身的需要;在不同的时间和场合有恰如其分的情绪表达;情绪反应是由一定的原因引起并且反应的强度和引起这种情绪的情境相符合。

3. 意志健全

意志即个体在完成一种有目标的活动时,所进行的选择、决定与执行的心理过程。意志健全者在行动的自觉性、果断性、顽强性和自制力等方面都表现出较高的水平。意志健全的职业学校学生在各种活动中都有自觉的目的性,能适时地做出决定并运用切实有效的方法解决所遇到的各种问题,在困难和挫折面前能采取合理的反应方式,能在行动中控制情绪和言行。

4. 人格完整

人格是一个人的整体精神面貌,是一个人所具有的稳定的心理特征的总和,具体是指一个人在适应社会生活的过程中,在其身心行为上所表现出来的对自己、对他人、对外界事物的个性特征,又被称为个性或个性心理。人格完整就是指有健全统一的人格,即个人的所想、所说、所做都是协调一致的。作为心理健康的职业学校学生,应该在气质、能力、性格、理想、信念、动机、兴趣等人格结构的各方面都保持平衡发展。

人格完整主要表现为:一是整体的精神面貌能够完整、协调、和谐地展露出来;二是思考问题的方式合理,待人接物恰当且灵活,对外界刺激不会有偏激的情绪和行为反应;三是能够与社会相融合,也能融入集体中。

5. 自我评价正确

正确的自我评价是职业学校学生心理健康的重要条件之一。主要表现为：一是对自己的能力、性格和优缺点都能做出恰当的、客观的评价；二是对自己提出符合自身的要求，而不是苛刻的、非分的期望；三是对自己的生活目标和理想定得切合实际，对自己总体是满意的；四是努力挖掘自身潜能，即使对自己无法补救的缺陷，也能安然处之。总的来说就是能恰如其分地认识自己，摆正自己的位置，既不以自己在某些方面高于别人而自傲，也不以在某些方面低于别人而自惭，能够自我悦纳，自尊、自强、自制、自爱，正确面对现实，锐意进取。

6. 人际关系和谐

人际关系和谐是职业学校学生心理健康的重要标志之一，也是维护和增进心理健康的重要途径。职业学校学生人际和谐的表现是：一是乐于与人交往，既有广泛而深厚的人际关系，又有知心朋友，在交往中能够不卑不亢，保持独立而完整的人格；二是能客观评价他人和自己，善于取人之长补己之短，宽以待人，乐于助人，在学习、生活中积极的交往态度多于消极态度，交往动机端正；三是能够与他人沟通，在生活的集体中无孤独之感。这些都将使职业学校学生在社会生活中具备较强的适应能力和安全感。

7. 适应能力强

较强的适应能力是心理健康的重要特征，不能有效处理与周围现实环境的关系是导致心理问题的重要原因。心理健康的职业学校学生能和社会保持良好的接触，对社会现状有较清晰正确的认识，思想和行动都能跟得上时代的发展步伐，与社会的要求相符合；能珍惜和热爱生活，积极投身于生活，并在生活中尽情享受人生乐趣；通过客观观察，能够取得正确认识，以有效的办法应对环境中的各种困难，根据环境的特点和自我的情况努力协调，或改善环境以适应个体需要，或改造自我以适应环境。

8. 心理行为符合职业学校学生年龄特征

每个人都有三种年龄：实际年龄、生理年龄和心理年龄。实际年龄是指人们的自然年龄。生理年龄是指人生理发育成长所呈现出来的年龄特点，与实际年龄往往有差别，例如，若一个人营养不良，那么其生理发育就可能迟缓，导致其生理年龄小于实际年龄。心理年龄是指人的整体心理状况所呈现出的年龄特征，与实际年龄也常不完全一致。人的一生可以分为八个心理年龄期：胎儿期、婴儿期、幼儿期、学龄期、青少年期、青年期、中年期、老年期。人在不同的心理年龄期具有不同的心理特点，如人在幼儿期天真活泼；在青少年期自我意识增强，身心飞跃突变，心理活动往往动荡剧烈。心理健康的职业学校学生具有与年龄和角色相应的心理行为特征，若一个职业学校学生的心理活动与行为表现经常严重偏离与其年龄相符合的心理行为特征，则是心理不健康的表现。

（二）正确理解职业学校学生的心理健康标准

心理健康与生理健康一样，都是健康不可分割的部分，但是心理健康的标准并不像生理健康的标准那样具体、精确和绝对。上述标准只是为评价职业学校学生心理健康水平和心理健康的自我评价提供了一个参考的尺度，在具体运用这些标准时，需掌握三个原则，即相对性、发展性和整体协调性。

（1）心理健康状况是一个相对的概念。即心理健康只有在与同一年龄的人的心理发展水平的比较中才能显现其价值。而人与人之间的个别差异，地域与地域之间、民族与民族之间、国与国之间的社会文化背景差异，又决定了心理健康标准不能绝对化。

（2）应将目光投向发展的心理健康观。更多的职业学校学生在发展中面临的许多人生课题、心理危机与心理困难都是在发展的大背景下产生的。有的心理困惑属于某一群体所特有的，比如职业学校学生的人生期望、职业抱负、学业期待引发的学业压力、就业压力、情感困惑等。有些心理问题待到个体心理成熟或问题解决能力提高后便会自愈。判断一个人的心理健康状况，不能简单地根据一时一事下结论。

（3）人的心理健康是指一种持续的、整体协调的心理状态。心理健康是较长一段时间内持续的状态，但心理健康者并非毫无瑕疵。一个人偶尔出现一些不健康的心理和行为，并非意味着此人心理一定不健康。心理健康是一个阶段性的状态，可能就像夏天的天气一样，有时狂风暴雨，有时艳阳高照。心理健康不是无失败、无冲突、无焦虑、无痛苦，心理健康者也不是对任何事都能愉快地胜任，而是在这些境遇下，对环境与挫折的反应，能有效地自我调整，更好地表现出积极的适应倾向,从而能保持良好的生活状态、学习状态和工作状态,这是心理健康者与心理不健康者的最大区别。

第二节　职业学校学生常见的心理问题及成因

【案例6-2】

学生:老师,我得了抑郁症,我不能参加军训,我要请假回家。

老师:你怎么认为你得了抑郁症?

学生:因为我最近感觉有些郁闷。

老师:感觉有些郁闷就是抑郁症啊?

学生:是啊! 抑郁症多可怕,我害怕得几天都睡不着觉。

类似上述情境中的问题,在一些学生中间较为常见。学生如果对自己的心理状况正常与不正常缺乏科学的概念,就会想当然地给自己贴标签。结果,问题本身并不严重,但是,学生却可能被错误的"标签"误导,产生恐惧感。

这里简要介绍职业学校学生常见的心理问题分类标准、概念及成因,以便班主任在遇到有心理障碍的学生时,能够进行正确的早期识别,遇到一般性的心理问题,可以针对原因进行干预工作。对心理障碍的判断与识别是专业性较强的技术,但是班主任经过培训与实践,可以积累经验,逐步掌握。

职业学校学生的心理健康问题,是指心理活动中出现的不同程度的创伤,亦即由不良刺激引起的心理异常现象。依据心理异常程度,可以把心理问题分为以下三个层次。

一、轻微的心理失调

处于轻微的心理失调状态的人,一般都能进行正常的学习和生活,但是感觉到愉快感小于痛苦感。职业学校学生常见的轻微心理失调主要表现在自卑、猜疑、嫉妒、孤僻等方面。

(一) 自卑

在职业学校学生中,有自卑心理的学生较多。其表现是害羞、胆小,不相信自己的能力,自我评价偏低,做事谨小慎微,总是跟在别人后面;不愿意出头露面,不愿意与成绩好的同学交朋友,严重的会产生社交恐惧行为;也有的沉溺于"白日梦"中,从幻想中得到某种满足。有这种心理的人思想常常处于苦闷境地,表现为学习缺乏信心,对其他的能力也信心不足,常会自暴自弃,无所追求,甚至一事无成。自卑心理严重阻碍着学生的进步与成长。

职业学校学生产生自卑的原因主要有以下几点。

(1) 自我认知偏差。职业学校学生大多来自"中考落第"者,学习成绩差,他们自认为是经过重点高中、普通高中多道关口筛选下来的学业不良的学生,不是读书的料,低人一等,无脸见人,产生了严重的自卑心理。

(2) 世俗的偏见。社会上许多人对职业学校存在偏见,对职业学校学生持歧视的态度,使得部分学生妄自菲薄,自甘落后,严重者在学习上抱有"破罐子破摔"的思想。

(3) 在学习中屡遭失败和挫折。一些学习成绩较差的学生,害怕考试,害怕失败,觉得自己很无能。

(4) 评价的压力。一些学生自我评价偏低,自己瞧不起自己,如果遇到家长、教师不公正的评价,他们的自卑感会更加严重。

(二) 猜疑

有猜疑心理的人,表现为极度的神经过敏,遇事好疑神疑鬼,不相信他人,总担心别人与自己过不去,认为人人都不可信、不可交,看到同学在议论,就会怀疑是讲自己的坏话。老师对他冷淡一点,就会觉得老师对他有看法。猜疑心理使他们成天提心吊胆地生活,内心痛苦又不愿意对别人讲,整天自怨自艾,郁郁寡欢。结果由怀疑别人,发展到怀疑自己,怀疑自己的能力,变得自卑、怯懦、消极和被动。

职业学校学生猜疑心理产生的原因主要有以下几点。

（1）幼时在家庭中受到某种歧视或虐待。

（2）在学校受到不公正的待遇，伤害了自尊心。

（3）生活过于单调，交友不多，同学关系紧张、情绪受到压抑。

（4）有人格缺陷，猜疑者多缺乏自信，看似猜疑别人，实际上是怀疑自己，怀疑自己不如别人，怀疑自己被人瞧不起，于是就怀疑别人说自己坏话或做对不起自己的事情。

（三）嫉妒

嫉妒是表现为恐惧或担心他人优于自己，当看到他人比自己有优势之后，试图削弱或排挤对方的一种带有攻击性的心理。嫉妒者不但不承认别人的进步、成绩和优点，而且极力贬低，常常把别人的进步、成绩、优点说成是偶然的、投机的。嫉妒心理发展下去，可能会对嫉妒对象的所有行为都产生怨恨，丧失理智地对嫉妒对象进行造谣中伤、挑拨离间，甚至公开侮辱，造成破坏性的后果。

职业学校学生嫉妒心理产生的原因主要有以下几点。

（1）内部原因。嫉妒者心胸狭窄，虚荣心和自尊心过强，缺乏自信心，总以为别人有所长，就意味着自己有所失、有所短，感到别人的成功就是自己的失败，故而以贬低或损伤他人来弥补自己的所失。

（2）外部原因。家长和教师错误的教育观点和不当的教育方法容易诱发学生的嫉妒。如把学生的成绩张榜公布，把成绩优秀的学生和后进生进行比较，以此贬低后进生，使后进生感到优秀生对自己是一种威胁。此外，教师对学生亲疏失调等也会触发学生的嫉妒心。

（四）孤僻

孤僻的主要表现是不愿与他人接触，对周围的人常有厌烦、鄙视和戒备心理。孤僻的人往往疑心重，易神经过敏；办事喜欢独来独往；总以为别人瞧不起自己，摆出一副了不起的样子。他们其实内心很脆弱，很怕被别人刺伤，于是把自己禁锢起来，不与人交往。如果别人真的不理他，他又认为自尊心受到了伤害。由于人际关系不良，孤僻者的内心很苦闷，情绪长期压抑，易陷入寂寞、抑郁之中,精神消沉、颓废,易出现恐惧心理。

职业学校学生变得孤僻的原因主要有以下几点。

(1) 与幼年创伤经验有关。如父母离婚,孩子遭受遗弃,或缺乏某方面的亲情陪伴;孤独与焦虑体验;家教粗暴,感受不到家庭的温暖。

(2) 在人际交往中遭到挫折。社交受挫,易使人变得怯懦、退缩,不愿与人交往,形成孤僻性格。

(3) 自卑心理。孤僻的学生往往有严重的自卑心理。

以上这些问题主要是由个人心理素质(如过于争强好胜、敏感),生活事件(如学习压力大、人际交往不如意),身体不良状况(如长时间劳累,身体疾病)等因素所引起。如果这些轻微的心理失调问题持续的时间较短,是完全可以通过个体自我调节而消除的,但是如果没有引起个体和环境的重视,个体轻微的心理失调长时间得不到缓解,就会形成一种相对稳定的状态,可能进一步发展成为心理障碍或心理疾病。

二、轻度的心理障碍

处于轻度心理障碍状态的人虽然能维持正常生活,但受到明显的影响和干扰后,会表现出一些偏常行为,也可看作轻度的心理疾病。

传统分类把心理障碍分为神经症、人格障碍和精神病这三类。近几年的分类则更为详细地将其划分为情绪障碍、社会障碍和精神障碍(精神病)。职业学校学生常见的轻度心理障碍主要由情绪障碍和社会障碍这两种构成。

(一) 情绪障碍

职业学校学生正处于青春期,可能都体验过情绪的起伏波动,若这种情绪波动过大,诸如躁狂、抑郁、焦虑和恐惧等症状反复且交替出现时,那就可能是情绪障碍。职业学校学生常见的情绪障碍有焦虑障碍及强迫症、心因性疾病中的疑病症、情感症中的抑郁症等。

1. 焦虑障碍

焦虑障碍是一组以焦虑症状群为主要临床反应的精神障碍的总称。焦虑障碍的特点是过度恐惧和焦虑,以及相关的行为障碍。恐惧是指面临具体不利的或危险的处境时出现的焦虑反应,焦虑是指缺乏相应的客观因素下出现内心极度不安的期待状态,伴有紧张不安和自主神经功能失调症状。焦虑障碍的临床表现为焦虑症状群,包括精神症状和躯体症状。精神症状表现为焦虑、担忧、害怕、恐惧、紧张不安;躯体症状表现为心慌、胸闷、气短、口干、出汗、肌紧张性震颤、颜面潮红或苍白等自主神经功能紊乱症状。

根据世界卫生组织(WTO)的国际疾病与分类第 11 版(ICD-11)和美国精神医学会(APA)的《精神疾病诊断与统计手册(第 5 版)》(DSM-5)的疾病分类,目前的焦虑障碍包括广泛性焦虑障碍、惊恐障碍、场所恐惧症、特定恐惧症、社交焦虑障碍、分离性焦虑障碍、选择性缄默症、药物或其他躯体疾病所致焦虑障碍等。

广泛性焦虑障碍是以广泛且持续的焦虑和担忧为基本特征,伴有运动性紧张和自主神经活动亢进表现的一种慢性焦虑障碍。

惊恐障碍又称急性焦虑发作,是指反复出现不可预期的惊恐发作的一种焦虑障碍。惊恐发作的临床特点是反复突然出现强烈的害怕、恐惧或不适,可有濒死感或失控感;发作时伴有明显的心血管和呼吸系统症状,如心悸、呼吸困难、窒息感等。

场所恐惧症是指患者在多种场所(如乘坐公共交通工具、人多时或处于密闭场所等)中出现明显的、不合理的恐惧或焦虑反应,因担心自己难以脱离或得不到及时救助而采取主动回避这些场所的行为,或需要有人陪伴和忍耐着强烈的恐惧焦虑才能置身这些场所,症状至少持续数月,从而使患者感到极度痛苦,或个人、家庭的社交、教育、职业和其他重要领域功能明显受损的一种焦虑障碍。

特定恐惧症是一种对某种特定物体或场景产生强烈、持久且不合理的恐惧,害怕随之而来的后果,并对恐惧的物体或场景主动回避,或者带着强烈的害怕和焦虑去忍受的一种焦虑障碍。

社交焦虑障碍,又称社交恐惧症,是指在一种或多种社交或公共场合中表现出与环境实际威胁不相称的强烈恐惧和(或)焦虑及回避行为。

正常人也有焦虑情绪,但焦虑症与正常焦虑情绪反应不同:第一,它是无缘无故的、没有明确对象和内容的焦急、紧张和恐惧;第二,它是指向未来的,似乎某些威胁即将来临,患者自己说不出究竟存在何种威胁或危险;第三,它持续时间很长,如不进行积极有效的治疗,持续时间越长则越难干预。

焦虑障碍是一类慢性疾病,患病时间长,复发率高,对患者日常生活质量影响大。焦虑障碍的治疗原则强调全病程、综合治疗,在临床症状缓解后需要巩固治疗。世界各国指南推荐焦虑障碍的药物维持治疗至少1～2年,维持治疗中需要加强心理治疗,以便患者有良好的心理素质,减少复发。常用的心理治疗包括认知行为治疗、行为治疗、人际关系治疗、精神动力治疗等。

2. 强迫症

【案例6-3】

小王同学刚进入职业学校,第一次离家住校,感觉很不适应。他总是担心同学瞧不起他,每天到学校他都感觉很紧张,一个学期下来,考试成绩很不理想,这使他更加紧张。逐渐地,同学们发现他有些奇怪的行为,每到课间就去洗手,在宿舍洗手的次数更多,早晨穿衣服前,不停地抖衣服,经常要抖三十几下后才穿。离开宿舍时,他总是往地上看,感觉自己丢了什么。背课文时,文章的上一句话反复背几遍,他才背下一句。这使他很苦恼,他知道自己每天反复做重复的事情没有用,但是就是改不了。这使他更加焦虑,以致上课不能集中注意力听讲。

小王同学的问题属于强迫症。强迫症是一种以反复、持久出现的强迫思维和(或)强迫行为为基本特征的精神障碍。强迫思维是以刻板的形式反复进入患者意识领域的表象或意向,强迫行为则是反复出现的刻板行为或仪式动作。患者明知这些思维和(或)动作没有现实意义、没有必要、多余;患者有强烈的摆脱欲望,但却无法控制,因而感到十分苦恼。

强迫症的表现形式是多种多样的:一是有强迫性行为。就像小王同学反复洗手、反复抖衣服、反复背诵一句话一样。二是有强迫性怀疑。如离家时怀疑灯没关、门没锁、水龙头没关,写完一道数学题总是怀疑有错等。伴随着强迫性怀疑的行为是强迫性检查,如反复检查门锁、反复检查题目等。三是有强迫性思维。如看到有人在桥上,不是担心人会掉下去,就是害怕桥会突然断开。四是有强迫性回忆。如对做过的事或无关紧要的事反复回忆，将过去的经历、人名、地名反复回忆。

患有强迫症的学生往往知道自己的行为不正常，但又控制不了，下决心想摆脱，但总也摆脱不了，精神上感到莫名的压抑和痛苦。

3. 抑郁症

抑郁症是青少年心理障碍中最常见的一种，以心理低落为主要特征，是导致自杀率最高的一种心理疾病。抑郁症患者有消极的"认知三联症"，即对自己、世界和未来具有消极的信念，在信念形成过程中存在着认知歪曲。

根据国际疾病与分类第 10 版（ICD - 10），抑郁症的症状学标准里包括 3 条核心症状及 7 条其他症状。核心症状为：① 心境低落；② 兴趣和愉快感丧失；③ 疲劳感、活力减退或丧失。其他症状为：① 集中注意和注意力降低；② 自我评价和自信降低；③ 自罪观念和无价值感；④ 认为前途暗淡悲观；⑤ 自伤或自杀的观念或行为；⑥ 睡眠障碍；⑦ 食欲下降。

当同时存在至少 2 条核心症状和 2 条其他症状时，才符合抑郁症的症状学标准。如果符合抑郁症的症状学标准，还需同时满足 2 周以上的病程标准，并存在对工作、社交有影响的严重程度标准，同时还应排除精神分裂症、双相情感障碍等重性精神疾病和器质性精神障碍以及躯体疾病所致的抑郁症状群，方可诊断为抑郁症。[1]

（二）人格障碍和行为障碍

根据 ICD - 10 的诊断分类框架，人格障碍及行为障碍包括各种类型的成人人格障碍以及性身份和性偏好障碍。

1. 人格障碍及其特征

人格障碍是指人格特征明显偏离正常，并具有稳定和适应不良的性质，同时伴有自我和人际功能的损害，这种损害不符合个人发展阶段和社会文化环境。人格障碍的病因及发病机制迄今仍未完全阐明。生物—社会—心理学模型提出

---

[1]　中华医学会,中华医学会杂志社,中华医学会全科医学分会,等.抑郁症基层诊疗指南（2021 年）[J].中华全科医师杂志,2021(12).

人格障碍是遗传和环境影响相互作用的结果。人格障碍可分为偏执型、分裂型、边缘型、依赖型、强迫型、表演型、反社会型、回避型、自恋型等。人格障碍的一般特征有如下几点。

（1）人格障碍的患者在认知内容、情绪体验、行为方式和人际关系等方面存在异常。这些异常显著偏离特定的文化背景和一般认知模式。

（2）人格的异常表现相对固定，不因周围环境的变化而改变。

（3）人格障碍起始于青春早期，往往在儿童期就初露端倪。

（4）人格障碍患者常伴有社会功能的明显损害，部分患者为此感到痛苦，多数患者若无其事。

人格障碍的治疗是一项长期而艰巨的工作，其主要治疗方法是心理治疗结合药物治疗，促进人格重建，使其逐渐适应社会。不同类型的人格障碍需要不同治疗方法的结合，要在全面了解患者病情、成长经历、家庭环境、教养方式、社会和心理环境的基础上，制订个体化的治疗策略。药物治疗、心理治疗及合理的教育和训练是人格障碍治疗的三种主要模式。一般认为，上述三种治疗模式的结合可能更有利于人格障碍患者的康复。

2. 性身份障碍

性身份障碍是指个体所体验或行为表现出来的性别与其生物性别不一致，导致该个体的主观痛苦，并希望通过使用激素或变性手术的手段得到自己渴望的另外一种性别。临床上可以分为性别改变症（易性症）、双重异装症和童年性身份障碍。性身份障碍的确切病因尚未明确，普遍认为其发病机制可能与生物、心理和社会文化因素均有关联。

由于性身份障碍患者情况复杂，其所处社会文化对患者的社会态度和接纳程度对患者的幸福感有一定影响，且治疗与患者的性别特征、性取向密切相关，因此，国际上倾向于通过医学、心理学、社会学、法律等各个领域的专业人员组成多学科或跨领域的联合治疗小组对患者进行科学干预和综合治疗，包括激素治疗、外科手术治疗（变性手术）、家庭支持治疗、个体心理治疗、法律顾问以及其他帮助（毛发治疗、演讲和举止训练等）。

3. 性偏好障碍

性偏好障碍是性心理障碍的一种类型，DSM－5中其被称为性欲倒错障碍，泛指以个体性心理和性行为明显偏离（常态），并以这种偏离性行为方式作为性兴奋、性满足的主要或唯一方式的一种精神障碍，包括恋物症、异装症等。往往于青春期发病，患者常被动就诊，不愿意主动改变自己的性行为方式。

性偏好障碍的治疗较为困难，患者自身及其家人往往感到非常痛苦，但对症支持治疗仍有所帮助。其主要治疗方法包括药物治疗、心理治疗及深部脑刺激等。心理治疗是目前治疗性偏好障碍的主要方法，最常使用的是行为疗法、精神分析疗法及认知领悟疗法。大多数有性偏好障碍的患者在得不到性满足或遭到家人反对等的情况下，可能会出现心因性抑郁、自杀行为或其他冲动攻击行为，若发现患者有激烈的情绪反应并可能有极端行为的风险时，应及时予以干预。①

三、严重的心理疾病

在所有心理障碍中，最严重的心理疾病就是精神分裂症及其他原发性精神病性障碍。以下主要介绍精神分裂症这一疾病。

精神分裂症是一组病因未明的严重精神疾病。多起病于青壮年，常有知觉、思维、情感和行为等方面的障碍，一般无意识及智能障碍。病程多迁延，反复发作恶化会导致精神残疾，给患者、家属及社会带来严重疾病负担。目前认为该病是脑功能失调的一种神经发育性障碍，复杂的遗传、生物及环境因素的相互作用导致了疾病的发生。精神分裂症的症状十分复杂多样，主要为现实检验能力的显著损害及行为异常改变，常表现为思维散漫、思维破裂、情感淡漠、行为异常、妄想、幻觉等。精神分裂症患者一般智能尚好，但对自己的病态表现缺乏自知力。

精神分裂症主要有以下三方面的特征：第一，病人的反应机能受到严重损害，对客观现实的反应是歪曲的，可出现精神失常现象，如幻觉、妄想、思维紊乱、行为怪异、情感失常等，因而丧失正常的言行、理智与行为反应。第二，社会功能有严重损失，不能正常处理人际关系和参与社会活动，甚至给社会生活造成危害。第三，

---

①　国家卫生健康委办公厅.精神障碍诊疗规范（2020 年版）［EB/OL］.（2020 - 11 - 23）［2024 - 03 - 01］. http://www.nhc.gov.cn/yzygj/s7653p/202012/a1c4397dbf504e1393b3d2f6c263d782/files/763f4289c2304524a429b79370cb56f3.pdf.

不能理解和认识自身的现状,不承认自己有病,对自己的处境丧失自知力。

由于许多人对精神疾病有种种误解,病患精神压力大,周围人顾虑多,以致有些病患得不到及时治疗,或治疗后不被环境接纳。其实,精神疾病如同躯体疾病一样,并不是不治之症,多数人的症状是可以经过治疗得到控制的;精神疾病患者并非都是疯疯癫癫,乱叫乱喊,伤人毁物的,一些精神疾病病人除发作期外与正常人无明显差异,有些精神疾病患者在发病期间也没有上述行为,因而常被误认为情绪问题而被忽视了。班主任在与学生的工作中,一旦发现有相关的症状,应及时通知家长,带领学生及时去医院诊断、治疗,治疗越及时、系统、正规,效果越好。治疗以药物为主,恢复期可辅以心理治疗。对治疗后返校复学的学生,班主任应理解、关怀、帮助,不应歧视、厌恶、冷淡。正常的社会生活和人际交往有利于身心的康复,班集体也应是一个温暖、包容的大家庭。班主任应做好心理教育工作,不要让学生因病背上思想包袱,要促使学生积极投入到学习、生活中去。

第三节　职业学校学生的个别心理辅导

个别心理辅导是职业学校班主任一项非常重要的工作。个别心理辅导是班主任运用心理学的理论与技术,对在心理适应方面出现困难的学生提供心理援助的过程。学生是否愿意接受班主任的个别心理辅导,取决于班主任与学生之间的信赖关系,这种关系能给学生一种安全感,使学生能够从容地开放自己,主动寻求班主任的辅导。构成这种信赖关系的核心是班主任须具备基本的辅导技术,即无条件地尊重学生、善于表达共情和善于倾听。

一、调查与了解学生的心理健康状况

班主任在开展心理健康教育工作时,应主动地熟悉学生,调查了解班级学生个体的心理健康状况。为此,班主任应主动为学生建立心理档案,收集学生的个人资料,为有效地开展心理辅导提供信息。

班主任在全面系统地掌握学生情况的基础上,深入分析学生心理,掌握学生的心理特征,了解影响学生心理状态的家庭、社会及学校的环境因素,有利于鉴别学生心理正常与非正常情况,分析产生心理问题的背景与原因,有针对性地提出心理辅导方案。

学生心理档案内容大致应包括以下几个方面。

(1) 学生基本情况。主要包括:① 身份资料:姓名、性别、年龄、籍贯、民族等;② 家庭情况:家庭组织结构、家庭成员及工作性质、受教育程度、家庭经济状况等;③ 学校情况:包括学习成绩、综合测评成绩、获得奖学金情况、思想品德、行为习惯、特长、人际交往情况(含同学关系、宿舍关系、是否有恋爱关系、校外人际关系)、担任社会工作情况(担任学生干部职务、参加校内外社团等)、勤工俭学情况;④ 重大生活事件:如有无家庭成员死亡、父母离异、生活条件改变、贫困、考试成绩不及格、影响生活的重大挫折、疾病等。

(2) 学生的个性特征。包括学生具有哪些较稳固的兴趣、性格、气质特点,其中什么气质占主导地位,存在哪些个性方面的问题等。

(3) 学生的心理健康状况。学生是否有心理健康问题,程度如何;是否接受过心理咨询;是否有心理疾病史;有无自杀意图;影响学生心理问题的诱发因素。

(4) 学习动力状况。包括对所学专业的学习兴趣、学习方法、学习习惯、有无学习计划、出勤情况等。

(5) 职业能力倾向分析。包括学生的兴趣和能力特长,职业倾向,适合从事哪一类工作,生涯规划情况等。

二、个别心理辅导的步骤

(一) 了解鉴别

班主任能够发现和鉴别学生的心理问题是非常重要的,它决定了学生的哪些心理问题可以在学校解决,哪些心理问题需要转介到专门的心理卫生机构去解决。班主任如果不善于鉴别心理问题,就会造成两种不良倾向:一种是将不属于心理障碍、心理疾病的学生都推向心理卫生机构,使当事人蒙上不必要的阴影;另一种是将严重心理障碍、心理疾病当作一般心理困扰自行处理,致使学生不能得到及时的治疗,使问题加重。

(二)诊断分析

经筛查后,有些学生的心理困扰可以由班主任解决,但需要做出进一步的诊断。班主任可以通过对学生的具体表现,分析学生心理档案和有关背景资料,并结合专业医疗资源,判断其心理问题的特征、性质及成因。

(三)辅导干预

班主任找到了学生心理问题的病症和原因,下一步就要通过辅导干预矫治学生的不良心理与行为。这当中,既可以是指导性的建议,也可以是认识上的疏导,还可以是治疗措施的落实或逐步实施。有些问题可以当场解决,有些复杂的问题则需要多次辅导才能逐渐得以解决。由于心理现象的复杂性、多变性,有些心理问题在其解决过程中显效迟缓或出现反复,这都是正常的现象。问题的关键在于,班主任和学生对个别心理辅导过程的这一特点要有足够的重视,彼此信任,密切合作,持之以恒,共同努力,这样才能达到预期的目的。

三、个别心理辅导的基本技术

个别心理辅导是否能够达到预期的效果,取决于很多因素,其中最重要的因素就是班主任与学生之间能否建立信赖的关系,彼此能否尊重、相互接受、相互理解,这就需要班主任有相当的亲和力与沟通的技巧。为了帮助班主任能够更好地理解与应用个别心理辅导的技术,本书借鉴了心理咨询中的一些研究成果和训练技巧。

(一)尊重

尊重是对学生的现状以及他们的价值观、人格和权益予以接纳、关注和爱护。尊重有两方面的含义:一是班主任不以外在的社会价值标准对学生加以评判,而是从学生作为一个人所应具有的尊严和价值的角度去接纳和爱护。二是班主任承认并相信学生有其内在的价值和潜能,相信其有改变和成长的动力。

尊重既是一种态度也是一种行为表现。作为一种态度,它是指班主任愿意以平等的方式与学生进行沟通,愿意相信学生有改变和成长的潜能。作为一种行为表现,它是指班主任能够通过一定的方法和技巧将自己的这种态度传递给学生。

可以说,尊重是用行为表达出来的一种态度。尊重可以为学生创造一个安全、温暖的氛围,使其最大限度地表露自己。有些学生在和班主任谈话时往往心中有所顾忌,害怕被班主任指责、轻视。班主任对学生的尊重将有助于消除学生的紧张、担忧,促使其敞开心扉,积极主动地与班主任进行有效的心理沟通。尊重有助于学生获得自我价值感,认识并发挥自身的潜能。有些学生的心理问题并非由外在原因造成,而是由于他忽视了自身的潜能或未能发挥自身的潜能。由于"盲点"的存在和个体的局限性,许多人往往看不到自身的优势和资源。班主任的肯定会使学生重新审视和接纳自身的资源并获得自我价值感,这不仅有利于其提高自信心,也为他们改变自己创造了条件。特别是对那些急需获得尊重、接纳和信任的学生来说,班主任的尊重具有明显的助人效果。

班主任应从态度与行为两个方面表达尊重。

1. 尊重的态度表达

(1) 完整地接纳一个人。每个人既有自己的长处、优点、光明的一面,也有短处、缺点、阴暗的一面;既有向上的倾向和动力,也有彷徨的时候。作为一个整体,他是不可分割的,而尊重就意味着接纳一个既有优点又有缺点的人,不仅接纳其积极的一面,也接纳其消极的一面。有些职业学校学生的言行实在令人反感,但是,如果没有接纳,就可能出现这样的情形:班主任高高在上地批评指责对方,或用不友善的言行轻视对方,或者用权威的语气要求对方听从自己。这样就会导致学生的不服气、自尊心受伤害,甚至对班主任产生反感、敌意。所以,班主任要从人的高度全面接纳学生,接纳其所有的感受和经验,包括他的是与不是。如果着眼于"他是怎样的人"就会对他有评价性的看法:"他怎么这样厚脸皮? 怎么这样打扮?"进而陷入不能接纳他的心态中。

(2) 对来访者一视同仁。每个人都是有独特身份、思维情感、独立人格的个体,这是人们相互尊重、平等相处的基础。每个人都有其独特的价值观和生活方式,作为班主任要认识到这种差异性,接纳学生与自己的种种不同之处。为此,班主任要从平时惯于归类、贴标签的思维定式中走出来,逐一认识每个学生并注意其独特性。另外,还应注意防止自己的偏见,防止从自己的价值观和喜好出发,来接纳或排斥某些学生或学生的某些方面,所以,尊重也意味着接纳一个与自己不同的人。

(3) 充分保护学生的隐私。班主任对学生的隐私应给予充分的尊重和保护,不应随意外传。对于学生目前不愿涉及但又与心理辅导有关的隐私,班主任应耐心引导或等待,不可强求对方讲述;对与心理辅导无关的隐私,最好不要出于好奇而打探。因为一旦离开了保密性,学生就失去了对班主任的信任感和安全感,辅导就难以正常进行。

2. 尊重的行为表达

(1) 耐心倾听。倾听既是搜集学生讲述内容、了解其内心情绪感受的一种途径,也是传递尊重的一种有效手段。班主任在与学生谈话的过程中不要随便打断,倾听时要专心致志、耐心诚恳,并及时给予回应,使学生感到自己是受尊重的,增加学生与班主任继续深入沟通的信心和勇气。

(2) 对学生表现出的积极方面应及时给予肯定和赞赏。如“你的看法很正确”“你今天的心理剧演得很好”“你的动手能力很强”等。当然,这种肯定应是实事求是、真诚可信的,不能任意夸大。班主任的肯定和赞赏可使学生产生积极的情绪体验,提高自尊心,获得自我价值感。

(3) 对学生与自己的分歧表现出包容和理解。例如,“虽然我不太同意你的看法,但我理解你为什么那样想”“你的意思虽然与我说的不同,但也是有道理的”。这样的反应既使学生感到了被尊重,也有利于鼓励他尽情地表达自己的看法。在学生表达不同意见时,班主任应认真倾听,尽量去领会。当然,作为班主任也不能无原则地一味迁就学生,以免在无意之中强化学生的错误认知。另外,在谈话中学生有时可能碍于对班主任的尊重,不好意思表达自己的不同见解,而是迁就班主任的观点,对此班主任应鼓励他们表达自己的看法。

(二) 共情

共情,简而言之,指设身处地想他人所想。用别人的眼睛看世界,就是共情的形象说法。按照罗杰斯的观点,共情是一种体验别人内心世界的能力。

在个别心理辅导中,班主任表达共情包括三方面的含义:① 班主任注意观察学生的言谈举止,深入对方内心去体验他的情感、思维;② 班主任借助于知识和经验,把握学生的体验与他的经历和人格间的联系,以便更好地理解问题的实质;③ 班主任把自己的共情传达给学生,以影响学生并取得反馈。

通过共情,班主任能设身处地地理解学生,从而能更准确地把握学生心理。学生感到自己被接纳、被理解,从而产生一种愉快、满足的感觉,这有助于建立信赖的师生关系。共情也促进了学生的自我表达、自我探索,从而使其达到更多的自我了解。对于那些迫切需要获得理解、关怀和情感倾诉的学生来说,共情具有明显的助人与治疗的效果。

1. 共情表达的层次

班主任不仅要明白学生的感受、信念、价值观等,而且要善于把对学生的共情传达给对方。共情的表达会有高低层次的差异,不同的层次代表了不同的共情质量,产生不同的辅导效果。

第一层次:没有共情反应,即完全忽略了学生所表达的感觉。

第二层次:对学生的理解不全面,只注意了学生表述的内容,缺乏情感的响应。

第三层次:最基本的共情,即反应与学生所表达的意义和感受比较一致,但没有对学生隐藏于言语背后的感受做出同感反应。

第四层次:共情程度较高,能表达出学生深藏于语言背后的感受,能使学生体验到并表达出起初并未觉察和未能表达出来的感受。

第五层次:最准确的共情,既能准确地把握学生所表达的内容,也能准确地把握其感受;既能准确把握学生言语所传达的表层感受,也能准确把握其言语背后所隐藏的深层含义和感受。

【案例 6 - 4】

"我觉得很难过很难过,因为我从来没担心过高考……真是越想越不服气,今年的高考其实并不难,班上成绩中等的人都考入了大学,没想到一向作为佼佼者的我……我觉得考试根本就不能正确评估一个人的成绩,况且读书也不是为了考试,这样我也就想开了,但我的父母却骂了我一顿,坚持说考上大学才是有出息，一定要我参加补习班，然后再考。和他们争了几天，都没结果，我都烦死了。"

表 6 - 1　有关共情的不同层次的回答

共情层次	不同层次的回答	感受	程度	内容
一	你为什么感到如此悲伤呢？			
二	你一向成绩很好，但想不到高考却失败了。			√
三	因为高考失败，所以你感到很失望、很难过。	√		√
四	因为高考失败，所以你感到很失望、很难过，也不清楚前面的路该如何走，心中很混乱。	√	√	√
五	你一向成绩很好，从来没想到高考会失败，因此你感到特别失望与难过，也有点气愤。与父母商量后，似乎非复读不可，但自己实在有点不甘心，因而内心很矛盾。	√	√	√

　　第一层次的回答中，班主任似乎根本没有留意学生所说的话，而是问学生为何这样悲伤，这是个很不妥当的问题，反映了班主任不但没有留心倾听，而且还完全忽略了学生所表达的重要感受。

　　第二层次的回答中，班主任的反应虽然在内容上和学生表面所说一致，但只注意了学生表面的感受，故而只有内容上的复述，缺乏感情上的响应。

　　第三层次的回答中，班主任的反应与学生所表达的意义和感受比较一致，但未能对学生较深的感受做出反应，即没有对隐藏于言语背后的感受做出共情反应。若要在辅导过程中产生有效的结果，班主任最起码要具有第三层次的共情。

　　第四层次的回答中，共情的程度较高。班主任反馈的感受已深于学生所表达的，即班主任把学生深藏于言语背后的感受也表达了出来，因此学生可由此来体验和表达起初未察觉和未能表达的感受，同时也可以理解到这些感受背后的含义。

第五层次的回答中,班主任做到了非常准确的共情。无论在表面还是在深入的感受上,班主任的描述都很准确。他不但明白学生很失望、很难过这些表面的感受,甚至对很深入的情感,如气愤、不甘心和矛盾等,也做了准确的反应。此时班主任已能对学生做全面而准确的共情了。

当班主任能够做到深入感受学生的内心,也就是对学生接纳的开始,学生也就开始对班主任的心理辅导接纳了。

2. 共情表达的方式

共情的表达可以通过言语和非言语的方式来实现。

(1) 言语鼓励。即以最简洁的语言反应,诸如"嗯""是""我明白""我理解"等,表达承认、认同和理解,这不仅可以帮助传递初步的同感,亦可以帮助学生做进一步的自我探索。同时,它也是倾听技术之一。例如:

学生:我很讨厌我们的数学老师。

班主任:哦。

学生:他从来不考虑学生的意见,做事很专断。

班主任:我明白。

(2) 重复关键字词或语句。即重复学生话语中的关键字词或语句,表达倾听与尝试理解,促使学生就所强调的部分进一步展开话题。重复还具有强调、核实的作用。例如:

学生:我很讨厌我们的数学老师。

班主任:很讨厌?(重复关键字词)　你很讨厌你们的数学老师?(重复语句)

学生:是啊。他从来不考虑学生的意见,做事很专断。

班主任:很专断?(重复关键字词)　你是说,他不考虑学生意见,做事专断,是吗?(重复关键语句)

不过,传递同感这种技术不可多用,以免学生产生班主任在鹦鹉学舌的感觉。

(3) 概括性重复。将学生陈述中的关键内容,言简意赅地表达出来。概括性重复特别有助于传递高层次的共情。如"你感到……因为……",可以帮助我们进行快速概括。例如:

学生:我很讨厌我们的数学老师。他总是站在自己的角度去考虑问题,他总是留大量作业,学生提出的意见他根本不听,自己想怎么做就怎么做,也不考虑我们的感受和想法,好像我们是木偶似的,实在是受不了他。

　　班主任:你感到很气愤,因为你认为你们的数学老师很专断,不讲民主。

　　(4) 非言语表达。我们可以单独运用非言语反应,也可以配合言语反应用非言语反应来表达对学生的认同、接纳和理解。非言语表达通常包括目光注视、点头示意、面部表情、身体姿势、语音语调、相隔距离等。非言语表达比言语表达更为简便,有时亦非常有效。

　　3. 共情表达时应注意的问题

　　(1) 班主任应走出自己的参照框架而进入学生的参照框架,把自己放在学生的地位和处境上来尝试感受他的喜怒哀乐。

　　(2) 共情表达应因人而异、适时适度。一般来说,对情绪反应强烈或者表达比较杂乱的学生,应给予更多的共情。此外,共情不宜在学生谈话中间随便插入,否则容易破坏情绪;共情反应的程度应该与学生的问题程度、感受程度成正比,过度会让人感到班主任小题大做,而不足则会让人觉得理解不够。

　　(3) 班主任应丰富个人的词汇,对各种感受描述有更加清楚的分辨和体会。特别是要了解与理解职业学校学生的日常用语,以理解其特定的含义。如"郁闷""躺平"等。

　　4. 共情表达的障碍

　　有的班主任在传达自己的共情时,可能会出现这样那样的不足。除了前面已提到的诸如以自己为参考框架外,班主任常常会出现思想政治工作与心理辅导工作角色的混淆。班主任在共情表达时需要注意避免以下误区。

　　(1) 简单的判断和评价,如"你太骄傲自大了"等。

　　(2) 空洞的说教和劝诫,如"青年人应该志向远大,以学习为重,爱情应服从学业"等。

　　(3) 贴标签和诊断,如"你的行为方式是病态的"等。

　　(4) 想使学生高兴,做虚弱的保证,如"你的明天一定会比今天好"等。

　　(5) 不能接纳学生的全部情感,排斥消极的情感,如"你不应该吹牛"等。

　　(6) 同情与共情的混淆。同情是人类的天性,但它并不等于共情。共情不包含任何个人的立场,共情的目标是表达理解,而同情则可以歪曲客观地理解。

(三) 倾听

班主任要想与学生进行良好的沟通,需要耐心倾听对方讲话,了解他们心中的感受。班主任对学生积极倾听的态度,可以使学生觉得受到重视,并肯定自己的价值。

倾听并非仅仅是用耳朵听,更重要的是要用心去听,设身处地地感受。不但要听懂学生通过言语、行为所表达出来的东西,还要听出学生在交谈中所省略的和没有表达出来的内容。有时学生说的和实际的情况并不一致,或者学生避重就轻,自觉或不自觉地回避更本质性的问题。学生常常只谈些皮毛的问题或打"擦边球",有时他们希望班主任能听出问题,主动地向他们询问。正确的倾听要求班主任以机警和共情的态度深入学生的内心世界,细心地观察学生的所言所行,注意对方如何表达自己的问题,如何谈论自己及自己与他人的关系,以及如何对所遇到的问题做出反应。此外,班主任还要注意学生在叙述时的犹豫停顿、语调变化以及伴随言语出现的各种表情、姿势、动作等,从而对言语做出更完整的判断。

积极的倾听包括以下技巧。

1. 专注行为

专注行为的目的是表达班主任愿意聆听和接纳学生,促使学生与自己建立信任感。专注技巧包括以下语言和非语言技巧。

(1) 自然地注视学生,保持视线的接触及适时的变化,但不宜瞪眼直视,令学生感到有些敌意或受到惊吓。

(2) 面部表情轻松自然、生动传情而富于变化,但又不显夸张;身体姿势自然松弛,上身稍微前倾,以表示对学生的专注和有兴趣继续聆听。

(3) 双方保持适当的距离,太接近可能令人产生压迫感,太远令人感到不被接纳或不愿交谈。师生交谈时彼此的座位最好放置成 90 度角。

(4) 用适当简短的反应表达尊重、了解的态度。例如:用点头表示"嗯,我明白了""接着说"等意思。点头时应认真专注,充满兴趣,并且应配合目光的注视,同时这种点头又是适时适度的。若点头是机械式的、随随便便的,或者一边点头一边东张西望或翻看无关的东西,或者不该点头的时候点头,那么学生很快就会发现班主任的不尊重、不关心，或者心不在焉、没兴趣，从而影响学生的叙述，甚至学生会对班主任产生不良的印象。

某些词或句子也是常用的，如"是的""真有意思""你再说得更详细些""比方说呢"等。而最常用的言语则是和点头动作连在一起的"嗯"。

2. 回应简明扼要

用简明扼要的语言，把学生的主要观点和对他们的理解简要、概括地复述出来，这样可以令双方加深印象和了解，让对方感觉到他是被接纳的，没有被评价的，从而增加彼此的信任。简述语意的主要要求有以下几个方面。

（1）留心细听学生说话的意思。在学生讲话的时候，试着从对方所有的信息（包括生活内容、面部表情、身体姿势及当时情况等）去了解他说话背后的含义及当时的感受。

（2）以简洁言辞回应。了解了学生说话的意思后，要用自己所理解的话语回应给学生。注意措辞要多元化，不要一成不变。例如，我们可以用以下这些语句表达自己对学生的理解：

你好像……

你似乎……

你的想法是……

对你来说，那一定是……

如果我认为你是正确的，……

这些都是用陈述句来征询答案的。如果用问句，得到的会是"是"或"不是"，或是更简单的答案。在积极倾听中，用陈述句来反馈，可以鼓励学生找到更完整的答案。例如：

学生：我觉得很气愤，因为他们说我考试作弊。

班主任：看上去你觉得自己受到了侮辱。

学生：是的，而且……

3. 善于提问

提问的目的是帮助我们从更全面的角度去了解学生，给学生一个自我了解和内省的启发。

提问可以是开放式也可以是封闭式的。开放式提问是指提出的问题没有一

个简单的答案,回答时没有固定的模式和规则,可以沿着这个问题所提供的话题,充分地提供细节和信息。例如:

班主任:你不喜欢职业学校的哪些方面? 你喜欢跟好朋友聊什么内容?

与开放式提问相对应的是封闭式提问。它是指对所提出的问题只有一个答案,不能表达更多的细节和信息。如:

班主任:你今年多大了?

学生:17 岁。

班主任:你喜欢团体心理辅导吗?

学生:喜欢。

在提问后,可以稍稍停顿一下,让学生能够有时间思考班主任所说的话并决定如何反应。因为积极聆听的应答会激发出学生更加深思熟虑的反应,这期间学生可能需要几秒钟来思考。因此,需要耐心等待,而不要连环炮式地追问,使学生陷入紧张的境地。

4. 避免倾听时易犯的错误

(1) 急于下结论。在真正了解学生所叙述的事情真相之前,就急于下结论,提供意见,学生会觉得不受尊重。

(2) 轻视学生的问题。认为学生的问题是小题大做、无事生非、自寻烦恼,因而流露出轻视、不耐烦的态度,这会让学生丧失继续沟通的欲望。

(3) 干扰、转移学生的话题。常常打断学生的叙述而转移话题,对方刚讲了一点就又提出了新的问题,会搞得学生无所适从,不知道说什么好。

第四节 职业学校学生的班级团体心理辅导

班级团体为学生的社会化提供了重要环境,在班级团体的人际互动中,学生逐渐建立认同感、归属感和力量感,并且学会规范自己的行为,学会人际交往,积极寻求社会支持,促使心理健康发展。班主任应充分利用班级团体对个人的影响作用,积极开展班级团体心理辅导。

班级团体心理辅导是在班级中进行的一种心理辅导形式,它是以班级全体学生为对象,运用适当的辅导策略与方法,通过班级团体成员间的互动,促使个体在交往中通过观察、学习、体验,认识自我、探讨自我、接纳自我,调整并改善与他人的关系,学习新的态度与行为方式,激发个体潜能,增强适应能力的助人过程。

一、班级团体心理辅导的功能

班级团体心理辅导具有教育、发展、预防与治疗四大功能。这四大功能相互联系、相互渗透,在班级团体辅导过程中共同发挥作用。对人格健全的学生来说,班级团体辅导有助于他们深化对自己的认识,改善人际关系,增强自信,提高适应能力,使自己的潜能得到最大程度的发挥,预防心理问题的产生;对性格有欠缺的学生而言,班级团体心理辅导可以帮助他们认识自己的问题,通过与班级成员的互动,减轻症状,提高适应能力,促进心理健康。

(一)教育功能

班级团体心理辅导的过程是一个借助班级成员之间的互动而获得自我发展的学习过程。班级团体心理辅导重视学生的主动学习、自我评估、自我改善,有利于学生的自我教育。辅导的过程还有利于培养学生的社会性、学习社会规范以及适应社会生活的态度与习惯等,这些都具有教育意义。

(二)发展功能

班级团体心理辅导的积极目的在于发展的功能。通过辅导,班主任给予学生启发与引导,满足学生自我发展的需要,促进其对自我的了解与接纳,养成积极应对问题的态度,树立信心,充分挖掘个体内在的潜能,促进心理健康发展,培养健全的人格。

(三)预防功能

班级团体心理辅导是预防心理问题发生的有效途径。班级团体心理辅导可以使学生加深对自己的了解与认识,懂得什么是适应行为,什么是不适应行为。班级团体心理辅导可以为学生之间交换彼此意见提供更多的机会,学生可以互诉心声,讨论日后可能遇到的困难及应对策略,增强其独立与合作处理问题的能力,预防其心理问题的发生或减少心理问题发生的概率。在辅导中,班主任不仅能够发现那些需要个别辅导的学生,及时给予帮助,同时也能使学生对心理辅导有正确的认识和积极的态度,在心理上做好准备,一旦需要帮助,知道主动求助。

(四) 治疗功能

班级团体活动的情境比较接近日常生活与现实状况,以此处理情绪困扰与心理偏差行为容易收到效果。在班级团体中个人有勇气面对问题或困扰,在班主任与班级成员的帮助下,获得反馈,使问题得到澄清与解决。

二、班级团体心理辅导的优势

个别心理辅导与班级团体心理辅导是相辅相成的两种辅导形式,根本目标是一致的,都是为了帮助个体成长、发展与适应。但是,个别心理辅导与班级团体心理辅导是有区别的,两者各有其特征及有效范围。班级团体心理辅导的部分效能是个别心理辅导无法达到的。班级团体心理辅导与个别心理辅导相比,有其独特的优势。

(一) 发展并体验良好的人际关系

对一个人来说,社会性学习是很重要的学习过程。班级团体心理辅导较之个别心理辅导能更有效地发展其人际交往能力。在班级团体中,通过班级成员间的一系列互动,学生可以观察、体验人际关系如何形成,人际沟通如何进行,以及各种微妙的人际反应,学习人际交往的技巧,增进并建立良好的人际关系。

(二) 增强归属感

在班级团体心理辅导过程中,当团体凝聚力形成并增强时,会让班级团体成员产生强烈的归属感和认同感。学生会明确地意识到自己是班级团体中的一员,要保持与团体基本一致的认识和评价,以团体为荣,爱护和保护团体的形象及荣誉,并且以同舟共济的精神去应对外界。这种团体的认同感和归属感也是社会生活中非常重要的经验。

(三) 体验互助与互利

在班级团体活动中,班级成员彼此帮助,互相支持,提出个人的见解和看法,分担相互之间的困难。每一个学生在帮助他人的过程中,会发现自己对别人很重要。对任何人来说,被需要的感觉是很重要的,这种体验使人感到自己存在的价值,获得欣喜感和满足感,进而增强自信心。助人是快乐之本,受助是成长之源。团体中的互助互利是一种积极的人生体验,这种体验使学生不仅可以在团体中充分感受,而且还会扩展到他们今后的生活中,使他们主动承担责任,其助人的行为会继续保持下去。

(四) 发展良好适应行为

班级团体是社会的缩影,也一定程度上是社会的真实反映。在班级团体中,班级成员彼此提供行为示范,他们可以通过团体经验进行仿效性学习。在个别心理辅导中,学生可仿效的只是班主任一个人,在班级团体心理辅导中除了班主任外,还有其他学生的行为可以模仿和参考。在辅导活动中,学生能够有更多的机会听到别人对自己的看法。团体的反馈比个别个体的反馈更有冲击力,能够有效地改变学生的不良行为,发展其良好适应行为。

(五) 多元价值观与信息的交流

在班级团体心理辅导中,信息和资料的提供是很重要的一部分。除了班主任外,学生之间也常常传递资料与信息。班级成员各自对问题会有不同的观点和理解。这种不同视角、不同立场的多元信息,无疑为班级成员提供了丰富的背景资料,开启了他们的思路,也拓宽了他们的视野。

三、班级团体心理辅导的特点

班级团体心理辅导不是心理学课,不以学习心理学基础知识为任务,辅导活动具有以下特征。

(1) 活动性。班级团体心理辅导以学生的活动构成辅导过程的基本环节,让学生在一系列基于他们生活实际的活动与情境中进行体验、学习,从而获得成长必需的经验。

(2) 主体性。学生是活动的主体,学生在辅导中主动参与、自主活动、自我领悟,充分发挥主动性、自觉性、创造性与想象力,主动支配并调节自己的活动。班主任应引导学生改变认知和行为方式,但是班主任不能代替学生做出决定,助人的目的是让学生学会自助。

(3) 互动性。互动是团体的基本特征,互动又是团体达成目标的重要条件。在辅导活动中,每个学生认知的改变、情感的迁移、新行为的建立和强化,都依赖于班级成员间的交流和互动。互动的前提是参与,班主任应努力促成一种安全、温暖的班级团体气氛,让每一个学生都有话说,让每一个学生都想说话。

(4) 和谐性。班级团体心理辅导活动是师生真情的流露、心灵的交融。因此,班主任要转换"教育者"的角色,努力营造一种平等、和谐的班级团体气氛。

(5) 体验性。辅导活动是每个学生自我探索、自我了解、自我更新的历程,学生在参与活动的实践中,获得心理体验与感悟,并将自己的体验与感悟与其他成员进行探讨、分享,彼此给予反馈、鼓励和建议。

(6) 趣味性。辅导活动要从情境体验开始,引发学生的情感共鸣,活动设计应尽可能生动有趣。趣味性设计还需要考虑职业学校学生的心理特点。

四、班级团体心理辅导的方案设计

(一) 设立辅导的目标

辅导目标对班级团体心理辅导活动具有导向作用,辅导活动的内容和形式都应围绕目标制定。辅导目标可以帮助班级成员把注意力集中到活动主题上，避免辅导活动偏离主题。辅导的目标也为班主任提供了一把量尺，用来评估辅导的效果。设立班级团体活动目标应注意以下几点。

（1）目标应强调发展性与教育性。班级团体心理辅导活动的目标可以是矫治性目标，解决学生成长中的问题，包括自我意识欠缺（如缺乏自尊、自信，过分依赖，或盲目自大）、情绪困扰（如情绪不稳，情绪调控力差，过于焦虑忧郁）、人际关系困难（如对人缺乏信任，不善于与人合作，社交退缩，难以与人亲近）、学习行为问题（如学习态度、学习习惯或学习方法不佳）等。但是，班级团体心理辅导活动应更多地着眼于学生的发展性目标，从积极的一面来提高学生的心理品质，如"如何进行职业生涯规划""怎样欣赏自己"以及"如何学会交往"等。

（2）目标应明确、具体、便于操作。辅导目标切忌笼统抽象，如"情感教育"这一目标的表述太含糊，不如改为"掌握消除不良情绪的几种方法"等。目标越具体，就越容易实践。

（3）目标应得到学生的认同。班主任在设计活动方案时，首先要熟悉学生，了解学生的年龄特点、心理特点，以及学生的需要、近期的困惑和热点问题，他们希望从辅导活动中学到什么？想解决什么问题？在此基础上，与学生一起磋商可能形成和达到的目标。大家探讨出来的目标，更容易被学生看作"自己的"目标。

（二）确定辅导的内容

职业学校班级团体心理辅导的内容包括入学适应辅导、学习辅导、人格辅导、情绪辅导、人际交往辅导、生活辅导和职业辅导等。班主任可以以年级特点、学生所学专业特点为依据，安排不同要求的班级团体心理辅导活动。

（三）选择辅导的主题

班主任在选择辅导的主题时要注意以下方面。

（1）辅导活动的主题要与辅导目标一致。主题选择要符合学生的年龄特点与心理需求，要富有兴趣性、时代性和启迪性。在主题的表述上还要注意尽可能清晰、简洁、精练和贴切，用学生的口气和语气，让学生一看就感兴趣，如"我是谁""欣赏自己"等。

（2）班主任要有关于主题的知识。主题确立后班主任要对主题进行分析，研究特定主题的相关理论，选择相应的辅导内容，分析辅导方案设计是否合理、科学及实施能否取得预期的成效。

（四）选择辅导活动与活动方法

班主任在选择辅导活动与活动方法时要注意以下几点。

（1）配合已经确定的辅导目标和主题，结合活动内容的适合性及各种资源，班主任要选择出有效的辅导活动。可以设计系列活动的组合，例如：主题"我是谁"，可以设计为"现实中的我""理想中的我""别人眼中的我""我的自画像"等。各项活动的设计应具有一致性，前后连贯。

（2）活动方法应与主题相匹配。

（3）活动选择应考虑让所有学生都有参与的机会，还要考虑学生的特性，如性别、年龄、表达能力等因素。

（五）确定辅导活动的流程

每一次班级团体心理辅导活动，可以简化为以下程序结构：暖身、互动、分享和小结。

（1）暖身相当于体育活动的预热活动，通常采用一些轻松的活动，以此调动学生参与活动的兴趣与积极性。

（2）互动是辅导活动的具体实施过程。

（3）活动后的分享是辅导的一个重要环节。通过分享，班级成员可以彼此了解参与辅导的经验与体会、对其他同学的观察与看法以及自己参与辅导后的改变与进步情况等。通过学生的分享，班主任可以从中了解班级团体心理辅导的效果。

（4）辅导结束前的小结。可以由学生代表先发言，最后由班主任总结。

（六）选择辅导活动的时间和地点

这是指班主任制定出每一个主题活动所需的课时及每一个活动步骤所需

的时间。

辅导活动可以在教室进行,也可以在户外进行。室内活动场地应宽敞、舒适,桌椅可以随意放置。座位的安排可以根据学生人数的多少及活动的形式进行改变。一般的班级团体活动都是大团体活动,学生座位的安排最好是扇形、圆形和大半圆形,使每个学生都能够与他人面对面地、平等地、自由地、方便地交往,从而产生良好的互动效果。

(七) 准备辅导活动材料

这是指相关媒体、辅助材料、道具的准备。为了确保辅导活动的顺利完成,活动材料的运用要在正式辅导前做演练。

(八) 评估辅导活动效果

这是指根据辅导主题的选择,设计切实可行的评估方法,收集相关的评估资料。

五、班级团体心理辅导活动的常用方法

班级团体心理辅导活动的方法很多,有讨论、自陈、角色扮演、游戏、阅读、音乐、绘画、完成句子、讨论、心理测验等。限于篇幅,本书仅介绍运用较多的几种方法。

(一) 讨论法

讨论是指班级团体成员围绕一个共同的话题,发表各自的意见,并听取他人的意见,互相合作进行深入探讨。其价值在于:帮助班级成员明了自己和他人立场的差异与共同点;帮助班级成员从多个维度思考问题并做出选择;提供自我表现的机会。在班级团体心理辅导中,学生围绕一个共同的话题展开讨论,不仅能加深同学之间的了解,增进感情,活跃班级气氛,还有利于构建良好的班级团体氛围。班级团体心理辅导中常用的讨论法有以下几种。

(1) 小组讨论。通常的做法是针对某一问题情境,把全班学生分为 6 至 7 人

的若干小组,尽可能使每个学生都有机会发言,然后形成小组意见,并推出小组代表报告小组意见,其他学生给予补充,最后由班主任总结。

(2) 配对讨论。这里指相邻的两个学生就某个指定的问题进行讨论,得出结论,然后再同相邻的另一对同学进行商讨,形成四个人的意见,以此类推,可形成更多人的共同意见。这种讨论方法的好处是每个学生都有发言的机会,有助于形成个人见解。

(3) 小组辩论。把学生分成正反两方,就某个富有争论性和挑战性的心理难题应如何看待,设定存在着的两种对立意见,学生根据自己所在方的立场,与对方展开辩论,直至得出双方可以接受的结论。

(4) "头脑风暴"。由创造学家奥斯本提出的"头脑风暴",原本是激发创造力的一种创造技法。"头脑风暴"的指导原则是:自由畅想,即人人都说,想到什么说什么;延迟评判,即记录下来,不做批评;数量保障,即多多益善,求多求新;综合完善,组合改进,找出最佳答案。

具体操作步骤是:① 组成 7 至 8 人的小组;② 宣布讨论主题;③ 给出 10 分钟,每个人写出尽可能多的设想;④ 规定讨论时限约 30 分钟;⑤ 个人轮流发表设想,听者记下个人设想;⑥ 相互质询,综合出最佳答案。

"头脑风暴"这种讨论法适用于锻炼学生的创造精神和创造性地解决问题的能力。

(二) 自陈法

自陈法是一种很好的自我教育方法。自陈在这里仅指由学生自陈,它有两层含义:一是学生自我陈述,即叙述事情的经过和感受。如班级团体心理辅导的体会、个人心路历程的变化与感受;二是学生"自我陈列",即展示自己的特长与成就。如"我的 10 个优点"。学生是班级团体心理辅导的主角,运用自陈法进行心理辅导可以增强学生的主体参与意识,增强其自尊感和自信心。

自陈法的运用符合职业学校学生渴望理解、渴望受到尊重的心理。但是,学生的自陈一般不是自发的,而是需要班主任去组织。班主任要了解学生,发现并掌握每个学生的可陈之处,努力挖掘蕴藏在学生身上的心理教育资源。

(三) 角色扮演法

角色扮演法是指用角色表演的方式启发班级成员认识人际关系以及自我状况的一种方法。角色扮演能够充分地为学生提供情境与体验的机会。学生通过扮演日常生活情境中的角色,一方面能使他们将平时压抑的情绪通过表演得以释放、宣泄,另一方面通过角色扮演学会在人际关系中换位思考,从他人的角度来考虑问题,领悟人际交往的技巧,提高人际交往能力。

角色扮演可以细分为许多种方法,班级团体心理辅导中使用最多的是心理剧和空椅子表演。

1. 心理剧

心理剧是通过特殊的戏剧化形式,让参加者扮演某种角色,借助于某种心理冲突情境下的自发表演,主角的人格结构、人际关系、心理冲突和情绪问题逐渐呈现于舞台,在班主任的间接干预和同台参演者的协助下,使心理问题得到解决的一种辅导形式。在心理剧中,学生将过去或预见的事件带到现在,表演出自身的矛盾冲突,班主任可以鼓励学生在表演中夸大所有的表情、行为和语言沟通。心理剧强调人与人的互动和"会心",强调此时此地的感觉与领悟,学生的自发性和创造性得以充分地表达。

2. 空椅子表演

这是让学生轮换扮演两个角色,其中一个角色由学生本人扮演,另一个与之打交道的角色用空椅子代替,让学生练习同想象中的坐在空椅子上的人说话。这种方法适合于社交方面有困难的学生。例如,某个学生与宿舍同学总是闹矛盾,难以与宿舍同学交往,我们就可以用空椅子表演的方法帮助他。具体做法是将两张椅子面对面放着,让该生坐在一张椅子上,假设另一张椅子坐的是宿舍的同学。让该生先表演彼此间曾经有的或可能有的对话,然后坐到对面去,以对方的立场说话。如此重复多次,可使学生了解对方,理解对方,学会解决与舍友间的矛盾与冲突。

(四) 行为训练法

行为训练法是通过强化,增加学生的积极行为,减少并克服不良行为。班级团体心理辅导中的行为训练,一般适用于外显行为的训练,如人际交往技能、合作能力、沟通能力以及语言表达能力等。

(五) 游戏法

游戏法是以游戏为中介,使学生的内心世界投射出来,进而对其进行心理辅导的方法。

游戏具有虚构性,在游戏中的嬉笑怒骂人们都不会太在意,参与者可以摘掉面具,放松自己;游戏具有平等性,学生无论平时表现,只要参与进来,遵守游戏规则,都能够得到同伴的尊重,取得信任,共同进行经验分享;游戏具有社会性,游戏的组成是团体形态,因此,也要求班级成员之间协同、合作、配合。在游戏过程中,班级团体会形成大家认可的各种规则、契约,这种不成文的规则、契约约束和规范着成员的活动。共同的目标、规则、契约及互动中产生的感情成为凝聚班级团体的力量。

相关链接

班级团体心理辅导系列活动

辅导主题:千里之行,始于足下

辅导总目标:培养学生积极主动地进行自我生涯规划,学会有效的时间管理,使生涯规划能够有效地实施

辅导对象:职业学校新生

辅导地点:教室

辅导时间:80分钟

辅导方法:小组讨论

辅导方案:

活动一　教育培训与职业

目的:探索教育培训因素与职业选择的关系,为生涯发展做准备

步骤:

1. 向任课教师或班主任咨询所学专业情况

2. 查询学校印发的三年(或五年)教学计划、每学期的课程目录,以及全校开设的选修课程

3. 写出与未来职业相关的主要专业课程

4. 完成下面的练习

你选择的未来职业是＿＿＿＿＿＿＿＿＿＿

所需的专业是＿＿＿＿＿＿＿＿＿＿

所需的英语与计算机水平是＿＿＿＿＿＿＿＿＿＿

所需的教育年限是＿＿＿＿＿＿＿＿＿＿

所需的费用是＿＿＿＿＿＿＿＿＿＿

5. 与小组成员讨论如下问题

(1) 你是否有足够的时间来获得所需要的教育与培训?

(2) 你是否有充足的经济来源,能支持教育与培训的花费?

(3) 教育培训的地点是否在你所能及的范围之内?

活动二　三年课程计划

目的:有计划地完成三年学校生活

步骤:

1. 分学期写出三年选课计划(包括必修课、选修课、实验课、实习等)

2. 与小组成员交流计划表,分享体会

活动三　"生活馅饼"

目的:培养自我管理能力,能够进行有计划的生活

步骤:

1. 以一天 24 小时为"生活馅饼",按照自己一天时间分配情况来分割"馅饼",看看能够分割成哪些"饼块"

2. 看看自己的"馅饼",哪些时间是可以控制的,哪些是自己不能控制的,将不能控制的"饼块"涂上颜色

3. 与小组成员交换"馅饼",看看别人制作的"馅饼"与自己的有什么不同

4. 小组成员一起制作小组"理想馅饼",然后讨论如下问题

(1) 你一天的时间够用吗?

(2) 哪些事情使用了较多的时间? 哪些事情被忽略了?

（3）为什么要这样安排你的时间？潜藏在原先时间资源应用背后的想法是什么？

（4）针对涂色的不可控制部分进行思考，看看自己能否将其减少。

（5）是否需要对你的"馅饼"分割做重新调整，调整的原因是什么？

活动四　近期最重要的事

目的：学习最优化的时间管理

步骤：

1. 请你在一张白纸上写下你一年内要做的最重要的 5 件大事

2. 做下面的练习

第一步，删除 5 件事中你认为最不重要的一件事，并写出理由。

第二步，删除剩余 4 件事中你认为最不重要的一件事，并写出理由。

第三步，删除剩余 3 件事中你认为最不重要的一件事，并写出理由。

第四步，删除剩余 2 件事中你认为最不重要的一件事，并写出理由。

上述过程必须依次进行，并且一定要全身心地投入进去，最后只能保留一件事。

3. 与小组成员分享在删除过程中自己的内心感受

自己最舍不得删除的事是什么？为什么？

问题与思考

1. 职业学校学生常见的心理问题有哪些？

2. 班主任在与学生谈话时，如何表达共情？

3. 设计一个班级团体心理辅导活动方案。

第七章

职业学校学生的职业生涯教育

【案例 7-1】

　　我叫李力,商务英语专业,高职二年级。当时选择专业的时候根本不清楚自己到底喜不喜欢这个专业,我的文科成绩一直比较好,父母说这个专业比较实用,将来好找工作,于是就填报了这个志愿。可是进校以后才发现我对外贸类职业不太感兴趣,似乎我对管理学和心理学的书更感兴趣,也对社会工作特别热衷,学校好多社团我都参加了,并且我组织的好多社团工作都有很好的成绩……我好像更喜欢也更擅长与人打交道。对于未来我很茫然,也很困惑……①

　　[思考]　李力对未来迷茫和困惑的原因是什么?如果你是李力,你会怎么做?

　　2018 年,教育部印发了《中等职业学校职业指导工作规定》,提出:"职业指导是职业教育的重要内容,是职业学校的基础性工作。各地各校要高度重视,把职业指导摆在人才培养的重要位置,贯穿于教育教学全过程,不断提高职业指导工作水平。"②

　　开展职业学校学生的职业生涯教育活动,无论是对社会人力资源的合理配置,还是对于学生未来的发展都有十分重要的意义。树立以生存教育为核心、以就业创业教育为主题的职业生涯教育理念,引导学生发现自我、探索自我、实现自我和超越自我,帮助学生进行合理的职业选择,并培养学生基本的职业意识、职业态度、职业素养和职业精神,是职业学校班主任的重要职责。

---

　　①　盖笑松.生涯规划指导(职教版)[M].长春:东北师范大学出版社,2021:74.
　　②　教育部.教育部关于印发《中等职业学校职业指导工作规定》的通知[EB/OL].(2018-04-20)[2024-01-28].https://www.gov.cn/zhengce/zhengceku/2018—12/31/content_5443376.htm.

第一节　职业生涯教育的意义

一、职业生涯教育的内涵

教育要关注学生自身生命成长、发展的历程，关注生命的质量与品质。而关注学生的生命成长，实际上就是关注学生的人生发展、生涯发展。实施职业生涯教育，是以提高国民的综合素质为根本宗旨，以培养学生创新精神和实践能力为重心，为帮助学生做出明智的职业选择的发展性教育活动。

职业生涯教育包括两方面内涵：一是职业生涯教育是一种持续性的教育，贯穿人的小学阶段、初中阶段到高中阶段，可能延伸至高等教育阶段，是大中小学一体化的生涯教育体系；二是职业生涯教育不只包括特定的职业生涯规划课程，还需要将其融入其他课程及日常活动中，形成全方位的职业生涯教育项目。

🔗 相关链接

生涯教育是 20 世纪 70 年代美国生涯教育运动带来的产物，这成为当代美国教育最有影响的一次改革。美国实施的生涯教育是通过社会、学校的共同努力，帮助个人建立切合实际的自我观念，并借助职业生涯选择、职业生涯规划，以及职业生涯目标的追寻，实现与个人才能相适应的职业生涯目标。

自 1999 年首次提出生涯教育理念以来，日本政府始终强调针对青少年职业生涯各阶段发展特征建构系统化的生涯教育体系，并从人才培养目标与分阶段实践策略两个方面制定生涯教育人才培养方案。[1] 英国在 20 世纪 80 年

---

[1]　高静.从职业决策到社会自立：日本生涯教育及启示[J].高教探索,2021(9).

代颁布了一系列文件，强调职业教育和职业指导应成为学校课程的一部分。澳大利亚制定了"职业发展纲要"，对职业成熟程度、职业指导的内容、考试及评估等方面做出了规定，开发了大量的职业课程和教材。

职业生涯教育把学校教育、家庭教育、社会教育等有机地结合起来，实现了由社会共同培养人才，大大提高了人才的社会适应性，推动了社会的进步。

二、职业学校职业生涯教育的意义

（一）促使学生树立职业生涯目标的有效路径

职业生涯教育的目的是培育自我生涯设计的理念，并在不断学习生涯认知、生涯规划和生涯调整的过程中实现自我生涯的发展。从学生的职业生涯角度来看，职业生涯教育的目的是使学生实现与自身发展相适应的职业生涯目标，通过各种实践方式使学生获得职业生涯认知，包括对社会、对职业、对自身的认知。从学生的个人素质角度来讲，职业生涯教育的目的是把学生培养成具有较高职业素养的人，即养成一定的职业技能，培养积极的职业观、价值观、人生观，形成职业生涯规划能力，能够根据自身与社会现状规划自己的职业生涯，具有良好的职业道德、职业技能及创业精神、创业能力。职业生涯认知、职业技能、职业生涯规划能力是实现职业生涯目标不可缺少的条件。

（二）学校进行人才培养的关键内容

职业生涯教育可以使学生对社会、对职业、对自身的发展具有系统的认识与了解，培养学生的实践能力与创新能力，把职业与人生发展、社会进步有机地联系在一起，从而激发学生学习的目的性、积极性和自觉性；同时，职业生涯教育作为一种有效的指导性途径，能够有针对性地培养学生的职业技能、提高职业素养，为未来的职业愿景与人生价值的实现打下坚实的基础。

（三）班主任开展工作的重要组成部分

职业学校班主任工作职能的特殊性，集中体现在职业生涯教育中。职业学校必须对学生进行及时而适当的职业生涯教育。职业生涯教育的效果,不仅是衡量职业学校班主任管理水平和实绩的一个重要标准,而且直接关系到学生的职业生涯规划和将来的成才。班主任细致入微的工作可以更好地构建对学生开展职业生涯教育的平台。

第二节　职业生涯教育的内容

职业学校学生职业生涯教育包括认识自我、认识职业环境、提高职业规划能力、提升就业技巧四个方面的内容。

一、认识自我

了解自我、评估自我是一个人选择职业生涯的思索起点。职业生涯教育中认识自我包括四个因素:兴趣、价值观、能力和性格。兴趣反映了喜欢干什么,价值观决定了在工作中最看重什么,这两者共同构成了动力系统。能力决定了自身是否能够做,是效能系统。性格体现了个人是否习惯做、合不合适,是风格系统。

1. 兴趣

兴趣是力求认识或从事某项活动的心理倾向,通常所说的“喜欢做某事”,其实就是兴趣的外在表现形式。当指向与职业有关的活动时,兴趣就被称为职业兴趣。职业兴趣是人们对某种职业或者从事某种职业活动所表现出来的特殊倾向,直接影响今后对待自己所从事职业的态度和取得成就的大小。

按照霍兰德职业兴趣理论,人的职业兴趣可以归纳为六种类型,即实际型(R)、研究型(I)、艺术型(A)、社会型(S)、企业型(E)、传统型(C)。职业环境也可以分成相应的同样名称的六大类,人格与职业环境的匹配是形成职业满意度、成就感的基础。

相关链接

表7-1　霍兰德职业兴趣与职业环境对照表

职业兴趣类型	兴趣特征	职业环境
实际型(R)	① 愿意使用工具从事操作性工作 ② 动手能力强,做事手脚灵活,动作协调 ③ 不善言辞,不善交际	主要是指各类工程技术工作、农业工作 主要职业:工程师、技术员;机械操作、维修、安装工人,矿工、木工、电工、鞋匠等;司机、测绘员、描图员;农民、牧民、渔民等
研究型(I)	① 抽象思维能力强,求知欲强,肯动脑,善思考,不愿动手 ② 喜欢独立的和富有创造性的工作 ③ 知识渊博,有学识才能,不善于领导他人	主要是指科学研究和科学实验工作 主要职业:自然科学和社会科学方面的研究人员、专家;化学、冶金、电子、无线电、电视、飞机等方面的工程师、技术人员
艺术型(A)	① 喜欢以各种艺术形式的创作来表现自己的才能,实现自身的价值 ② 具有特殊艺术才能和个性 ③ 乐于创造新颖的、与众不同的艺术成果,渴望表现自己的个性	主要是指各类艺术创作工作 主要职业:音乐、舞蹈、戏剧等方面的演员、艺术家编导;文学、艺术评论员;广播节目主持人、编辑、作者;绘画、书法、摄影家
社会型(S)	① 喜欢从事为他人服务和教育他人的工作 ② 喜欢参与解决人们共同关心的社会问题,渴望发挥自己的社会作用 ③ 比较看重社会义务和社会道德	主要是指各种直接为他人服务的工作,如医疗服务、教育服务、生活服务等 主要职业:教师、保育员、行政人员;医护人员;衣食住行服务行业的经理、管理人员和服务人员;福利人员等
企业型(E)	① 精力充沛、自信、善交际,具有领导才能 ② 喜欢竞争,敢冒风险 ③ 喜爱权力、地位和物质财富	主要是指那些组织与影响他人共同完成组织目标的工作 主要职业:经理企业家、政府官员、商人,行业部门和单位的领导者、管理者等
传统型(C)	① 喜欢按计划办事,习惯接受他人指挥和领导,自己不谋求领导职务 ② 不喜欢冒险和竞争 ③ 工作踏实,忠诚可靠,遵守纪律	主要是指与文件档案、图书资料、统计报表之类相关的各类科室工作 主要职业:会计、统计人员;打字员;秘书和文员;图书管理员;旅游、外贸职员、邮递员、审计人员、人事职员等

霍兰德的理论体系认为,某一类型的职业通常会吸引具有相同人格特质的人,而具有相同人格特质的人对许多生活事件的反应模式也是相似的。霍兰德设计了六边形模型来解释六种职业环境之间的关系。在六边形模型上,任何两种职业类型之间的距离越近,其职业环境的相似度越高。

个体可能同时具备多方面的兴趣特征,不过会有一种占优势,其他相对较弱。六种职业兴趣类型(R、I、A、S、E、C)按顺时针方向排成六边形。两种兴趣类型间有相近、相斥、中性三种关系。其中,相近职业兴趣类型间的关系最紧密,共同点较多;相斥的兴趣类型间的共同点较少(如图 7-1)。①

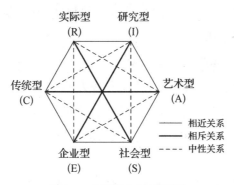

图 7-1　霍兰德的六边形模型

职业学校班主任需要引导学生发现自己的兴趣,在实践中不断尝试和探索自己内心向往的方向。班主任可以利用霍兰德职业兴趣测验,帮助学生明确他们的职业兴趣和能力专长,从而做出科学合理的职业选择。

2. 价值观

价值观是指一个人对周围的客观事物的意义、重要性的总评价和总看法,支配着人的行为、态度、观点、信念和理解等。

职业价值观是超越具体情境而在一系列与相关的行为和实践中进行判断和选择的标准,职业价值观的引领可以告诉人想从职业中获得什么,从而快速地做出职业选择。

_____

① 参见王兆明,顾坤华.大学生职业生涯规划[M].苏州:苏州大学出版社,2018.

职业价值观可以分为四种类型:外在型职业价值观、成长型职业价值观、利他型职业价值观和社交型职业价值观。

(1) 外在型职业价值观:强调在职业中获得外在奖赏,会把晋升机会、获取金钱、声望等作为追求的目标。

(2) 成长型职业价值观:强调在职业中获取乐趣、内心满足和职业素养等的发展,以个人能力提升为目标。

(3) 利他型职业价值观:强调在职业中可以服务他人、贡献社会,把帮助他人、为他人谋福利作为其职业目标。

(4) 社交型职业价值观:强调在职业中可以交朋友、与别人交流,把在工作中交朋友作为重要的目标。

职业学校班主任在指导学生价值观探索的时候,有两个工作要点:一是价值观的澄清,通过小组讨论、案例分析、游戏等方法启发学生思考自己的价值观。二是价值观的引导,班主任要通过各种形式帮助学生认识自己的人生,以及个人与国家、社会、他人的关系,树立积极向上的价值观。

3. 能力

能力是顺利、有效地完成某种活动所必须具备的心理条件。能力的发展会受到素质、知识和技能、教育、社会实践和主观努力等因素的影响,因此能力的发展会出现个体差异,如能力类型的异同、能力发展的早晚等。

职业能力是人们从事某种职业的多种能力的综合,表明一个人在既定的职业方面是否能够胜任以及在该职业中取得成功的可能性。[①] 我们可以把一个人的能力区分为天赋能力和通用技能两类。天赋能力与创意思维密切相关,包括构造视觉的能力、观察力、图案记忆力等。通用技能更多是个体通过后天学习而获得的综合的、可以迁移的能力,如职业规划、职业素质、团队精神、沟通力、执行力、组织管理能力等,这部分能力具备更大的提升空间。

---

① 参见石洪发.大学生职业生涯规划[M].北京:北京理工大学出版社,2020.

相关链接

多元智能理论

哈佛大学教授霍华德·加德纳建构了多元智能理论。加德纳认为,每个人至少有八种相对独立的智能,包括语言智能、数理智能、空间智能、音乐智能、身体智能、人际智能、自然智能、内省智能。这八种智能在个人的智力结构中占有同等重要的地位,在每个人身上以不同方式、不同程度组合在一起。我们并不能做到每种能力都很突出,关键的问题是我们得知道自己擅长什么、不擅长什么,这些与我们目标职业的能力要求匹配度如何。

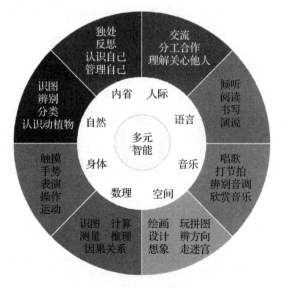

图7-2　多元智能理论

能力没有好坏之分,这八种能力存在于每个人身上,但人们并不能做到每种能力都很突出。职业学校班主任需要充分认识到学生身上所蕴含的优势与不足,根据学生能力的不同组合做出不同的职业选择。

4. 性格

心理学界一般将性格定义为:表现在人对现实的态度以及与之相适应的、习惯化的行为方式方面的个性心理特征。性格并无好坏之分,但性格类型与职业类型的匹配度,却是事业成败的决定性因素之一。

　　职业性格是人们在长期特定的职业活动中形成的与职业相联系的、比较稳定的个性心理特征。人们通常从能量倾向、接受信息、决策方式和行动方式四个方面对性格进行全面考察,科学划分性格类型。

 相关链接

MBTI 性格类型系统

　　现代心理学的性格划分最早由瑞士著名心理学家提出,随后美国心理学家凯瑟琳·布里格斯和伊莎贝尔·布里格斯母女二人加以发展,将性格偏向的维度分为 4 类,可组合为共计 16 种性格类型。这也就是人们所熟知的MBTI 性格类型系统。

表 7-2　MBTI 性格类型系统

划分维度	划分依据	具体分类	性格特征
能量倾向	个体能量的流动方向	外倾(E)	注重与外部世界的交流,通过听、说等获取能量
		内倾(I)	注意力主要集中于自己的内心世界,从个人的思想、情感、反思中获得能量
接受信息	个体获取信息的感知方式	感觉型(S)	倾向于通过感官去关注现实的、直接的、可观察的事件,然后才开始研究信息背后的模式或理念
		直觉型(N)	喜欢思考事件将来的各种可能性,注意力集中在事实背后的内涵及事物之间的内在联系上
决策方式	个体对信息进行处理的决策方式偏好	情感型(F)	主观地评估信息对人产生的影响,以及可能产生的结果
		思考型(T)	客观地评估信息对结果的影响,以及可能产生的结果
行动方式	个体对与周围世界接触方式的选择	判断型(J)	表现为以一种有序的、有计划的方式对生活加以控制,期望看到问题被解决,习惯并喜欢做决定
		知觉型(P)	偏好于推迟决定,在收集更多的信息后再做决定,喜欢变化,对不确定或意料之外的事情应对自如

MBTI性格测评可通过专业网站进行。这16种性格类型的具体特征与适合的职业各不相同，可作为生涯规划的参考。

但请注意，虽然性格有类型之分，每个人的性格也都有倾向性，但并不是说每一个人只有单一的一种性格。其实，人的性格是复杂的，不是绝对的，可能某种性格多一些，相对的另一种性格少一些。在不同的人生阶段，同一个人的性格也可能产生一些变化。性格类型没有好坏，每一种性格类型都有其价值和优点，也有其缺点和不足。生涯教育需要指导学生清楚地了解自己的性格优势和劣势，处理好性格和工作的关系，发挥自己的性格特色。

兴趣、价值观、能力、性格这四个因素在个体的职业生涯发展中发挥了不同的作用。班主任在工作中，要培养学生积极向上的人生观，明确的人生航向；培养职场兴趣，实现职场与性格匹配，以求职场的稳定和协调发展，不断提升自己的能力，让事业驶向成功的彼岸。

在日常的职业生涯教育中，应把握以下四点。

（1）兴趣是可以培养的。应在让学生了解职业兴趣的种类和兴趣对从业重要性的同时，强调职业兴趣既可以在学习专业知识和技能的过程中培养，更能够在未来的职业生活中得到强化。

（2）性格是可以完善的。一些职业对从业者性格有特殊要求。性格有许多"天生"的成分，但并非一成不变，人群中有许多因从事某种职业而改变性格的实例。

（3）能力是可以提高的。由从业能力和关键能力组成的综合职业能力，不论是专业能力，还是社会能力，既可以在学习生活中得到提高，也可以在职业生活中得以强化。传统意义上的职业能力，如一般学习能力（包括观察力、注意力、思维力等）、言语能力、算术能力、空间判断能力、形态能力、手眼协调性、手指灵活性等，均可以在知识学习、技能训练、实践活动中得到提高。

（4）潜能是可以挖掘的。每个人都具有未被发现的潜能，特别是在应试教育环境中受到压抑的学生，可能具有更多未被发现的潜能。这些学生进入职业学校以后，给予恰当的引导和合适的环境，潜能就能变为显能，在职业生活中表现出卓越的才华。

除了上述四点外,班主任应该引导学生根据自己的个性,在本专业对应的职业群或相关职业群中选择适合自己的职业。职业群中有许多职业,也有很多岗位,其中总会有比较适合自己的职业和岗位。学生通过不断学习、尝试和自我调整,能够找到适合自己的职业。

二、认识职业环境

职业环境是指在时间和空间上以直接或间接的方式对就业起激励、约束、导向作用的主客观和社会发展因素的总和,是与学生择业有关的政治、经济、文化等社会环境。

职业环境可以分为社会客观环境和组织环境。

表 7-3　职业环境分类及具体内涵

分类			具体内涵
社会客观环境	政策环境	就业政策	国家制定的行动准则,是学生就业应遵循的基本规范
		就业制度	国家实施的就业准入制度、职业资格证书制度等
		学业深造	职业学校学生进一步提升学历层次的政策支持
	经济环境		一个国家、地区一定时期内的经济状况,直接影响毕业生的劳动就业状况
	个体成长环境		受教育的环境,包括家庭教育、义务教育和职业教育
	社会心理环境	社会风尚	社会流行一时的风气,包括服饰、语言、娱乐、道德、教育等
		家庭意见	父母、亲友对子女择业的影响
		教师作用	教师对学生就业观念、就业意向和择业行为产生的影响
组织环境	企业实力		企业在社会中的地位、威望,发展领域、发展前景、战略目标等
	企业文化		企业在日常运行中表现出文化形象,包括企业的管理制度、用人制度、培训制度等

职业环境分析可以帮助学生了解各类职业环境对职业发展的要求、影响及作用,对各种影响因素加以衡量、评估并做出反应。班主任应带领学生关注当前热点职业及其发展前景,关注社会发展趋势对学生意向职业的影响等。

职业学校班主任首先要帮助学生认识各类职业,了解职业与社会、职业与人生等相关的社会知识;其次要帮助学生正确认识并分析自己所处的就业环境,了解社会中与自己所学专业有关的职业发展的现状与未来的发展趋势,掌握职业发展对人才素质发展的要求,在职业环境中寻找有利因素,避免不利因素,制订出符合社会实际的择业目标。

三、提高职业生涯规划能力

职业生涯规划是个人职业发展过程的必然选择,职业学校学生的职业生涯规划是指学生对自己的兴趣爱好、所学专业和未来从事职业的认知程度,是对未来的职业发展道路做出设想和规划的过程。

从学生的职业生涯角度看,职业生涯规划的目的是使学生实现与自身专业发展相适应的职业生涯目标;从学生的个人素质角度看,职业生涯规划的目的是把学生培养成具有较高职业素养的人。事实上,学校的一切课程与教育活动都是为学生的终身发展服务,帮助学生进行职业生涯认知、确立生涯目标、选择职业生涯角色、寻求最佳生涯发展途径。

职业学校班主任首先需要帮助学生加强对自身的了解与认识,找出自身在性格、能力等方面的优势与不足;其次要进行环境分析,把握社会发展的大趋势以及所学专业在社会上的需求形势;最后要让学生明确“我能干什么”“社会可以提供我什么机会”“我自己选择干什么”和“我怎么干”等问题,体现人尽其才、才尽其用,切实提高学生职业生涯规划的能力。

四、提升就业技巧

就业技巧的指导要从三个方面进行:如何寻找就业职位、如何写简历和如何面试。

(一) 如何寻找就业职位

就业首先要面对的问题是从哪里获得职业信息。职业信息不仅指用人单位的招聘信息,还包括各种媒体传递的经济发展形势报告和趋势预测、国家或地区的产业和就业政策、政府机关和事业单位人事机构改革方案、人力资源市场的供求状况等。求职者只有及时掌握大量的职业信息,眼界和思路才会开阔,才能知己知彼、不失时机地进行择业。

搜集职业信息主要有以下途径:① 人际关系网络:通过熟识的人获取信息,如家人、亲戚、朋友、同学、同事等;② 招聘网站:通过网络搜寻用人单位的招聘信息,投递简历;③ 人才招聘会:包括校园招聘会、企业招聘会、地方招聘会等,用人单位与求职者可以面对面交流洽谈;④ 人社部门网站:通过教育分配、劳动人事等部门获取信息,这些部门对单位的用人需求情况比较了解,信息准确可靠,并具有相当的指导性。

🔗 相关链接

表 7 - 4   国内部分招聘网站

招聘网站	主要功能
智联招聘	综合性求职网站,信息发布、简历投递、就业指导
前程无忧	
中华英才网	
猎聘网	
应届生求职网	校园招聘网站,信息发布、简历投递、就业指导
211 校招网	
58 同城招聘	区域性求职网站,信息发布、简历投递

班主任要教育引导学生树立正确的择业观:首先,要做好必要的求职准备。在校学习期间要关注学生知识、技能、经验的积累,既发展专业所长也要注重综合素质;其次,要树立务实的观念。面对"无业可就"和"有业不就"的状况,班主任要纠正学生的职业偏差,宣传务实的就业观念。

（二）如何写简历

简历是求职的重要材料之一，是沟通能力的体现。一份卓有成效的个人简历是开启事业之门的钥匙。简历是自我介绍的工具，目的是展现自己，让用人单位感到自己是最合适的人选。

1. 简历的内容

（1）求职意向：写明自己想求职的行业、职位。

（2）个人信息：包括姓名、性别、出生日期、籍贯、民族、婚姻状况、联系方式、证件照等。

（3）教育背景：按时间顺序列出曾就读的学校、所学专业和主要课程，以及参与的比赛、活动及所获荣誉。

（4）工作经历：按时间顺序列出在校期间参与的学生工作、企业实践等。应写明每个职位的职责，突出自己所发挥的作用。

（5）其他：包括个人特长爱好、所获得的技能证书、自我评价等。

2. 撰写简历的技巧

（1）简历要简洁明了。简历应该限制在一页以内，展现你最大的工作优势，让用人单位对你具有何种能力、具备哪些素质一目了然。

（2）言辞简短有力。简历中要避免过于新奇华丽的辞藻，可以运用动作性短语使语言鲜活有力。

（3）简历不要重复使用。在投递简历时，需要针对不同企业、不同岗位修改简历内容，有所侧重。

（三）如何面试

面试是求职者与用人单位直接的交流，不仅考察求职者对工作业务的掌握程度，也注重考察求职者在沟通表达、团队合作、社交礼仪等方面的综合素质。

1. 面试准备

心理准备：要充满自信，展现自己良好的心理素质。

问题准备：模拟可能会遇到的问题，包括与岗位相关的专业知识、用人单位的企业文化、主营业务等，做到知己知彼。

材料准备：准备好自己的应聘简历、毕业证书、学位证书、技能证书、荣誉证书等，简历的份数可以适当多准备一些。

2. 面试技巧

回答问题：① 要听懂问题，切忌答非所问；② 要把握问题重点，条理清晰；③ 要适当提出自己的问题，通过提问的方式进行自我推销。

薪资谈判：① 掌握好薪资谈判的时机，一般是在用人单位基本决定录用你时；② 根据自己的工作经验、实际能力合理进行薪资谈判，在弹性区域内争取高工资。

面试禁忌：① 忌好高骛远，不切实际；② 忌行为散漫，毫无礼貌；③ 忌弄虚作假，不实语言；④ 忌过分谦虚，胆小畏缩。

班主任可与学校的就业指导教师相配合，组织有针对性的就业面试模拟训练，增强学生的自信心和就业竞争力。

第三节　职业生涯教育的方法

当前，职业学校的职业生涯教育还处于探索阶段，因此，职业学校班主任要在掌握职业生涯教育实施原则的前提下，正确采取针对学生的职业生涯教育方法。

一、职业生涯教育的基本原则

在职业生涯教育实施过程中，职业学校班主任要了解以下原则，并做好自己的工作，把握自己的工作内容和重点。

1. 渗透性与整体性相结合

职业生涯教育不是仅凭一门课程或一项活动就能实现的，它需要学校教育各个组成部分的共同配合才能完成。只有在各科课程内容、教师的教学方式和家庭、校园文化、社区、实习场所、学校管理等各个方面共同配合下，才能取得良好的教育效果。学生的职业知识、职业技能、职业情感和职业生涯规划等方面是有机地联系在一起的,在实施的整个过程中都要考虑学生整体素质的发展。

2. 主体性与指导性相结合

学生的人生规划,是在学习活动中逐步形成、发展和得以提高的,并非教师的单向灌输即可达到。因此,职业生涯教育最重要的就是让学生主动积极参与,通过积极的教育实践活动获得提高,在这个过程中,班主任主要起指导和激励其发挥主体性的作用。

3. 普及性与差异性相结合

班主任既要关注面向全体学生的职业生涯知识的普及与教育,又要关注和尊重学生个体之间的差异,使职业生涯教育真正服务于学生个体生命的发展。学校可设立“导师制”,让更多的学生与教师在面对面的交流中完成生涯设计。

4. 认知与开发相结合

职业学校学生正处于职业探索阶段,这个阶段主要是自我探索,并对各种职业选择进行权衡。这个阶段的职业教育是学生获得专业知识、专业技能,形成较稳定的个人职业兴趣的关键。因此,我们既要帮助学生进行必要的职业生涯认知,又要注重引导学生在不断体验自我潜能开发的过程中领悟职业生涯发展的积极意义。

职业生涯教育是一项系统工程,职业学校需要明确自身的教育目标,充分挖掘有利于学生知识增长、能力提高的各种社会资源,调动企业对职业生涯教育的主动性与积极性,逐步形成职业生涯教育的学校文化氛围与实践环境,以开拓职业学校职业生涯教育工作的新格局。

二、职业生涯教育的方法

职业学校班主任在职业生涯教育的实施过程中,必须把握以下方法。

(1) 转变教育观念,树立以就业创业和终身学习的教育理念。对学生而言,在选择就读职业学校时,就已经迈出了职业生涯发展的第一步,做好职业规划至关重要。在“大众创业、万众创新”的新时代,班主任进行职业生涯教育时,必须从传统的就业指导中解放出来,以学生的就业创业和终身学习为目的,不仅需要教授职业知识与技能,更需要教育学生树立正确的择业观,提高对社会的适应性。

(2)改革教学方式,树立理论联系实际的教育观。职业生涯教育必须理论联系实际,准确把握就业市场上对职业学校学生的需求及发展趋势,从理论与实际的结合上培养学生求职的基本技能。在教学过程中,班主任要突出"以做促学、以学促教、以教促做"的教学模式,在教学中引入真实的职业项目,帮助学生做好由"学校人"到"职业人"的角色转换。

(3)丰富教学活动,重视职业生涯班会课的组织与实施。班会课是班主任进行职业生涯教育的主要阵地,班主任可以围绕"自我认知、学习规划、职业规划、了解就业信息"等主题,设计一节、一个主题系列或是一个学期的主题班会课,以班会课为主体融通班级的各项职业生涯教育"小活动",从而形成班级的生涯教育"大项目"。① 此外,可以采取主题宣讲、专题讨论、社会实践等多种教学活动,帮助学生进行生涯规划设计,引导学生制订个人近期、中期、长期生涯发展目标,并依据个人所学专业、所具备的能力以及本身的志向、愿望、兴趣和社会需要,把个人愿望与现实世界、社会需要很好地结合起来。

(4)加强教师培训,提高教师职业生涯教育的意识与能力。把职业生涯教育渗透于各学科教学中,离不开职业学校班主任自身的职业生涯意识,因此,在师资培训中必须从社会发展的需要与学生发展的需要出发来提高教师对职业生涯教育重要性的认识,同时,要培养实施职业生涯教育的专、兼职教师,提高他们的教学业务素质,掌握职业生涯教育所需的相关知识、职业指导方面的技能,了解当前社会就业状况与毕业生的需求,积累职业生涯教育的优秀个案,提高自身的理论与实践水平。

(5)加强宣传力度,争取社会对职业生涯教育的支持与参与。要发动全社会来关心与支持学生的成长与发展,邀请社会上不同行业的人士,特别是相关企业人员来职业学校介绍本行业的发展趋势、就业前景以及对人才的要求等,让学生对所学专业有更长远、清晰的认识。此外,应利用固定时间接受学生的咨询,定期组织学生进企业的职业体验活动,以培养学生职业生涯规划的能力。

---

① 李伟胜.班级管理:第二版[M].上海:华东师范大学出版社,2021.

🔗 **相关链接**

表7-5　开展职业发展教育活动①

序号	活动形式与内容	班主任活动	企业活动
1	班级职业认知教育活动总体设计	调查学情,结合学校工作安排、校企合作模式,和专业教师共同做好班级年度/学期活动计划	共享企业职业标准、用人要求;反馈培养效果
2	职业生涯教育就业培训指导	跟进职业生涯规划、就业指导课程效果,组织个人谈话促进教育效果,根据学生反馈,组织答疑解惑	通过企业参观、专题讲座的方式提供职业信息
3	专业入学教育周	开展职业素质培训,使学生形成正确的自我认知	介绍行业发展的机遇与挑战
4	经验分享会	指导、收集学生职业困惑,与分享者沟通分享内容,搭建沟通平台	邀请优秀员工或贴近学生学情的在职员工,分享经验,与学生交流互动
5	企业参观	组织学生参观企业	确定参观路线,介绍企业文化;设计互动形式、安排接待人员
6	企业专家进校园	指导、收集学生职业困惑,搭建沟通平台;联系专业教研室,聘请企业兼职教师,沟通教育内容	鼓励优秀员工任兼职教师,有计划地定期开设教育课程或组织活动
7	社会实践	鼓励学生积极参加专业的社会实践,引导学生做好实践小结	邀请学生参与完成部分企业项目;指导学生工作
8	专业技能竞赛	动员学生参赛,做好参赛心理辅导,帮助学生形成正确的自我认知;联系专业教师,提供专业信息、职业信息	提供实践平台,共享职业标准;共享实践案例;担任评委;担任教练
9	跟岗、顶岗实践	动员学生积极参加企业实践,调整职场心态,落实学生安全管理责任;与企业保持沟通,协助指导	全程指导,帮助学生制定职业发展规划;进行考核评价与安全管理

---

① 技工院校班主任工作实务编委会. 技工院校班主任工作实务[M].北京:中国劳动社会保障出版社,2020.

💡 问题与思考

1. 职业学校学生的职业生涯教育应重点把握哪些内容?

2. 在职业学校的不同年级,你认为职业生涯教育各有哪些侧重?

3. 你会采取哪些措施提高对学生职业生涯教育的实效性?

第八章

职业学校教育力量的整合

【案例 8 - 1】

　　深圳市某职业高级中学顺应时代发展机遇,建立健全家庭、学校和社会协同育人机制,着力推进家校联动、家校共育,对学生进行心理健康教育和职业生涯指导教育,丰富家校共育内涵,不断提升学生"发现自己、发展自己"的"双发"能力,助力学生实现人生"出彩"。近年来,学校先后获得"全国中小学影视教育实验学校""全国心理危机干预能力建设示范学校""广东省心理健康教育特色学校""深圳市教育工作先进单位""深圳市文明风采先进组织单位""区教师培训、家长教育'双优'学校""区文明校园"等多项荣誉称号,为深圳乃至全国职业学校发展探索了新路径。

　　为更好地服务学生成长,学校成立家长学校,把家庭教育作为学校教育的延伸和补充,纳入学校教育的整体规划中。为提升家长、学校在家校共育中的育人实效,学校通过订阅期刊、开展专题读书会等形式,提高教师集体授课及自学指导能力。学校组织德育干部、心理教师、班主任参加各级各类家庭教育相关培训,提升教师家庭教育指导能力。[①]

　　学生是社会生活中重要的组成成员,他们不是生活在真空之中,而是生活在由学校、家庭和社会构成的复杂的社会环境之中。社会生活中的每种因素都会对学生产生一定的作用和影响,这种影响既可能是正式的、积极的,也可能是非正式的、消极的。因此,学生成长因素的复杂性决定了学校教育必须协调各种教

---

①　汪大木.家校共育为新时代职业学校发展助力[N].中国教育报,2022 - 11 - 10.

育力量,有计划、有目的、有组织地对学生施加正式的教育影响,尽量减少负面的教育影响,从而促使学生健康、快乐地成长。

教育力量的整合是班主任为了实现班级管理目标,使用有效手段,协调各种教育力量,从而形成教育合力的管理活动。所谓教育合力,是指学校、家庭、社会等各方教育力量有机联系、相互促进所形成的影响学生成长的教育力量。

在教育合力形成过程中,学校教育起着主要作用,班主任则起着关键作用。教育力量的整合既是班主任工作的任务、内容,也是班主任做好工作的基础和前提。本章主要从职业学校校内教育力量的协调、与家庭教育力量的协调,以及与职场教育力量的协调三个方面进行阐述。

第一节　校内教育力量的协调

在职业学校中,班主任必须把各科教师、学校各级教育组织联系起来,形成促进学生成长的校内教育合力。协调校内教育力量主要包括以下几个层面的内容。

一、协调校内教育部门的教育力量

校内教育部门的教育力量主要指学校党组织、团委、工会、学生会、社团等的教育作用。班主任不仅需要充分发挥班集体的教育作用,还要善于协调学校内部其他教育部门的教育力量。为此,班主任应从以下几方面做好协调配合工作。

(一) 选派优秀共青团员参加学生业余党校的学习

职业学校应以学生业余党校为主要依托,重视对优秀共青团员的先进性培养,把其中优秀的学员吸收到党内来,这不仅是贯彻党的教育方针、做好职业学校德育工作的需要,更是贯彻落实习近平新时代中国特色社会主义思想的一项重要举措。班主任在选择学生进入学生业余党校学习时,一定要派送先进、优秀和积极上进的学生,这样才具有代表性、先进性和示范性,才能起到良好的榜样示范作用。

发展学生党员是上级党组织比较慎重的事情,班主任在发展学生党员时要做好教育培养工作,对于特别优秀的学生,应积极向学校党组织汇报,主动介绍、认真考察、积极培养,努力引导学生向党组织靠拢,这既是对优秀学生的激励,也是对其他同学的鞭策。

(二) 考察积极进步的学生参加学生团校学习

学生团校在加强思想道德建设、帮助学生树立理想信念、培养团员意识、促进学生发展成长、提高综合素质等方面发挥着重要作用。班主任要积极与学校团委联系,把优秀的团干部输送到学生团校参加活动,发挥优秀团干部的带头作用,积极开展班级团支部的工作;选送班级中团干部、团学组织主要学生干部、团支部委员和优秀共青团员等进入学生团校培训班学习,帮助他们树立正确的世界观、人生观和价值观,以提高基层团学组织的核心竞争力和团学干部的综合素质为重点,进一步增强班级团学组织的凝聚力和战斗力。

(三) 选送优秀学生干部进入学校学生会工作

学生干部是学校组织和实施各项学生工作的中坚力量,是学校思想政治和管理工作的有力助手,是联系教师和学生的桥梁和纽带。特别是在职业学校,学生干部是组织课堂教学的领头羊,是遵守日常规范的排头兵,是开展学校活动的急先锋,是搜集管理信息的扫描器。学生干部自身思想觉悟的高低和工作能力的强弱,不仅直接关系到能否肩负起老师及学校交给的重任,而且也影响到能否带领班级其他同学一起进步和成长。

在培养学生干部方面,班主任要着重培养学生干部的理想信念、人格品质和责任感等,加强对学生干部自我教育和自我管理能力的培养。在培养学生干部的基础上,班主任要积极选送班级学生干部队伍中的优秀学生干部进入校学生会工作和学习,以学校的中心工作和活动来带动班级工作和活动的开展。

二、协调任课教师的教育力量

各任课教师对学生的教育影响要做到协调一致,首先要形成一个团结、和谐的教师集体,而这个教师集体的形成及作用的发挥在很大程度上依赖于班主任的作用。因为班主任介于学生与任课教师之间,是沟通教育教学和反馈信息的中转站。为此,班主任需要做好以下几方面的工作。

(一) 团结依靠任课教师,形成班级教师集体

首先,要以共同的目标统一思想。班主任要同任课教师取得联系,共同研究,争取任课教师参与班级集体目标的制定,努力使班级集体目标与任课教师的教学目标相融合,并按照集体目标的要求分工合作,开展教育教学活动,以形成整合一致的教育力量。

其次,要以服务的态度协调教学。班主任除了定期召开班级任课教师会议外,还要重视日常的协调工作,及时纠正教学中可能出现的"撞车"现象和其他偏离目标的行为。

再次,要以"润滑剂"的功能协调好人际关系。班主任要加强任课教师之间的团结协作,及时沟通教师间的信息,开展思想交流,以增进了解,密切情感,调解教师之间可能出现的矛盾。这就要求班主任尊重、信任、关心、理解每一位任课教师,支持他们的工作,尤其是对那些刚走上教学工作岗位、经验不足的年轻教师,对他们可能出现的错误要谅解,并帮助他们进步。这样班主任才能得到任课教师的信任和支持。

最后,要满足班级任课教师的合理需要。班主任应该协助每位任课教师搞好教学工作,在班级中形成尊师爱生的风气,注重树立任课教师在学生中的威信,这样任课教师才会积极关心班级的教育管理工作,促进学生的健康成长,班级教师集体才能成为一个有吸引力的集体。

(二) 协调任课教师与学生关系,形成和谐共生关系

1. 召开班会,介绍任课教师情况

每一位任课教师都有自己独特的教学风格,这是教师教学思想、教学艺术的综合体现。班主任应该向全班学生介绍每位任课教师的情况,让学生在课前对教师的讲学理念、教学习惯、教学特长、教学态度、教学年限和以往的教学成绩等信息有大概的了解,便于师生双方能尽快地相互适应。对那些刚刚走上教学工

作岗位、教学经验不足、教学水平有待提升的教师,班主任更要做好班级学生思想工作,要求学生尊重教师的劳动,认真配合任课教师完成教学工作,互相学习,互相成长。班主任绝不能只注重树立个人威信,在学生面前议论任课教师,甚至有意贬低任课教师,这些做法是极不恰当的。

2. 召开班级任课教师会议,介绍本班学生情况

首先,在开学前,班主任要向任课教师做班级情况的综合介绍,让任课教师对学生各方面的基本情况有概括性了解;介绍本学期班级工作计划及向任课教师提出的要求,目的在于帮助任课教师制订出针对本班特点的教学计划。其次,要协调各任课教师布置的作业量。班主任在调整各科作业量和测验次数上应起到调度作用,同时要统筹安排好学生的学习和辅导,避免几位任课教师挤用同一时间授课,造成学生无所适从,也会造成教师之间关系的紧张。

3. 召开师生座谈会,交流教与学的情况

单独召开班会介绍任课教师情况,以及班级任课教师会议介绍学生情况,是班主任帮助学生了解教师和任课教师了解学生的一种手段,但由于要通过班主任的中介作用,有可能影响师生之间信息交流的准确性、全面性。因此,为了避免这一矛盾的产生,班主任还应该召开由任课教师和学生共同参加的座谈会,通过师生面对面的交流,保证师生间信息交流的准确性、全面性。此外,还能促进师生之间的相互了解,沟通师生之间的感情,有利于尊师爱生风气的形成。

4. 邀请任课教师参加班级活动

班主任可以通过让学生邀请任课教师参加班级活动,来增进师生之间的相互了解和情感,优化师生关系,巩固班级教师集体。如邀请任课教师参加班级各种主题班会活动(如新年联欢、教师节庆祝活动等);根据每位任课教师的情况,请他们做专题报告,接受学生采访等。班主任在组织学生开展课外活动时,要努力争取任课教师的支持,例如邀请语文教师指导班级的读书活动及班报、黑板报的编写活动等,请数理化教师指导兴趣小组活动,请专业教师指导专业技能训练和竞赛,与专业教师合作开发创新作品等。

【案例8-2】

沟通举隅

当班主任,经常会遇到这样的事,比如在有些课堂上,任课教师发现学生违纪,管教时学生不服,老师就把学生带到办公室,或"挟"班主任之"威"当面训斥,或是"告状"之后交班主任处理。结果师生之间思想隔阂、关系紧张,不利于班集体建设。如何沟通师生感情? 班主任如何充当好沟通任课教师与学生联系的桥梁和纽带? 我的体会有如下几点。

一是动之以情。一天上午,我正在备课,外语老师把学生小朱推进办公室,大声嚷道:"你找你的班主任把事情说清楚! 否则,我的课你就别想上!"随后愤愤离去。小朱也回敬了句:"不稀罕!"面对这种局面,我待小朱情绪稳定后问其原因。小朱理直气壮地说:"老师做错了事,还发脾气,真不讲理!"原来老师在黑板上板书时把"现在完成时"写成"现在过去时"。小朱嘀咕说:"现在怎么就过去了?"引得周围的同学哄笑起来,老师不知其因,批评了小朱,小朱不服,便与老师顶撞起来,于是老师就把小朱推进了办公室。我经过调查,事实确实如此。于是我先找外语老师交换了意见。得到老师的理解后,我找到小朱说:"'人非圣贤,孰能无过。'老师在教学中,精神高度紧张,写错字是难免的。如果我们直接举手指正,老师不但不会批评,还会衷心地感谢。而你在下面嘀咕,引得同学们发笑,不仅对老师不礼貌,还影响了正常的教学秩序。这是不应该的。我找外语老师谈过,他承认自己当时态度不好,正准备找你道歉呢。"听了我的话,小朱点了点头。课外活动时,小朱找到外语老师承认了错误,老师也同小朱交换了意见。两人的紧张关系融洽了。

二是晓之以理。去年开学的第二天,数学老师把学生小阮带到我面前,说:"郑老师,这个学生作业不完成,还拿别人的作业来抵账! 嘴还挺硬,干脆赶到别班去。"看到又噘嘴又瞪眼的小阮,我真想痛斥一番。后来我得知小阮的作业是被出差的爸爸锁着,怕老师批评,便拿别人的作业来交。我找到数学老师,讲清了情况,诚恳地说:"学生出现了问题,应该批评教育,但我们一定要弄清情况,根据具体原因去想对策。在批评学生时,态度严肃是对的,但我们一定要注意沟通方式,否则,即使学生真有错误,他也是不会心服的。如果批评错了,将严重影响师生关系。"听了我的话,数学老师主动找到小阮,诚恳地与之沟通。后来,数学老师经常辅导小阮,小阮也经常到办公室找老师求教。期末考试中,小阮的数学成绩名列全班第二。

⊘ 相关链接

八种不受任课教师欢迎的班主任行为

一,经常向任课教师诉苦,见人就摆自己的一大堆困难,而自己又无法解决,对任课教师的建议又不予采纳,不予关注。

二,经常唠唠叨叨,把自己工作的重要性抬高到不适当的位置,不断重复那些无聊的见解,还自以为那些见解是不可触犯的金科玉律。

三,言语单调,喜怒不形于色,对任何事情都做出城府很深的样子,漠然而毫无情绪上的反应。

四,态度过分严肃,不苟言笑,一副道貌岸然之态。

五,过分孤傲、悄然独处,既不参加别人的活动,也不主动与人沟通。

六,反应过激,浮夸粗俗,满口俚语粗言。

七,过度自我中心,刚愎自用,不断向人诉说自己的生活琐事,夸耀个人经历,只管说自己感兴趣的,不管别人的感受和反应。

八,过分热衷于取悦学生,讨好上级,抹杀任课教师的成绩,以博得上下好评。

作为班主任,如果你发现自己身上有与上述行为类似之处,应当及时校正。

第二节　与家庭教育力量的协调

《中华人民共和国家庭教育促进法》将家庭教育定义为父母或者其他监护人为促进未成年人全面健康成长,对其实施的道德品质、身体素质、生活技能、文化修养、行为习惯等方面的培育、引导和影响。

家庭是学校之外最重要的教育场所。家庭教育是重要的校外教育力量之一，有着许多学校教育所不能替代的特殊功能。

班主任协调家庭教育影响的途径和方法有以下几种。

一、深入全面地了解学生家庭特点

家庭是社会的缩影，许多社会现象必然在家庭中有所反映。因此，班主任必须全面了解学生家庭环境，重点是了解学生的家庭关系，家长的职业、思想、行为和对学生的教养态度。如目前我国离婚率急剧上升，而在离异家庭里，孩子是最大的受害者。父母的亲情是孩子成长的阳光、雨露，离异家庭的孩子被无辜地剥夺了很多成长的营养。风雨飘摇的家庭，因无暇顾及孩子的教育、情感，致使孩子形成一些不良的性格特点，如感情封闭、攻击他人、性格倔强、感情淡漠、心智早熟等。因此，班主任对于特殊家庭的孩子，应该给予特别的关爱。

二、积极寻求与学生家长的联系

班主任要主动与家长联系，向家长及时沟通学生在校期间的思想情绪、学业状况、行为表现和身心发展等情况，同时向家长了解学生在家中的有关情况。这既是关心和热爱学生的表现，也是共同全面了解学生情况、协调教育力量的需要。因此，这项工作必须成为经常性的工作，而不是等学生出了问题，才向学生家长告急或告状。许多家长之所以把教师的通信，尤其是家访视为"不祥之兆"，原因就在于联系的偶然性、突发性。

班主任与学生家长联系的方式有很多，要积极创新日常沟通途径，通过家庭联系册、电话、微信、邮件等方式，保持学校与家庭的常态化密切联系，帮助家长及时了解学生在校日常表现；班主任要认真落实家访制度，要带头开展家访，鼓励任课教师有针对性地开展家访。

1. 家访应注意的问题

所谓家访,是指为了协调学校与家庭的教育步调,统一学校教育与家庭教育对学生的要求,促进学生全面发展,班主任代表学校对学生家庭进行的具有教育性质的访问。家访是学校与家庭密切联系的重要途径。要达到预期的家访目的,必须注意以下几方面的问题。

(1) 要有家访计划,并根据学生家庭特点,确定家访时间。为了使家访规范化,班主任要根据学校和班级工作安排,制订定期家访计划,选择固定的日期作为家访的时间,以使家长和学生有充分的思想准备,也使班主任工作有所收获。一般来讲,家访计划可分为两类:第一,学期家访计划。学期家访计划根据学校和班级工作计划制订,主要内容包括:本学期家访目的、要求、任务、家访时间、家访步骤、家访方法、家访技能准备(如社交能力、表达能力、亲和力、感染力、说服力)等。第二,个别家访计划。个别家访计划主要针对本次家访的性质和特点而定,一般包括:本次家访的目的、任务、要解决的问题、注意事项、方法和能力准备等。不论什么计划,一要制订得尽量具体详细,易于操作;二要针对性强,最好一次解决一个中心问题或完成一项中心任务;三要留有机动和灵活反应的余地。任何计划都是为了解决现实问题,而不是束缚手脚的教条。计划常常赶不上变化,应该根据不断变化的情况,具体问题具体分析,灵活机动地处理即发性问题。因此,再好的计划也只能作为实际家访时的行动脚本供参考之用。

(2) 明确家访目的。即主要解决什么问题。每次家访,班主任都要明确要达到什么目的,目的不明,则家访易陷入盲目性,谈话无主题,东拉西扯闲聊一通,不着边际,既不解决什么问题,也没有什么意义,还耽误家长的时间,造成不良影响。其实,即使一般性家访也是有明确目的的。概括地讲,双方互相认识,加强了解,沟通情感,争取家长配合学校的工作,形成教育合力等。具体来讲,是让家长对班主任的工作态度、工作方法、教学水平有所了解,对自己孩子在校的表现有所了解,班主任也可借助家访了解家长的文化水平、教子方式、亲子关系、家庭基本状况、学生在家里的表现等。

(3) 明确家访内容。家访内容一般主要有三大方面:① 了解学生在家里的表现,介绍学生在校情况,共同研究教育方法;② 向家长介绍学校教学工作计划以及对学生的要求、希望家长支持和配合的方面;③ 向家长宣传党的教育方针,宣传家庭教育的重要性及正确的教育思想和方法,交流教育方法等。

(4) 选择家访方法。要根据家长的文化层次、思想素质的不同,采取不同的家访方法,要考虑家长个性特点,要注意谈话艺术。例如,对通情达理型的家庭,可以直言不讳地同家长进行广泛而深入的交谈,从中获得收益;对蛮不讲理型的家庭,要以理晓人,以事实服人,以真诚感人;对撒手不管型的家庭,班主任要让家长懂得离开了家庭教育的配合,不管教师付出多大的努力,都无法收到完满的效果。

2. 开家长会应注意的问题

家长会是学校邀请家长参加学校教育工作的重要形式,也是班主任同学生家长集体联系的基本形式。这对学校同家庭保持密切联系,促使家庭教育与学校教育同步进行,形成集体的教育智慧,具有重要的作用。

家访虽然是保持学校教育与家庭教育的重要形式,但它毕竟是同单个学生家庭建立联系的。尽管每个学生发展上存在个别差异,在校时也有各自不同的表现,但对同一年龄的学生和生活在同一社会环境条件下的人来说,又有许多共同之处,通过家长会,可以解决共同存在的问题。在家长会上,大家聚集在一起可以相互探讨、共同研究,相互交流各自的体会,相互借鉴良好的家庭教育经验。

开家长会要有主题内容,并选择好时机。从时间和内容的相互配合来看,一般有这样几种情况:① 在学期初传达学校和班级工作计划,使家长了解学校的教育要求,予以配合;② 期中考试后或学期结束时,向家长汇报年级、班级学生的情况,向家长提出要求;③ 针对学生在一定时期的某些思想倾向,与家长共同研究解决方法;④ 组织家长交流教育子女的经验;⑤ 商讨毕业班学生教育问题。

召开家长会前,班主任要做好充分的准备工作,包括:确定会议主题;收集有关资料并整理成册;构思提纲,郑重写好家长会讲演稿;印发邀请书,布置好会场。

家长会的类型有以下几种。

(1) 汇报会。汇报会是指由学校或班主任向学生家长汇报学校教育工作或班级教育工作所取得的各方面成绩而举行的全校性或全班性家长会,例如举办学生学习成绩展览,文艺、体育或操作技能表演,学生科技成果展,利用黑板报表扬学生中的先进事迹,举办优秀作业和学生作品展、学校教改成功展;或者班主任向全班学生家长汇报一段时期班级教育工作的成绩,等等。可重点介绍一些变化显著的学生,分析进步的原因,并听取家长对学校工作的意见。

(2)座谈会。座谈会是指学校有关人员或班主任同家长共同讨论、相互交流教育教学工作问题而召开的会议。由于它要求就某一方面或某几个方面的问题,学校一方(包括班主任)和家长一方共同探讨,每个参加者须充分发表各自的意见,因此参加人数不宜多。例如有关后进生的教育问题,可由学校出面组织,请某些不同类型的家长座谈,也可以由班主任从解决本班后进生教育问题出发,由班主任组织本班部分学生家长参加。

(3)成立家长委员会和举办家长学校。要建立健全学校家庭教育指导委员会、家长学校和家长委员会,落实家长会、学校开放日、家长接待日等制度;鼓励有条件的学校建立网上家长学校,积极开发或提供家庭教育指导资源,并指导家长提升网络素养,帮助孩子养成良好用网习惯。成立家长委员会和举办家长学校是做好家长工作的新形式。家长委员会是指由学校领导、班主任组织的,学生家长组成的指导家庭教育并协调学校教育同家庭教育的关系,充分调动家庭教育力量的群众性组织,是学校教育同家庭教育保持密切联系的纽带。家长委员会的成员一般由学生家长推举产生,也可以由学校(或班主任)推荐候选人,经学生家长选举或协商产生,能够代表家长的共同意愿。它可以有学校、年级、班级三个层次的组织,还可以在学生来源比较集中的单位成立本校学生家长委员会。家长委员会的成员不宜过多,人选应该对教育事业关心,有一定的教育能力和经验,能够且愿意为学生家长服务。学校领导和班主任是家长委员会的组织者,还要从家长委员会中选择有组织能力、协调能力的学生家长参与管理。班主任要充分发挥家长委员会的桥梁纽带作用,以多种形式听取家长对学校工作的意见建议;加强家长委员会工作指导,明晰工作职责,完善工作制度,规范工作行为,严格家长群组信息发布管理。

家长委员会的主要职责有:① 发挥桥梁作用,协助学校和班主任做好家长工作,及时向学校和班主任反映家长的意见和要求;② 做好参谋工作,能为改进学校或班级各方面教育工作出谋划策,协助学校或班主任管理好学生,以帮助教师培养学生的社会责任感和学习的自觉性、积极性;③ 协助学校或班主任搞好校外各项教育工作;④ 协助家长做好家庭教育工作,提高家长的家教能力;⑤ 协助学校教改工作,为教改献计献策;帮助学校取得社会各方面的支持。

家长学校要积极开展家庭教育指导活动,积极宣传先进的教育理念、重大教育政策和家庭教育知识,介绍学校教育教学情况,回应家长普遍关心的问题;有针对性地、系统性地对家长讲授正确的教育理论、思想、家庭教育的规律、原则和方法,让学生家长了解学生的年龄特征和心理发展规律;开展家庭教育问题的专题研究,如独生子女教育问题、农村留守子女教育问题、特殊家庭子女教育问题等。

三、帮助家长提高教育子女的艺术

班主任要传授给家长一些教育心理学的基本知识。帮助家长了解子女现阶段的生理和心理特征,掌握其身心发展规律,明悉现代学生的心理特点,逐步提高教育艺术。一般来说,家长最易犯两个毛病:一是溺爱孩子,听之任之,甚至护短;二是对孩子的教育缺乏耐心,常是棍棒教育。

帮助家长提高教育子女的艺术,要做到以下几点。

(1) 启发家长教育子女的责任心。教育下一代不仅是学校教师的责任,也是家庭及家长的责任,双方必须密切配合。要鼓励家长自身成为子女的良好榜样。“为了孩子”,是推动家长道德进步的巨大动力。

(2) 帮助家长改正不正确的教育观点和方法。家长望子成龙,但由于方法不当,往往事与愿违。

(3) 引导家长亲自养育,加强亲子陪伴,引导夫妻双方共同参与子女教育,充分发挥父母双方的作用。

(4) 启发家长严慈相济,关心爱护与严格要求并重,潜移默化,言传与身教相结合。

(5) 引导家长尊重孩子差异,根据子女年龄和个性特点进行科学引导。

(6) 引导家长与孩子平等交流,对孩子予以尊重、理解和鼓励,相互促进,让父母与子女共同成长。

班主任要善于提高家长在自己孩子心目中的地位,这样做不仅会改善孩子的家庭关系和心理氛围,而且也会提高自己的威信,使师生之间、师长之间更加亲密,家长更加支持学校工作。

【案例 8 - 3】

担任班主任以来,通过与学生的多方面沟通交流以及深入接触,我发现班级中有少部分学生存在厌学心理,在与他们谈及对未来的规划时,他们对自身发展定位不清晰,普遍感觉迷茫,但又盲目相信自己的能力,过于理想化。据我校学生管理部门统计,历年来我校学生时有退学现象,这也是许多职业学校的常态。退学往往发生在节假日后,原因除了学生厌学、对自身未来规划不清晰外,还有一个原因就是职业学校学生节假日返家后接触到很多已经工作的同龄人,受到影响,继而选择退学到社会上打工。在与学生家长沟通的过程中,我发现约80%的家长认为自己的家庭教育是失败的,希望学校能够帮助他们进行家庭教育。

在进行家庭教育指导的过程中,我遇到了学生想退学经由家庭教育指导后发生转变的案例。同学 D 学习兴趣不高,为人冲动莽撞,偶有违纪违规行为。父母远在外地,多以电话联系。D 与父母通话时经常不耐烦,甚至由简单沟通转为争吵来结束通话。D 在某些方面也有值得肯定的地方,比如性格开朗,颇有领导能力,为人热心,在有些感兴趣的课程中,能够做到专心听讲,踊跃发言,受到任课教师以及同学们的好评,这些优点我也告诉了 D 的父母。D 提出退学后,我第一时间与他进行了沟通,对他平时优秀的方面给予了肯定,并深入了解了他想退学的缘由。D 从小对餐饮感兴趣,选择就读我校的设计专业是遵从了家长的意愿。D 在假期里面试了一家餐饮企业,面试企业规模较大,待遇较好,对 D 有很大吸引力。面试企业表示可以让 D 先做学徒,等他成年后继续培养他,所以 D 提出退学。在第一次了解完情况后,我帮 D 分析了他退学后可能会遇到的困难,希望他能够不要放弃学习,如果对餐饮有兴趣可以选择在假期里兼职,锻炼自己的能力。但是 D 很坚决,认为一切困难都可以克服,执意要退学。沟通无效后,我联系了 D 的家长,详细讲述了 D 的退学原因,并提出希望家长来学校与班主任一起对D进行劝说,在劝说中多鼓励少批评。由于D的家长远在外地,我提出让D的家长先与他进行电话沟通,沟通后尽快赶到学校进行教育。

D的家长闻讯赶到学校后第一时间与我取得联系,并找到了D进行劝说。D提出几个无理的条件(包括住校期间可以夜不归宿),希望家长和班主任同意,作为交换他继续留在学校读书的条件。我与D的父母立刻制止了D的这种行为,并表示班主任将与家长一起本着对D负责的原则,对这些有可能会危害到个人安全和班集体秩序的条件决不答应,决不妥协。D的家长态度坚决,非常配合。接下来,我单独与D的家长进行了沟通,决定换一种方法,快刀斩乱麻,并得到了学校管理部门的高度配合。

在征求D家长同意的情况下,我佯装迅速办理了D的退学手续,并以帮助就业者为由告诉D退学后在上海工作的现状,比如退学当天的住宿费用、上海的租房政策、工作范围的生活成本等近在眼前的困难,D的家长配合班主任表示拒绝提供任何资助,接下来我又将就业现状,包括进企业后因为缺乏工作经验和职业技能,且是非法打工,属于未成年人非法用工等法律条款,摆事实、讲道理,详细告知D。最后我与家长表示对他的支持,祝他工作顺利,我甚至提出希望他在回宿舍整理行李后,去跟喜欢他的同学和老师们告别。

就在D回去告别的过程中,D的家长又与他又进行了一番长谈,D的母亲甚至流下了担忧的泪水。D的思想发生了一系列的转变,最后打消了退学打工的念头。我拒绝了D的要求,表示退学手续已经办理,无法后悔,每个人都要为自己的冲动决定买单。D恳请学校和老师能够再给自己一个机会,D的家长也表示希望学校能够再给D一个机会,我进而提出三个条件,表示只有做到三个条件方可撤销退学申请。第一,在全班做内心剖析,分析自己为什么从想打工转变为放弃打工,想继续学习。这一条是为了消除D的退学事件给班级其他同学造成的不良影响。第二,接受之前的违纪违规处理,参加下次的行为规范班培训。这一条是为了教会D明白要为自己的不当行为买单。第三,暂时撤销其班干部职务,留校观察后续表现,为重新竞选班干部做准备,这一条是希望D接受教训,并重燃斗志,重新融入班集体生活中。

就这样,D不仅打消了退学的念头,并且切身感受到了自己退学这一不当行为造成的后果。D的家长表示,针对D的情况,采取这样的做法才是切实有效的。通过这次家长与班主任配合完成的家庭教育,家长也看到了孩子内心的真正转变,而不是像过去为了让孩子读书答应很多条件,反而养成了孩子的不良习惯。

🔗 相关链接

教育部等十三部门关于健全学校家庭社会协同育人机制的意见(节录)

二、学校充分发挥协同育人主导作用

·············

4. 及时沟通学生情况。学校是教书育人的主阵地,要认真履行教育教学职责,全面掌握并向家长及时沟通学生在校期间的思想情绪、学业状况、行为表现和身心发展等情况,同时向家长了解学生在家中的有关情况。积极创新日常沟通途径,通过家庭联系册、电话、微信、网络等方式,保持学校与家庭的常态化密切联系,帮助家长及时了解学生在校日常表现;要认真落实家访制度,学校领导要带头开展家访,班主任每学年对每名学生至少开展1次家访,鼓励科任教师有针对性开展家访。

5. 加强家庭教育指导。学校要把做好家庭教育指导服务作为重要职责,纳入学校工作计划,充分发挥学校专业指导优势;切实加强教师家庭教育指导能力建设,将教师家庭教育指导水平与绩效纳入教师考评体系。建立健全学校家庭教育指导委员会、家长学校和家长委员会,落实家长会、学校开放日、家长接待日等制度。鼓励有条件的学校建立网上家长学校,积极开发提供家庭教育指导资源,并指导家长提升网络素养,帮助孩子养成良好用网习惯。每学期至少组织2次家庭教育指导活动,积极宣传科学教育理念、重大教育政策和家庭教育知识,介绍学校教育教学情况,回应家长普遍关心的问题;同时针对不同家庭的个性化需要提供具体指导,特别关注农村留守儿童、残疾儿童、孤儿和特殊家庭儿童等困境儿童。充分发挥家长委员会的桥梁纽带作用,以多种形式听取家长对学校工作的意见建议;加强家长委员会工作指导,明晰工作职责,完善工作制度,规范工作行为,严格家长通讯群组信息发布管理,严禁以家长委员会名义违规收费。

6. 用好社会育人资源。学校要把统筹用好各类社会资源作为强化实践育人的重要途径,积极拓展校外教育空间,着力培养学生社会责任感、创新精神和实践能力。要主动加强同社会有关单位的联系沟通,建立相对稳定的社会实践教育基地和资源目录清单,依据不同基地资源情况联合开发社会实践课程,有针对性地常态化开展共青团和少先队活动、劳动教育、实践教学、志愿服务、法治教育、安全教育和研学活动等。要积极邀请"五老"、劳动模范、道德模范、时代楷模、各类精神文明先进代表、德艺双馨的艺术家等到学校开展宣讲教育活动。要充分利用共青团和少先队、关工委、科协、体育、文化和旅游等方面资源,通过"请进来、走出去"的方式,有效丰富学校课堂和课后服务内容,更好满足学生多样化学习需求。

第三节　与职场教育力量的协调

加强职业指导工作,解决好学生就业问题,是关乎民生的问题。职业学校要培养符合企业需求的"下得去,用得上,留得住"的毕业生,就必须加强与职场教育力量的沟通合作,充分利用职场资源,协调职场教育力量,打开校门,走出去、请进来,和一切职场教育力量协调起来,开创职业教育建设的新局面。

一、工学结合——现代职教体系的重要模式

工学结合人才培养计划是将在校学习与在企业工作学习有机结合的教育计划。这种人才培养模式要求职业教育贴近社会,贴近企业,使学生既能获得学历教育,又能得到职业技能培训。因此,作为职业学校的班主任,应本着"一切为了学生,为了一切学生,为了学生一切"的理念,把是否有利于学生成才与就业作为检验班主任工作成败的标准之一,同时,坚持"教学工作为中心,抓好

教学服务就业"的总体思路,努力提高学生的技能水平和职业素养,提升就业成功率。

【案例 8-4】

工学结合给班级管理带来的变化

我班的工学结合活动于 2022 年 11 月结束,学生回到了课堂,开始继续以前的学习。通过实习,学生在行为规范、学习态度、实习积极性等各方面均有明显的改观。

首先,行为规范方面。学生通过阶段性的实习,懂得了社会竞争的激烈,更多了一份吃苦耐劳的精神,知道以后走上社会要更加严格地遵守规则,所以,他们能更好地遵守学校的规则,能更好地理解老师和家长的苦心,珍惜现在的学习机会。他们懂得了合作的重要性,知道了工作中、生活中都要相互宽容和相互帮助才会被社会所接受,所以,学生之间的矛盾大大减少,打架等现象已不见了。在宿舍里,秩序也大大好转,学生都能和睦相处,能主动积极地做好卫生工作,按时作息。晚自习也几乎没有人请假了,在学习之余,偷偷溜出去上网的人也几乎没有了,管理的难度减小了许多。

其次,学习态度方面。实习后,同学们知道了学习对前途的重要性,知道了只要具备真才实学,面临的将是广阔的天空,看到了在工厂竞聘中职业技能的重要性,所以,学习氛围比以前浓多了,文化课学得也明显比以前认真。还有一些同学报名了成人高考,准备获取大专文凭。在专业理论课方面,学生能做到把理论和实际联系起来,将在企业中见到的情形放在课堂上进行讨论。

第三,实习积极性方面。回校以后我们进行了为期一周的软件绘图实习,学生的学习热情高涨,一些原先学习懒惰的人也一改以前的漫不经心,认认真真地进行绘图练习,因为他们在企业里实习的时候看到,工人必须会读图、绘图,他们现在知道没有这本事,是不能适应以后的工作的。有些同学还利用晚自习的时间到机房进行练习,考核结果全部在良好以上。

总之,这次工学结合活动带给学生很大的触动。通过这次活动,学生明白了企业需要怎样的人才,怎样的人才能适应社会,怎样的人才会有所发展。通过这次活动,他们明白了只要努力,前途就会是一片光明;通过这次活动,他们明白了诚实守信、团结协作的重要性。这次活动对于同学们来说,是一个路标,让他们及时地感受社会的压力,调整自己的努力方向,增强学生的责任心,使他们更有目标、更自信、更严格地对待接下来的学习生活。

二、请师入门,直接参与

全面把握职业学校学生的特点,是班主任做好班级工作的前提和基础。学校应安排学生走出课堂,参加社会实践和社会服务活动,让学生有意识地接触社会,了解社会,了解职业特点。这样一来,学生能将理论和实践相结合,弥补专业知识上的不足,增长才干,使自己得到锻炼,学到许多课堂上学不到的东西;此外,班主任可定期邀请企业家、管理人员(尤其是人力资源部经理)、技术专家、劳动模范等为学生做专题报告会,或聘请兼职教师,甚至从一线生产单位直接调入一些具有丰富实践经验的技术人员参与学校实训教育;积极邀请优秀毕业生来校做创业或就业专题报告会。通过接触社会,了解国情,体验生活,对未来职业有一定的基本认识,有利于增强学生对劳动和劳动人民的感情,提高他们对各种社会现象的分析能力,将来就业时才能做到心中有数。

三、定期组织学生参加人才交流会

从长远看,职业学校学生学业有成,自谋职业是发展方向。但目前,受多方面因素影响,学校要运用组织力量,多开辟就业渠道,帮助学生就业是完全必要的。作为职业学校的班主任,指导、帮助学生开辟就业渠道,让学生带着问题去参加人才交流会,通过问题测试、角色扮演、情景模拟等方式,在互动中让学生了解企业对他们的要求及学习求职的基本知识和技巧。了解市场用人"行情",做到心中有数,分清自身优势和短处,从而在以后的就业之路上做到扬长避短。

四、班主任赴企业顶岗实践

"让我们的课堂贴近企业""让我们的课堂走进企业",这些对职业学校的班主任工作提出了更高的要求。班主任的管理工作仅有理论知识是远远不够的,通过自己在企业里顶岗实践,一方面自己的实践能力可以得到提高,另一方面会更加了解现代企业需要怎样的技术工人,使自己的班主任工作更加有目的性、实用性。职业学校应每年安排班主任分批到合作企业进行生产实践锻炼,使班主任就业指导与企业实现"零距离"对接。通过参加企业实践,把企业管理和企业文化引入到课堂,引进班主任管理工作中,更好地按照企业的综合需求有目标地培养学生,学生在校园就可以接受企业文化的熏陶,触摸到市场的脉搏,可以更早地提升学生的职业素养。

另外,实行校企联合办学,能促进职业教育办学模式和人才培养模式的改革,使学校的教学内容与社会的需求保持同步,更深层次地使企业参与教学改革,优化课程设置,更新教学内容。

问题与思考

1. 新形势下,班主任如何结合企业的特点,加强对学生的职业指导工作?
2. 结合自己的实践经验,谈谈如何有效地协调校内的各种教育力量。
3. 针对不同的家庭类型,班主任如何做好家长的教育工作?

第九章

职业学校班主任工作艺术

班主任工作艺术是班主任教育理念、教育素养、教育技巧和能力、教育风格和教育机智等方面素质的综合反映,它通常是班主任在教育实践中所表现出来的精湛、娴熟、巧妙并带有鲜明个性化特点的教育技艺。班主任工作艺术是在长期教育实践过程中锻炼、总结、修炼出来的一种能力,同时也是许多优秀班主任教育经验融会贯通领悟于心、升华外现于行的教育活动。

第一节　了解和研究学生的艺术

苏联教育家苏霍姆林斯基说过:"尽可能深入地了解每个孩子的精神世界,是教师和校长的首条金科玉律。"许多优秀班主任的教育经验也都表明,了解、掌握和研究学生的艺术,是做好班主任工作的前提和基础。了解和研究学生没有固定的模式,是一项具有创造性和艺术性的工作。

一、了解和研究学生的意义

首先,了解和研究学生是因材施教的需要。一个学生的成长受到各种因素的制约和影响,班主任只有全面了解学生的过去和现在,了解他们的家庭、成长环境,研究他们的心理、个性特点及其形成原因,才能因材施教,进行有的放矢的教育。尤其是接受一个新的班级,如果班主任摸清了一个班几十个学生的学习、思想、性格和家庭等情况,班主任工作就已经成功了一半;相反,班主任若不了解学生个体和群体,就无法制定适应学生个体和群体特征的工作方法和工作目标,班集体建设的质量就会受到损害。

其次,了解和研究学生是做好特殊学生教育工作的需要。每个班级都可能有后进生、贫困生、特殊学生(特殊家庭、特殊个性、残疾学生),只有充分了解并深入研究这些特殊的学生,才能做好教育或转化工作。

最后,了解和研究学生有助于建立良好的师生关系,提高班主任的教育威信。良好的师生关系是班主任开展工作的必要条件,而全面地了解学生有助于良好师生关系的建立。只有真正地了解学生,才能促进师生之间的交往、沟通与相互理解,使班主任成为学生的良师益友,从而提高班主任的教育威信。

二、了解和研究学生的内容

了解和研究学生,包括了解和研究学生个体和学生集体两个方面。这是组织和培养班集体必须做的工作。

(一) 了解和研究学生个体的内容

班主任应尽可能对有关学生个体的方方面面情况有所了解,这对于深入研究学生、做好学生个体的教育与引导工作具有重要意义。了解和研究学生个体主要包括以下八个方面的内容。

(1) 基本情况:包括学生姓名、性别、年龄、身体状况(应该特别关注身体有残疾的学生,这类学生容易游离于集体之外)、思想品德(如遵守纪律、文明礼貌、集体观念等)、智力特点、情感意志特点、性格和气质类型等。

(2) 学习情况:包括学业基础(包括入学时文化课成绩、现有的学习状况以及学习潜力)、学习态度、学习习惯和方法等。

(3) 人际关系:包括学生的血缘型关系(如父母、兄弟等)、业缘型关系(如教师、同学等)、趣缘型关系(如社团朋友、小团体同伴等)。

(4) 历史状况:包括学生的学习经历和生活经历,尤其是学生的奖惩情况以及发生在学生身上的个人重大事件等。

（5）成长环境：包括学生的家庭类型、家庭物质生活与精神生活条件、家长的职业及思想品德和文化修养、家长对学生的态度等，以及学生的交友情况、经常涉足的场所等。

（6）家庭情况：父母亲职业、家庭经济状况、家庭是否健全、家长对子女的教育态度、教育方法、教育期待以及家庭中重要的社会关系等。

（7）适应状况：学生从普通初中进入职业学校有一个适应期，而班主任只有抓好了入学关键期的教育和管理，才能为今后工作的开展打下坚实的基础。适应状况包括生活适应、学习适应、人际关系适应，尤其是心理适应。

（8）发展需要：需要是人们各种行动的基础和出发点，是人一切行为的原动力。班级管理一定要从了解学生需要入手，并满足其合理需要。在以往的班主任工作中，常常忽视学生个体的发展需要。所以，每个班主任在工作中必须及时了解学生的需要，以使学生始终维持较强的发展动力。

（二）了解和研究学生集体的内容

建设良好班集体，不仅要求班主任注意了解学生的个体，而且还要通过对学生个体的了解，即矛盾的特殊性，找到矛盾的共性，即班集体中的共性问题。

学生群体包括：班级学生全体、男生群体、女生群体、非正式群体，以及以其他特定标准划分出来的群体类型，如后进生群体、特殊家庭学生群体、问题心理学生群体、品行不良群体等。

班主任了解班集体情况一般应包括：班集体构成的基本情况，班集体的特点，所处的发展层次，班级传统、舆论倾向、班风状况，不同层次学生的结构和比例，师生关系、同学关系，学生干部和骨干分子情况，非正式群体情况等。

三、了解和研究学生的途径与方法

了解学生的具体途径和方法很多，班主任应根据不同年级、不同性质的学校和不同专业学生的特点选取不同的途径和方法。

(一) 观察法

观察法是指在学生处于自然状态下,班主任有意识、有目的地对学生进行观察和分析,从而了解学生相关情况的一种研究方法。如对后进生课堂表现以及课外活动参与度的观察研究,对毕业班学生毕业前心理和行为表现的观察等。观察法是班主任最主要的也是最常用的了解和研究学生的方法。

所谓"自然状态下"是指班主任对学生日常生活和活动进行观察,而不采取任何特殊的处置,学生也不知道处于被观察之中。

班主任运用观察法必须注意以下问题。

(1) 要事先制订观察计划。无论是对班集体还是对特殊学生的观察,班主任都应该有相应的观察计划,每个阶段都应有观察提纲,如此有助于了解到比较全面、系统的情况。

(2) 要有明确的观察目标。班主任必须事先确定具体的、可观测的目标。是对学生个体观察,还是对班集体观察;是对学生课堂行为观察,还是对学生课外活动观察;等等。所有这些,班主任都要做到心中有数。

(3) 要注意观察的客观性。洞悉学生的内心世界,需要长时间的、不动声色的观察,并进行多方面的验证。班主任在对学生进行观察时切忌主观臆断,以免对学生心灵造成伤害。只有这样,才能掌握客观的第一手材料,并在此基础上采取灵活有效的教育方法。

(4) 做好观察记录。班主任要养成写观察日记或教育心得的良好习惯,特别要注意做到及时、详尽地记录;记录要准确、真实、全面完整、周详系统;还要尽可能记录自己的观感、情境、联想。

(5) 要进行思考性的观察。特别要注意思考各种现象产生的原因,并冷静处理偶发情况。

(6) 要及时整理观察所得的材料。详细检查所记录的材料,及时设法补做记录和改正错误。要对观察材料分门别类保管,对需加说明的材料详细说明,以免遗忘或产生疑问。日积月累,所有的观察记录或工作心得将成为班主任的宝贵财富。

（二）谈话法

所谓谈话法，是指班主任为了了解班级情况或学生个体有关信息而与相关学生面对面进行谈话交流的方法。

谈话法可以分为多种类型。根据职业学校学生的特点，班主任在谈话中可根据不同的情境、条件和氛围选用以下不同的方法。

1. 讨论式谈话

这是以尊重、平等的态度，以讨论问题的方式与个别学生谈话的方法。这种方法主要适用于年龄稍大的高职学生、自尊心特别强的学生、易冲动和脾气暴躁的学生以及有逆反心理的学生。

运用这种方法的优点是：可消除学生尤其是后进生对班主任的成见，排除师生传递信息的障碍；有利于班主任全面、准确、真实地掌握有关信息，为深入谈话、解决问题创造条件。

2. 点拨式谈话

这是用暗示的方法，或借他人他事旁敲侧击，引导学生明白事理的方法。这种方法较适用于自我意识强、较为敏感的学生，也适用于敏感问题，如学生恋爱问题。

3. 朋友式谈话

朋友式谈话也称为交心式谈话，是指把谈话对象当作朋友，谈话时双方处于完全平等的地位。也就是班主任以诚恳的态度、亲切的语言，在良好的气氛中与学生进行心理交流。这是在高职院校以及中等职业学校高年级学生中普遍使用的方法。

朋友式谈话可以快速缩短师生之间的心理距离，师生间能做到无话不谈。一旦形成了这样的谈话氛围，学生会感到班主任是可以信赖的朋友，便会敞开心扉，倾吐他们的喜怒哀乐、想法观念。朋友型谈话的核心是讲究一个"情"字，班主任对学生要有真情，以真情换真情。

4. 导引式谈话

这主要适用于性格内向、孤僻、有自卑心理的学生。班主任在与这类学生谈话时要有足够的耐心，语言谨慎，适时引导，逐渐推进。

班主任运用谈话法应注意以下几点。

（1）要事先了解谈话对象。班主任在找学生谈话前，要对谈话对象的性格特点有所了解，以便能选择恰当的谈话方法。对于内向的学生，语气要缓和委婉一些；对外向的学生，语气可以直接一些，有时可开门见山。

（2）要积极争取学生的信任。从学生的心理需要讲，爱和信任是他们最渴望得到的东西。学生渴望在充满爱心和信任的环境中成长。如果班主任能以发自内心的爱和信任对待学生，那么学生就会把班主任当作知心朋友，有什么心事就会向班主任诉说，让班主任帮他们出主意、想办法，班主任也会从中了解他们的性格特点、兴趣、爱好等，从而寻找出最佳的教育方法。

（3）态度要诚恳。在谈话中要使学生感到可亲、可敬、可信，如此学生便愿向班主任敞开心灵的窗口，说真话、道真情，切忌对学生讽刺、挖苦、训斥，或以居高临下的态度对待学生，要记住职业学校学生具有强烈的自尊心。

（4）保持恰当的距离。美国科学家萨默曾做过一个实验，发现两个人进行轻松谈话的最佳距离不超过5.5英尺。近距离谈话有利于缩小师生间的心理距离，使学生在相对轻松、亲切的氛围中正常地表达思想感情，也有利于班主任及时、准确地掌握学生的心理动态，从而调整、控制话题和谈话进程。

（5）要注意选择谈话时机和场所。谈话的时间选择是有讲究的。如果仅仅是交流，那么可以选择较为宽松的环境谈话；如果要进行批评性谈话，那么就要注意时间的选择。遇到突发性问题的时候，要及时了解情况并制止事态的进一步发展；若学生情绪激动，也可以在保证控制事态的情况下，进行冷处理，待冷静之后再做进一步的谈话。

谈话地点的选择也要把握好。如果是公开性的批评，则要考虑学生所犯错误是否很严重、是否具有典型性、是否有公开批评的必要等问题。个别学生的问题可以选择在办公室进行批评教育。如果要表扬学生，则在公开场合进行，有助于鼓舞士气，增强班级的凝聚力。如果谈话的内容具有私密性，则更应根据情况的不同有所选择，以有利于谈话的展开。

（三）问卷法

问卷法是班主任为了了解某些事实或意见，向学生分发问题表格，请其填写答案,然后收回整理、分析研究,以掌握学生信息的一种调查方法。这种方法主要用统一设计的问卷,要求学生填答,从而获得学生对某一现象或问题的看法和意见。比如要了解学生的学习状况(如学习方法、学习兴趣、学习态度等)、学生的身心发展状况、学生对教师的评价、学生和教师对课程内容的选择和编排的评价等问题都可使用问卷法。有关学生的心理状况、思想情况,班主任如果仅通过观察法或谈话法等往往难以得到真实的反映,而采用问卷法则可收到良好的效果。如在新生刚入学时,班主任可通过问卷法了解他们对学习、生活、人际关系等方面的适应状况以及新生特殊的心理需要;对于毕业班学生,可通过问卷法了解他们的心理状态及其心理需要。只有掌握了这些丰富的、有效的信息,班主任才能促进新生尽快适应新环境,真正调动其学习积极性,才能帮助毕业生解决实际困难,使其尽快地、平稳地走向社会。

班主任运用问卷法要注意以下几点。

(1) 问卷设计要科学,要便于学生回答。问题设计要与被调查者的背景与环境等相适应,并能引起他们积极回答的兴趣。

(2) 尽量采用封闭式与开放式相结合的综合形式。封闭式问题要按标准化测试的原则进行编拟;开放式问题应具有启发性,有利于被试回答。

(3) 应采取匿名回答,便于学生真实答题,确保获取信息的真实性。

(4) 善于根据问卷调查结果捕捉有效信息以掌握学生心理、思想脉搏。

(四) 书面材料法

书面材料法是指班主任根据记载学生情况的各种书面材料来了解学生的过去及目前表现的一种方法。书面材料主要包括静态的材料,如成绩单、评语、学籍卡、档案等;动态的材料,如学生日记、作文、作品等。

书面材料是班主任了解和研究学生的第一手材料。班主任可根据这些第一手材料,了解学生的知识水平、思想道德、健康状况、兴趣爱好以及人际交往情况等,有利于班主任掌握学生的心理动态,并不失时机地引导、说服和感化学生。研究书面材料是一种比较全面地了解学生个人和集体的常用方法。班主任研究学生书面材料时一旦发现问题,要及时研究分析其问题产生的原因,找出解决问题的办法。

相关链接

（1）统计记载法：这是了解学生最常用的基本方法之一。其中包括学业成绩统计，也包括其他各方面的统计，如参加劳动等为集体服务情况、迟到早退次数、教师与其谈心实施教育的记载等。统计记载力求反映学生的思想素质和知识水平的全貌，以便教育有的放矢，达到扬长避短的目的。我们要重视学生成绩，特别是要从成绩中看到我们本身工作的收获与不足，找准改进工作的突破口，但切忌一切以成绩为准绳、以偏概全。资料记载要尽可能具体、实事求是，避免主观地只看现象，不知本质。

（2）调查评价法：这是用书面形式间接搜集材料的一种调查方法。对于一名学生的掌握了解，应广泛听取各方面的意见、评价与看法，尽可能全面、客观、公正。这就包括听一听周围学生的意见，从班干部到普通学生，从男生到女生，从本班到外班；搜集各任课教师的评价，前任课教师及前任班主任的介绍，学校领导、工友的观察，还包括毕业母校教职工的意见；家访中倾听家长的说法、街坊邻居的谈论等。这样的调查有利于客观评价学生。任课教师特别是班主任看到的一般都是学生较外在的一面，受到约束的一面；有欠缺的另一面，有特长的一面就不一定看得到、看得周全；日常生活的、与他人关系的一面也不一定看得透彻。听取各方面意见对于正确评价学生有着不可忽视的重要作用。调查和评价可以采取问卷形式，也可采取集体讨论和个别了解的方式。

（3）自我介绍法：这是客观了解学生的又一重要手段。由学生自我评价，介绍个人的志向爱好和优缺点，这是学生自我表达的一个机会。通过学生的谈吐，能够了解学生多方面的情况，如深层次的思想境界、好恶观点等。对于自我介绍中表现出来的优点、长处，可以通过教育引导使其扬长避短；对于其中的缺点、不足，可以帮其正确认识、予以克服。

（4）考验实践法：班级骨干分子往往是通过学生自己组织的活动展露才华，脱颖而出的。为了了解学生，我们可以给他们创造一些表现自己的机会，如在组织各类活动时，让其单独或牵头去完成某项任务；征求学生合理化建议和意见，从而把握学生的智慧、能力、意识，达到正确认识学生和充分发挥其特长的目的。

第二节　转化后进生的艺术

后进生教育转化工作是职业学校思想政治教育工作的重要内容,与校风、学风建设以及人才培养质量密切相关。后进生教育转化也是职业学校学生管理过程中一个普遍存在的难点问题。全面系统地提出预防和转化后进生的措施,对于减少学校困惑、减轻家庭忧患、增加社会稳定都有十分重要的意义。

一、后进生的概念

后进生,意指"后发进步",一般被认为是在班级中表现不积极、学习成绩靠后的学生,或者学习状况前后存在明显退步现象的学生。后进生的提法带有鼓励和肯定的意味,指智力正常,但因为各种不良因素的影响而在学习动机、态度、目的、方法、习惯等方面存在一定问题或偏颇,导致学习过程暂时困难、学习成绩暂时不达标、学习结果暂时不佳、思想品德发展暂时落后于一般同学但并非道德败坏或触犯法律的学生。这就意味着,后进生存在学习上的困难,但与智力因素无关,也不属于道德问题,存在着进步的空间,但由于各种因素阻滞了当前的学习和发展。

二、后进生的心理特点

(一) 学习目标不明确

目标可以让主体产生方向感,拥有明确的学习目标是学生保持高效学习、取得优异成绩的重要条件。然而,职业学校的后进生在学习上往往没有明确的学习目标,缺乏展现自我的欲望,对班级事务漠不关心,混日子,得过且过,意志力薄弱,易受环境及他人影响,表现为学习被动且迟钝。

(二) 自我控制能力较差

自我控制力是一个人为了实现特定目标,对自己的各种行为和思想进行约束,摒弃不利于实现目标的行为习惯,使自己朝着既定目标努力的能力。① 自我控制能力的高低对学生成绩好坏有着重大的影响。职业学校的后进生往往表现为在学习生活中自我控制能力差,我行我素,自由散漫,迟到、旷课是家常便饭。职业学校后进生往往也容易与班级中表现消极的"非正式群体"联系在一起,有些甚至养成不良行为习惯与爱好。

(三) 意志力、专注力差

意志力是指一个人自觉地确定目标,并根据目标来支配、调节自己的行动,克服各种困难,从而实现目标的品质。较强的意志力是保持学习效率的重要条件。而职业学校后进生在学习过程中往往思想起伏不定,意志力差。主要表现为分心好动,对待学习任务偏向于应付、拖延等逃避行为。在学习上缺乏主动性,有明显的畏难情绪,作业抄袭、考试作弊等现象时有发生,做事情三分钟热度,经常半途而废,不能持之以恒。

(四) 自尊心强,自卑感严重

有研究表明,缺乏自信会影响学生们的心理健康,容易引起学生的焦虑。然而,职业学校后进生普遍缺乏自信,并且常常表现出焦躁、情绪失控、逆反等心理。他们性格较内向,往往比较在意周围人对自己的看法,内心极渴望受到关注、受到表扬,但胆怯,且长期被人视为"差生",心理上就容易出现自卑、焦躁等消极情绪。

(五) 心理逆反,对抗情绪强

职业学校后进生由于常常受到责备、嘲笑,造成了感情上的创伤。因此,他们往往表现为对人对事多疑、偏执、不合群等。他们对周围人的态度反应敏感,认为教师、同学对自己不公平,常常抱有"戒心"和"敌意","一摸就跳、一触就闹",对教

---

① 徐铃.高中生学习自制力的影响因素与干预研究[D].重庆:西南大学,2020.

师也持不信任的态度。教师对他们的关心和帮助,往往换来的不是沉默、回避,就是抗拒的态度。

三、后进生的成因

后进生的形成并非完全由学生自身造成,除了学生自身的心理和习惯问题,还与学校、家庭、社会等多种外部因素有关。

(一) 学校因素

从教育管理的角度来说,一些职业学校对学生的教育期望低、要求低,对学生的日常学习、纪律、品德的管理不规范,制度不健全,导致学校整体管理环境较差。从教师教学角度来说,一些教师忙于日常的教学工作,很少与学生交心谈心;还有一些教师缺乏教育技巧和教育耐心,对后进生没有足够的信心和积极的期望,日常批评教育多,表扬鼓励少,不能有效保护和提高后进生的学习积极性,加重了学生的厌学情绪。

(二) 家庭因素

家长言行的影响。家长是孩子的第一任教师,孩子从小受到父母思想品德和行为习惯的影响,然而,有些家长在日常生活中不注意自己的言行,经常表现出一些不良言行,孩子在不知不觉中模仿了差的行为习惯。

家长管理方式的影响。一是放任式的管理。随着生活压力的增加,有些家长平时忙于奔波挣钱养家,与孩子的沟通交流很少,亲子关系淡漠,孩子无法感受到父母的关爱。尤其是上了职业学校之后,有的家长对孩子更是不闻不问,造成孩子情感上的缺失。二是打压式的管理。孩子可能是由于学习成绩不理想而进入职业学校,家长因此倍感失落,对孩子失去信心,甚至打骂孩子,加重孩子的逆反心理和行为,影响孩子的身心健康。三是溺爱式的管理。家长过分迁就孩子,不严格要求孩子,当孩子出现问题行为时找外在理由,这样的管理方式使得孩子以自我为中心,缺乏责任意识和担当。①

　　家庭关系的影响。调查显示,后进生中一部分是来自单亲家庭、重组家庭,缺少父母的关爱或父母一方的关爱。还有一种情况是家庭困难,父母外出打工,子女长期与爷爷奶奶在一起,隔代教育带来的溺爱或漠视对学生成长造成一定的影响。长期缺少父母的关爱,造成心理上的孤独和无助,导致性格孤僻、胆怯,对学习失去信心,对生活得过且过;②从小缺乏完整的家庭关爱,这些孩子潜意识里渴望得到关爱与关注,于是他们用其他"不寻常"的方式来表达自己的意愿。

(三) 社会因素

　　社会片面评价。我国长期形成的"学而优则仕"的思想导致社会上许多人对职业学校学生有固化的印象,认为他们是"落榜生"或"差生",这就容易使职业学校的学生产生自卑心理,对自己没信心。

　　社会不良风气的影响。开放的社会环境较为复杂,社会上也会出现享乐主义、拜金主义、弄虚作假等不良的社会风气和价值取向。职业学校学生处于人生观、价值观、世界观形成的关键时期,他们社会阅历尚浅,尚未形成辨识真、善、美和假、恶、丑的能力,但是他们有了较多接触社会的机会,这就使他们容易受到不良环境的影响。③

　　网络的影响。网络、手机的普及为职业学校学生提供了方便、快捷的学习条件,同时也使得一些职业学校学生不能控制自己,无节制地上网、滥用手机,"网络成瘾"现象明显,长时间在手机上玩游戏、看电影,严重影响作息时间,对身心健康带来一些消极的影响。

四、后进生的转化策略

　　每所学校都有后进生,职业学校也不例外,为了转化这部分在学校难教育、在

---

①　张玉明.中等职业学校中后进生转化策略探究[J].文化创新比较研究,2020,4(32).
②　贺仙文.技工学校后进生的成因分析及管理对策研究[D].云南:云南师范大学,2018.
③　刘明清.也谈后进生的转化与提高[C]//2020年教育创新网络研讨会论文集.中国管理科学研究院教育科学研究所,2020.

家难管理的孩子,从根本上找到有效的管理措施,就需要将后进生转化看作是职业学校一项系统性、综合性教育工作,各方参与,协同推进。班主任作为职业学校后进生转化的主要参与者与实施者,在转化后进生的过程中要做到以下几点。

一是深入学生,摸清情况。要做好职业学校后进生的转化工作,首先需要对后进生有正确的认识。班主任必须正视后进生问题,将其作为教育管理工作的重点,做好工作规划。其次,深入分析后进生现状。了解后进生的问题所在,是学习能力差,还是学习习惯差? 是各方面均差,还是仅某方面差? 他们产生这些问题的根源何在? 班主任需要深入了解后进生家庭状况、学生性格特点、兴趣爱好等,深入挖掘出其后进的原因,只有了解了这些情况后,才能对症下药,才能因材施教,从而提高工作的针对性、有效性。

二是明确目标,重树信心。职业学校的后进生也希望得到别人的认可与表扬,渴望获得成功。因此,职业学校班主任应该帮助他们确立可行的目标,帮助他们把目标分割成一个个清晰的、符合实际的小目标。每个小目标的实现,对学生来讲都是一次成功,学生会因此享受到成功的快乐,产生自我肯定的体验。

三是动之以情,师爱感化。关爱学生是教育学生的感情基础,班主任教育学生要从关爱入手,以自己亲切、和善的师者风范感染激励学生,架起师生间友谊的桥梁。对待后进生更要加大投入情感的浓度,因为后进生在多数人眼中是问题学生,得不到应有的尊重和理解,可能会使他们产生一种畸形心理,自觉不自觉地抵制外来的意见,所以转化后进生要以尊重和信任为前提,以爱为转化的力量源泉。

四是引导归因,诱发动力。有关研究表明,成绩的获得有赖于对学习成功或失败原因的看法,如果学生把失败的原因归于自己能力不够,或智力不佳这个稳定的内部因素,则这种看法不会增强行为的努力;如归于努力不够这个相对不稳定的内因,则可能激发学习动力。因此,班主任要帮助后进生正确归因,引发他们积极主动学习的动力。

五是掌握心理,挖掘亮点。每个学生既有自己的不足,也有自己的长处。有自卑心理的学生,常把自己各方面的能力估计得过低,甚至把自己看得一无是处,因此,教育者要善于发现学生身上的闪光点,并因势利导,使学生看到希望之光,不断地发扬积极因素,克服消极因素。比如,每次考试结束,任课教师帮助后进生画"成绩曲线图",让学生相信通过努力是会成功的。对后进生在某些问题上有独特见解的可以给予"创意奖分",培养学生的成功感,激发他们发现、研究、探索的愿望和兴趣,这是对后进生积极迁移内化的一种有效手段。

六是家校联动,形成教育合力。随着网络信息时代的来临,学生接触面日益扩大,信息渠道不断增多,家庭和社会对其影响越来越大,因此,只有建立了学校、家庭和社会三者合一的主体教育网络,才能保证信息的有效贯通。在学校方面,积极建立和健全家访、家长会、家长学校制度,家校畅通,充分利用校讯通平台,及时与家长沟通,积极关注这些后进生的情况。家长、教师都有责任引导学生建立正确的、积极向上的人生目标,并朝着目标不断努力。①

【案例9-1】

针对后进生,我分别采取了个别谈心、道德谈话、个别辅导等方式,在促进学生转变中起了较好的作用,同时也凝聚了班集体。比如,我班李同学脾气暴躁,常仗着块头大与同学打架,与老师顶撞,但他特别擅长体育运动,尤其是篮球打得好,当时恰逢学校组织班级间篮球赛,我意识到转化的机会来了。我找到他研究如何"排兵布阵",并请他做班级篮球队队长,他很感动。赛场上,李同学奋力拼搏,表现出色,我班取得了第一名的好成绩。我趁热打铁,又推荐他做体育委员,得到全体同学赞同。在此基础上,我又找李同学谈话,希望他珍惜大家对他的信任。从此,他从班级"反叛者"变成了"主人翁"。

第三节　处理偶发事件的艺术

偶发事件是指在教育和教学过程中发生的难以预料,但必须迅速做出反应,加以妥善处理的事件。它是班主任在班级教育和管理工作中时常会碰到的现象。

---

① 王红艳.中职学校"后进生"现象探析[J].文化创新比较研究,2017(32).

偶发事件的处理一般比较棘手,会让班主任头疼不已,但若能正确处理好则意义重大:其一,教育效果的即时性。因为偶发事件的解决迫在眉睫,学生对教师解决偶发事件的期待心理也会比平时更为突出。如果教师能顺利处理好,则往往能够产生立竿见影的效果,对预防类似事件的发生有重要作用;处理得好也能够促进以后师生间的沟通,建立起融洽的师生关系。其二,教育效果的长期性。因为偶发事件的偶然性,给师生留下的印象会非常深刻,有时甚至会改变师生固定的思想观念。其三,有助于增强班主任在学生中的威信。

假如某些偶发事件处理不当,就会给班集体建设产生消极影响。由于偶发事件具有突发性,如果处理不当,有时甚至会产生严重的后果:一方面导致学生与学生之间,甚至学生与老师之间的对立,使班集体组织松弛、纪律涣散、师生隔阂;另一方面导致班集体的形象和声誉破损,影响班集体的号召力;再一方面导致班集体思想混乱,影响健康正确舆论的发展。

导致偶发事件的原因也是多方面的,它的发生既与纷繁的社会环境有关,又与家庭、教师自身等因素有关,也与学生性格异常、情感障碍、人际冲突、不良道德行为,或者天灾人祸、外来干扰等密切相关。

一、偶发事件的特征

(一) 突发性

偶发事件常常以突然的方式爆发,并且与社会上的重大事件、学生家庭的重大变故或学生本人的意外遭遇联系在一起,而班主任往往缺乏足够的心理准备和思想准备。

(二) 偶然性

偶发事件往往出乎人们的意料。偶发事件一旦发生,便在班级和学校,甚至在社会上造成重大影响,轻则中断正常的课堂教学,重则影响全校教学秩序,甚至给学校造成重大负面影响,给学生未来的发展埋下阴影。

(三) 紧迫性

偶发事件一旦发生,班主任必须当机立断,妥善解决。由于偶发事件的特殊性,处理偶发事件往往不能依靠常规办法解决问题,而需要班主任运用高度的教育机智加以特殊处理。

(四) 复杂性

偶发事件一般可分为两种类型:一种是平常性的偶发事件,比如师生课堂矛盾,学生吵架、旷课等;另一种是特殊性的偶发事件,如人身伤害、财产损害事件,学生打群架,学生离家出走等。

事实上,偶发事件的发生极其复杂,就其性质和范围而言,多种多样。在事件发生的时间上,往往突如其来,爆发快,无论是课堂上还是下课十分钟都可能发生,使班主任难以预防和料及;在事件发生的对象上,有学生与学生之间的,有学生和教师之间的,有学生和社会人员之间的,有学生和家庭成员之间的,既有本校高年级与低年级之间的,也有本校和外校之间的,其范围相当广泛;在事件发生的性质上,有打架斗殴的,有小偷小摸的,有男女生早恋的,也有课堂上严重违纪的;在事件的成因上,有蓄意报复的,有故意搞恶作剧的,也有生理和心理因素孕发的,有不健康书刊、网络信息招引的,也有坏人从中唆使和引诱的。

二、处理偶发事件的原则

处理偶发事件的原则是必须有利于学生思想认识的提高,有利于良好班集体的建设,有利于良好师生关系的建立,有利于班主任教育威信的树立。具体说来,在处理偶发事件时,班主任必须遵循以下五个原则。

(一) 教育性原则

有的班主任碰到偶发性事件,往往不论其性质如何,就进行严厉的批评,甚至动不动就要求学校对当事者进行纪律处分,企图"杀一儆百"。实际上,除了情节特别严重的事件以外,一般只要进行必要的教育,提出告诫就可以了。因为职业学校学生毕竟具有较大的可塑性,只要学生对问题有了深刻的认识,并在行为上有改正的表现就可以了。作为班主任始终不能忘记自己的教育职责,更不能当发生偶发事件时简单地处理、处分了之。

(二) 公正性原则

班主任在工作中难免会出现偏爱现象,当成绩好或者行为习惯好的学生出现偶发事件时,个别班主任会睁一只眼闭一只眼。这种不公正的做法很容易破坏班集体的心理平衡,不利于班级团结。现代学生公平公正意识特别强烈,所以在发生偶发事件时,不管涉及哪类学生,都应该依据事件的性质、影响程度给予公正的处理。如此,才能既达到解决问题的目的,又有利于避免事态可能的激化,也有利于班主任教育威信的树立。同样,当本班学生与其他班级学生发生摩擦时,应就事论事,而不能偏袒本班学生。

(三) 师爱原则

没有爱心,就没有教育。爱是教师和学生心灵沟通的基础,是教师取得教育成就的奥秘所在。偶发事件的处理,也要以爱心为行动的准则。偶发事件的处理能表现出教师对学生的挚爱与高度负责的精神。有经验、有责任心的教师从不会对偶发事件听之任之,他们往往从偶发事件中探求学生的思想动向、心灵奥秘,并能抓住偶发事件这一契机,达到教育的目的。因此,在处理"偶发事件"时,班主任要注意把严肃、善意的批评与信任、积极的鼓励结合起来,把"尽量多地要求"与"尽可能地尊重"结合起来,切不可感情用事,简单粗暴地处理,以免激化师生之间的矛盾,造成师生之间情绪的对立,扩大事态的发展。这正如苏联教育家苏霍姆林斯基所说:"教育,首先是关怀备至地、深思熟虑地、小心翼翼地触及年轻的心灵。在这里,谁有耐心和细心,谁就会取得成功。"

可见爱心与教育机智是相通的,是相辅相成的。处理偶发事件,运用教育机智时,千万不能忘了"爱心"二字,否则就有可能把事态扩大。

(四) 适时性原则

事件发生后,需要适时分析处理,切勿错失教育良机。还要视事态的严重程度,必要时应该及时与学校有关部门或领导取得联系,以求指导与配合,切忌自作主张。若处理得当则能成为开展工作的契机。

(五)灵活性原则

偶发事件的处理往往比较棘手,需要针对实际情况灵活处理。处理的手段、形式、过程可以是多种多样的。个别谈话、请家长配合教育、召开主题班会、交有关部门处理等都是常用的方法,处理得好,往往可以收到事半功倍的效果。

三、处理偶发事件的策略

处理偶发事件需要班主任充分运用其智慧、胆识、思想和艺术。处理得当,学生心悦诚服,就会对老师肃然起敬,对班主任以后的工作开展将起到非常好的促进作用。因此,偶发事件一旦发生,班主任应该沉着、理智、积极地做出反应,运用恰当的方式去阻止事情的发展,还应该采取科学的、行之有效的方法给予妥善解决。

(一)处理偶发事件的基本策略

1.沉着冷静,机智果断

班主任如果一遇到偶发事件就怒气冲冠,大发雷霆,失去理智,也就不可能思考和选择最佳的处理问题的措施,而且会使全班学生的思想、注意力集中到这个事件上,还容易激化师生之间的矛盾,有损教师的形象。班主任遇到偶发事件要有超乎寻常的克制力,具有很高的心理承受力,同时应机智果断,尽可能地安抚好当事人的情绪,为思考问题的解决赢得时间。

【案例9-2】

刘老师接手一个"差班",上第一堂课时,她刚把手伸到粉笔盒里掏粉笔,突然触摸到一个冷冰冰、软绵绵的东西,吓得她叫了一声。仔细一看,原来是一条中指大小的冬眠水蛇,在倾倒的粉笔盒里蠕动,全班哄堂大笑。刘老师努力使自己镇静下来。待笑声稀疏了,她带着余悸平缓地说:"据说,每位接我们班的新老师,都有一份大家赠送的特殊礼物,比如王老师的灰老鼠,郑老师的大黄蜂……而我呢,你们送了条水蛇。"她微微笑了笑,指着那条蛇说:"我是第一次这么近看到蛇,刚才还摸到它,而且着实吓了我一跳。不过,我觉得捕捉这条蛇的同学挺行,至少他挺勇敢,有一定的捕蛇经验……"这时,一名男生"扑哧"一声笑了,嘴凑到同桌的耳根:"老师还表扬你呢。"那名同学不自在地摇了摇头。他原以为这节课像以往一样有"戏"看了,没料到老师还表扬了自己,这是他上五年级以来第一次受表扬,可就是高兴不起来,只是呆呆地听着刘老师讲有关蛇的小常识、有关写蛇的文章……第二天早晨,刘老师又踩着铃声走进教室,一股清香扑鼻而来。她意外地看到,讲台的粉笔盒上插着一束野菊花,在射进教室的阳光中闪烁着异样的光彩,教室里鸦雀无声,一双双眼睛扑闪扑闪的……从此,这个班变了,变成了全校的先进班。变的原因,就在于刘老师善于发现学生的优点,善于因势利导,将消极因素化为积极因素。

2. 分析原因,弄清实质

在了解偶发事件全过程的同时,班主任要对已掌握的基本事实和有关情况进行分析和研究,弄清偶发事件属于什么性质的事件,掌握问题的要害所在。分析原因要始终把握学生的心理特点和思想认识特点,不能用成人的要求和标准去衡量学生。

有些偶发事件不便直接处理,宜用曲线迂回的方式解决。同时,班主任工作要做得慎重细致,切忌掉以轻心,疏忽大意;切忌唐突,浇油升温;切忌专制武断,训斥压服。

3. 抓住契机,积极疏导

偶发事件的发生必然是平时疏于对某些学生品德、心理进行教育,使得事情在一定的潜伏期后,在适宜的时间、场合发生了。所以,班主任在平息事端过程中要善于发现学生的闪光点,鼓励学生用优点克服缺点,不要背思想包袱,启发学生进行自我教育,把对个别学生的教育看成是一次对全班学生引导教育的契机,让全体学生的思想品德得到一次净化,推动班级的管理工作得到进一步发展。

4. 当机立断,快刀斩乱麻

有些偶发事件,如果属于初发,而且性质严重,必须马上表明倾向的时候,班主任应该当断则断,当决则决,快刀斩乱麻。

(二) 处理偶发事件的常用方法

1. 趁热加工法

许多偶发事件,如发生在课堂的偶发事件,要及时果断处理,趁热打铁,以取得最佳教育效果。

【案例9-3】

一位语文老师刚刚跨进教室,发现学生都望着天花板,原来一条凳子上的坐垫挂在天花板的电灯线上,他正想发火,转而灵机一动,改变了原来的教学计划,转身在黑板上写了"由坐垫飞到屋顶上谈起……",让学生写一篇命题作文,收到了良好的效果。学生通过亲身的感受,写出的作文真实生动,那位挂坐垫的同学在作文中也承认了错误。

2. 降温处理法

班主任遇到偶发事件时,暂时采取淡化的方式,把偶发事件暂时搁置一下,或是稍做处理,留待以后再从容处理的方法。处理偶发事件时班主任要冷静沉着,不要妄下结论,要稍稍平息一下已经激荡起的不平静的气氛,同时要对偶发事件的处理做一个预先的"交代",并让学生理解暂缓处置的理由。

在课堂教学中经常会遇到师生冲突或学生出现重大违纪现象的偶发事件,在事件发生后,学生多半头脑发热,情绪不稳,这时如果班主任急于处理的话,则往往不仅不能够有效地解决问题,相反,会使当事者产生更严重的逆反情绪,使局面难以收拾;教师则容易心理失衡,缺乏充分的心理准备和冷静的分析,如果贸然进行热处理,难免发生失误,或难以取得最佳的教育效果。对此,可以采取淡化的方法,暂时搁置起来。

职业学校学生正处在心理成长期,血气方刚,有时"针尖对麦芒"的效果未必更佳,不如"冷处理"反而能取得好效果。

【案例 9 - 4】

一次课间,班主任老师恰好从教室路过,听到里面传来激动的话语声,进去一看,原来是一位学生跟专业课老师发生了争执。专业课老师气呼呼地告诉班主任:"上课时背不出,一下课叫住我,叽里咕噜地背了一下,我叫他背得慢一点,他反而说我耳朵有问题,太不像话了!"说完很生气地摔门而出。班主任一看,那位学生样子非常激动,眼圈红红的。当班主任问该学生为什么这样时,学生说:"背、背、背,整天就知道背,我们又不是背诵机器。"班主任一看他面带挑衅的表情,觉得这时候的严厉批评只能让他更冲动,就对他说:"那你回去想想,有没有比背更好的办法了。另外,好好反思一下你刚才的举动,看看有没有不对的地方,并且写到纸上,明天交给我。"该学生一听非常惊讶,随即痛快地说:"好吧。"第二天,该学生主动去找班主任承认了错误,并且主动到专业课老师那儿认了错。

实施冷处理,并不是对事件不做处理,也不是拖拖拉拉不及时处理,而是尽量减少偶发事件的负面影响,争取调查了解的时间,等待最佳的教育时机,为全面、彻底解决偶发事件做好充分准备。

3. 巧留空白法

这是指当发生偶发事件时,班主任老师并不直接指出学生问题所在,而是留给学生思考的余地,让其认识错误,悟出道理,而班主任则因势利导,提高学生认识。

【案例 9 - 5】

上课时,某老师抽问一学生后,让其坐下,没想到该生一下子坐在地上。很显然,是他旁边那位同学悄悄移走了凳子。面对这一偶发事件,怎么办?这位老师马上走上前,扶起摔倒的那位同学,一边关心地问:"摔着了吗?"一边掏出手绢给他擦身上的灰尘。然后看一眼旁边的那位同学,继续上课。下课后,他把那位移凳子的同学叫到了办公室,说:"你想对我说什么吗?"那位同学不语。过了好一会儿,老师又把刚才的话说了一遍,如此这般数次,那位同学终于开口了,承认了自己的错误,而且说要像老师一样关心同学。这个案例中,移凳子的那位同学知道自己错在哪儿,只是不敢承认。任课老师没有兴师动众地在课堂上处理,也没有喋喋不休地说教或苦口婆心地劝慰,而是稍加点拨,留下许多空白,让这位学生去想,促其自我反省,最终促使这位同学鼓起勇气承认了错误,并表示要像老师那样关心同学。

可见,高明的老师善于抓住机遇,巧留空白,让学生自己去思考、去感悟,从而起到较好的"内化"作用。

4. 因势利导法

所谓"势",是指事情发展所表现出来的趋向。处理偶发事件时,要注意发现和挖掘事件本身所表现出来的积极意义,然后或顺势把学生引向正路,或逆势把学生拉向正轨。

【案例 9-6】

一位老师上课时,发现某学生看小说,就突然提问他,可这个学生站起来嬉皮笑脸地说:"这个问题嘛,我可以给全班开个讲座了。"全班哄堂大笑。对此,老师可以批评学生,可以暂时没收学生的小说,但这样的处理都会影响课堂情绪。这位老师采取了另外一种处理方式,她沉着地说:"好呀!正好教学计划中有个专题讨论,下周进行,你做中心发言。"那个学生一下子泄了气。课后为了下周的发言,他查找了许多资料,做了充分准备,发言时效果很好。教师表扬了他,他也公开向老师道了歉。

这位教师正是能因势利导,化消极因素为积极因素,才解决了这个棘手问题,充分展示了自己良好的教育机智。

5. 暗示法

正处在成长过程中的职业学校学生,受阅历和自我控制能力的制约,难免会犯错误,对于他们来说,经历错误和改正错误恰恰是他们成长的过程。在偶发事件处理过程中,虽然直接指出学生的错误有利于学生认识不足,但是也会使学生失去自尊,甚至造成难以挽回的结果。如果在维护学生自尊的前提下通过点拨,使学生认识到自己的错误,产生激烈的矛盾冲突,并产生改正错误的动机和勇气,有利于实现既定的教育目标。

【案例9-7】

有一天上课前,班中的一名女生告诉我,女生张某偷了一个同学的浅绿色羊毛衫并转卖给了其他同学,被发现后还百般抵赖,死不承认,要求我把这一事件调查清楚,给张某处分。此时,我并没有针对性地处理这件事,而是告诉她,课后了解清楚了再说。课后,我叫来张某,和颜悦色地和她聊起了家常,并告诉她,如果家庭确实有困难,老师和同学会伸出援助之手的。张某眼中的敌意渐渐消失,缓缓地摇摇头:"我家还是较富裕的,谢谢老师好意。""衣服晒在一起不小心收错是不足为奇的,问题是收错了要及时归还,你说呢? 就是你一时糊涂做了错事,改正了照样是好学生;况且我向你保证,只要你勇于承认错误,并改正错误,我一定会妥善处理这件事,决不让你的名誉受损。"我始终笑着对她说。望着态度诚恳的老师,张某犹豫了。我又趁热打铁向她讲述应该堂堂正正做人的道理,张某终于流下了后悔的眼泪,吞吞吐吐地说出了实情。在下一次课上,我告诉那名女生:张某是不小心收错了衣服,她已经还给人家了,我班的学生素质都是好的,同学们不要遇事就轻易地下结论,要了解清楚再发表看法。这样做维护了学生的自尊心,满足了学生的自尊需要,最终改变了学生的不良行为,起到了惩罚等方式达不到的效果。

6. 幽默法

马卡连柯说:"教育技巧的必要特征之一就是要有随机应变能力,有了这种品质,教师才能避免刻板套路,才能估量此时此地的情况和特点,从而找到适当手段。"教师的随机应变能力是教育机智的集中体现。因此,遇到一些偶发事件,教师不妨表现得幽默一些,既缓解紧张情绪,也有利于转移学生不良的注意力。

课堂上有些偶发事件使教师处于窘境,如果查处则拖延时间,不理睬又损害教师威信。在这种情况下,教师可采用幽默法,暂时让自己摆脱窘境。

【案例9-8】

　　记得有一次,班级里办晚会,生活委员买了西瓜,在我座位前也分了一大块。我刚拿起西瓜,一句清晰的话传入耳中:"这下,班主任的龅牙起大作用了。"我循声一看,说这话的是平时比较调皮的一个男生,他正满脸坏笑地盯着我。当时因为这声音很响,大家听了之后都停了下来,教室里一片寂静。我灵机一动,边哈哈大笑边站了起来,说:"那就请同学们好好观察一下吧。"说完用心仔细地吃起来。班级里紧张的气氛缓和了下来,我也发现刚才那位男生的头低了下去。我又说:"老天生人是公平的,有缺陷自然会有补偿。大家说是不是?"班级里一下子爆发出了鼓掌声。事后,那位男生主动来认了错。

第四节　处理情感问题的艺术

　　在一些职业学校,学生"恋爱""谈对象"已成为一种"时尚"。学生从以往偷偷摸摸进行"地下"活动发展到在校园里牵手、挽臂、勾肩搭背,甚至接吻;学生因"恋爱"过分投入而影响学习,甚至有的出现心理健康问题。有些学生因"恋爱"而争风吃醋,甚至出现纠纷、打斗。和谐的同学关系、良好的班集体、安静的学习环境受到严重影响。职业学校学生恋爱问题已日益受到学校、家庭、社会的广泛关注。

　　更值得关注的是,由于职业学校学生群体的特殊性,如精力旺盛、学习积极性普遍欠佳,恋爱现象更为普遍;同时由于性知识的缺乏,常常酿出苦果。与此同时,学校和家庭对于学生、孩子的情感问题常常如临大敌,束手无策,或采取消极的应对措施,实际难以防范问题的产生,其效果自然不佳,甚至适得其反。

一、职业学校学生恋爱问题的成因

(一) 生理成熟——恋爱的内发力

从心理学角度分析,青少年进入青春期后,随着性生理的变化,性心理也必然发生复杂的变化。进入青春期的职业学校学生,随着活动领域的扩大和知识的增多,认知兴趣和求知欲的增强,在性成熟的生理作用下,对性具有强烈的好奇心,试图探索异性的奥秘,甚至产生生理冲动与体验欲望。他们开始注意异性、亲近异性,而在这个过程中容易产生爱慕和追求的情感,也可能出现心理问题和情感问题。

歌德说过:"哪个青年男子不善钟情,哪个妙龄女子不善怀春,这是人性中至真至纯。"进入青春期后的男女学生彼此间产生爱慕之心,这是人之常情,也是人最初萌发的真挚情感,但一些学生不能很好地调节控制自己的心理需要,缺乏健康的异性交往心理和正确的性知识,或把单纯的异性相吸误认为爱情,甚至付诸过早的性实践,可能给学生的身心带来不良影响。

(二) 心理缺失——恋爱的驱动力

在职业学校学生中,出现恋爱现象除与生理成熟有关外,更多的可能是心理因素而导致。职业学校学生恋爱主要出于以下几种心理。

1. 竞争心理

在职业学校校园里不适当地把竞争意识引入性意识、性心理领域,表现出一种不甘落后的竞争心态,这是近年来职业学校学生恋爱成风的主要心理之一。职业学校许多学生对学习没有兴趣、缺乏动力,但在恋爱上却表现出了极强的竞争意识、好胜心,并以此产生"获胜"的快乐和"失利"的挫败。

2. 炫耀心理

职业学校学生向往美好的爱情生活,这本是可以理解的,但部分学生过早地或不适当地把"谁先找到对象""谁的朋友风度潇洒、漂亮迷人"作为炫耀的资本,这是虚荣心的重要表现。有少数职业学校学生恋爱并非出于渴望纯真感情的实现,也并非对另一方真正有很深的感情,而只是把异性对他(她)的追求或本人对异性的追求,作为体现自己能力和试探自我价值高低的一种手段。

3. 从众心理

这是职业学校学生中普遍存在的一种群体心理。有的男生本来没有打算在校期间谈恋爱,但由于周围的同学都已成双结对了,怕被人讥笑没本事或缺乏魅力,因而也跃跃欲试;而一些女生同样由于从众心理,当看到周围同学在谈恋爱时,生怕自己"没人要""掉价",被动地陷入情感的旋涡。

4. 补偿心理

部分职业学校学生从小缺乏家庭温暖,或由于学业成绩差,在学校"不受待见",异性的青睐和相互取暖,使其成为一种心理补偿。

5. 探测心理

这是一种最为严重的畸形心理。更有甚者,把追求异性和获得异性的青睐作为自我满足的手段,有的最终堕落成玩弄异性的骗子,进而走上犯罪的道路。

(三) 信息污染——恋爱的诱动力

信息时代的到来,网络文化的发达,使青少年过早、过多地接受与性有关的信息。职业学校学生获取信息的渠道越来越多,信息量越来越大。电影、电视、网络小说和视频充斥着社会信息文化的传播,部分色情、凶杀等镜头使得性刺激量大大增加,学生几乎随时随地都可以获得充满性刺激的内容,那些庸俗的、格调低下的文艺作品特别容易污染青少年纯洁的心灵。学生模仿能力很强,好奇心又驱使他们去尝试。尤其是大众传媒对中学生恋爱有过多不负责任的渲染,使职业学校学生觉得恋爱已经成为职业学校学校的主流,不值得大惊小怪,其结果反而对学生的恋爱起到一种推波助澜的作用。

(四) 教育失误——恋爱的助推力

首先,家庭教育失当。有些父母整天为生计奔波劳碌,对孩子只是给予物质上的满足,缺乏心理的、思想的和行为上的关心,也不善于与孩子进行思想感情的交流。很多家长往往对孩子的恋爱问题采取严厉禁止的态度,或粗暴地干涉,不允许孩子有正常的异性交往,封锁一切有关性知识和爱情描写的书刊,导致一些孩子产生逆反心理。

其次,学校、老师教育无法。主要是对学生恋爱问题要么采取回避态度,对恋爱现象置若罔闻,导致恋爱在学校中蔓延;要么是绝对禁止男女学生的个别交往,一旦发现任何恋爱的蛛丝马迹,便不分青红皂白地定性为"早恋",甚至公开处罚,这常常严重挫伤学生的自尊心,或对学生恋爱起催化作用。职业学校学生求得人格平等、重视人格尊严、渴望他人理解的意识非常强烈,作为教育者应该给予充分的理解和尊重。

在如何处理"早恋"问题上,老师必须冷静分析,结合学生不同年龄阶段的心理特点,具体问题具体分析,慎重行事。基本前提是尊重学生的人格,尊重学生的合法权益,考虑其年龄特征,本着理解和信任的基础去处理。

(五) 情感缺失——恋爱的原动力

当家庭中父母离异或情感出现问题,或父母由于工作等多方面的原因对孩子疏于关心,或父母对子女的态度过于简单粗暴等,特别是当孩子本该在家庭中获得的关心与呵护却因种种原因得不到时,孩子就会试图从别的渠道获得这种情感满足。缺乏家庭的温暖,孩子就会到同龄异性朋友那里去寻找情感的港湾。家庭不和睦,经常吵架、打架或单亲家庭,得不到父母足够的爱,精神上空虚的学生渴望通过谈恋爱获得温暖或爱的补偿。

师爱的缺失也是推动学生恋爱的重要原因。有些学生在家庭中得不到温暖,或得不到健全、正常的爱和温暖,在同学中人际关系又不佳,希望得到老师的关爱,但老师往往又不能顾及所有学生。后进生常常是班主任爱的盲区,或成为师爱遗忘的角落。

二、职业学校学生恋爱的教育与引导

职业学校学生恋爱现象并不是洪水猛兽,用不着惊慌失措,更用不着采取一些极端的措施。解决职业学校学生的恋爱问题,关键是要做好预防和疏导工作,做到"管""导"结合,重在引导。

（一）加强青春期性教育，培养学生健康的心理

青春期是人生的重要发展阶段，青春期的学生在经历和应对身体、社会、性和心理方面的快速变化时，需要持续的爱和支持。因此，无论是学校或班主任，都应摒弃那种"谈性色变"的观念，积极开展青春期教育。著名专家吴阶平院士曾大声疾呼："在青春期教育中，如果不把性教育放在应有的地位，则其他方面的教育也难以收到应有的效果。"我们只有重视对职业学校学生进行青春期的教育和引导，使他们获得科学的性知识，才能消除他们对性的神秘感，使他们树立起正确的恋爱观，以及良好的恋爱心态，有效地预防性知识缺乏或恋爱心理畸形而导致的不良后果。

（二）开展积极的教育疏导，激发学生自主发展的动力

如何对职业学校学生进行正确的教育与引导呢？

首先，班主任老师要对职业学校学生恋爱有一个正确的认识和科学的态度。心理学家和教育学家通过研究认为，把所有中学生间写纸条约会都算恋爱是不科学的，也是肤浅的。作为中学生本身最反对的就是将早恋概念扩大化，以至于将简单的问题复杂化，从而加剧学生与家长、教师间的对抗心理。

应该说，职业学校学生中的许多恋爱行为不是真正意义上的恋爱，而是对成年人恋爱的好奇和模仿。如果教师、家长对男女学生的交往过度敏感，反而易引发他们往恋爱方面想。同时，不合情理的指责和粗暴的禁止，极易伤害孩子们纯真的心灵和情感，从而迫使他们将恋爱行为转向秘密化。在这种情况下，恋爱的性质极可能出现质的变化，甚至结出苦果；或者假戏真做，促进恋爱事实的产生。作为教师在发现有些男女学生之间交往密切，有恋爱倾向时，一定要先注意观察，分清他们之间的交往是不是恋爱，不要惊慌失措，更不要动不动就扣上早恋的帽子。如果班主任发现学生确有恋爱现象，一定要冷静、慎重地对待，不要急于告诉家长、报告学校，扩大影响，相反要理解他们的纯洁情感，尊重他们的人格；与此同时，要分析学生恋爱的具体原因，并寻找积极的教育对策。

其次，班主任要晓之以理，使职业学校学生明白不宜过早谈恋爱的原因。要通过恰当的方式，让学生认识到职业学校学生心理尚未成熟，社会阅历比较少，

缺少经验,处理问题容易走极端。特别是一些学生的意志品质不健全,缺少自制力,所以有恋爱现象的学生很容易发生心理或行为偏差,给以后的学习、生活、人际交往都蒙上一层阴影;而且职业学校学生经济上尚未独立,事业尚未定向,此时的恋爱行为势必会分散精力,对人际关系的建立也有消极影响。

最后,班主任要为学生寻找自主发展的动力。在不否定其情感的前提下,在尊重双方的基础上,在理解宽容的条件下,取得学生的信任,然后有针对性地激发恋爱双方内在的动力,使其主动地向外界证明其双方感情的真实性和深刻性。要让有恋爱现象的学生明白"两情若是长久时,又岂在朝朝暮暮",明白爱是无私的,爱就意味着责任、奉献,爱就意味着为对方着想;爱对方就要发展自己,在学习奠基阶段,应该专注于专业的学习,积极地积累条件,为将来自己收获伟大的事业和稳固成熟的爱情夯实基础。

(三) 培养学生高尚的情操

在进行青春期知识教育的同时,应根据职业学校学生头脑兴奋性强、记忆力好、容易接受新鲜事物、精力充沛等特点,进行理想前途教育、"五自"教育(自学、自理、自护、自强、自律)、法制教育,帮助他们树立正确的人生观、是非观、爱情观,使他们认识到青春期是学习知识的黄金时代,体会到"少壮不努力,老大徒伤悲"的含义,引导他们抓住青春期这一有利时机,刻苦学习,努力掌握知识技能,为未来的发展积累资本,做好准备。

(四) 建立良好的师生关系

建立良好的师生关系,教师做学生的知心朋友,和学生心贴心,这一点很重要。班主任只有充当学生的良师益友,才能够及时了解情况,在学生恋爱处于萌芽状态时就能够及时引导;也只有具有良好的师生关系,才能使班干部、同学团结在班主任周围,使师生间有和谐、融洽的关系,使班集体具有较强的凝聚力。这样的集体,又有什么事不好解决呢?许多优秀班主任的工作经验都表明,具有良好的师生关系,并且学生能够真正感受、理解老师的真诚,加上班主任引导得当,那么,学生是会明白事理的,职业学校学生恋爱问题也是能够得到有效解决的。

问题与思考

1. 试结合自己的班主任工作实践,总结、了解和研究职业学校学生的方法和艺术。

2. 试结合自己的班主任工作实践,谈谈职业学校后进生的方法和艺术。

3. 请你认真研读本章的案例,然后以"职业学校班主任处理偶发事件的心理品质"为题,写一篇读后感。

4. 结合实际,讨论职业学校学生情感教育的艺术;同时,就职业学校学生出现情感问题的偶发事件时,班主任应该具有的教育机智撰写一篇小论文。

第十章

职业学校班主任的专业成长

　　小杨是一名中职生,刚入校的时候,特别排斥中职学校,言语上也很刻薄,甚至直白地告诉班主任说她就是来这里混日子的,就是要得过且过等死,让老师别白费时间和心思在自己身上。班主任张老师笑着问她为什么会这样认为,她也直言不讳,说在这种中职学校不但学不到任何有用的东西,还会被那些考上高中的同学看不起,何必浪费精力。她就像说的一样,非常懒散,甚至自暴自弃;第一个星期没有参加军训,旷课、迟到更是常事,张老师问她原因,她不耐烦地说教室太吵闹,让她感到心烦气躁,所以不喜欢回教室,晚自习也是三天两头就请病假,躲在寝室睡大觉。但张老师完全没有放弃她,并因材施教,一步一步地慢慢引导她,在各科老师的辅助之下,一年多的时间,成功地帮助她找到自己的目标。最后在张老师的带领下,她参加了 2021 年所在省职业院校师生技能大赛中职组苗绣技艺(个人赛),取得三等奖。从此之后,她更是一路斩荆披棘,一路绿灯。先后被评为校级优秀播音员、优秀团员、优秀通讯员、省级三好学生,获得国家奖学金,作为优秀学生代表发言,今年在贵州省职业院校师生技能大赛中职组苗绣技艺(个人赛)获得二等奖,并且获得保送大学的名额。

　　班主任工作在我国已有一百多年的历史。1904 年清政府在《奏定学堂章程》中规定学校实行级任制,一个学级设一个级任教师,这就是我国最早的班主任制度。新中国成立后,1952 年教育部颁布的《中学暂行规程(草案)》和《小学暂行规程(草案)》中明确规定了中小学每班设班主任 1 人;1963 年中共中央颁布《全日制中学暂行工作条例(草案)》对中学班主任的职责进行了规定;1979 年教育部颁

发了《关于班主任工作的要求》;1988 年原国家教委颁发了《中学班主任工作暂行
规定》和《小学班主任工作暂行规定》;1998 年原国家教委又制定了《中小学班主
任工作暂行条例》,对班主任的素质和工作提出了具体要求,并提出给班主任的
劳动以一定的经济报酬;1979 年教育部颁布《关于普通中学和小学班主任津贴试
行办法》,首次对班主任的劳动报酬做出了明确规定;1988 年和 1997 年人事部、
国家教委、财政部等部委先后两次调整和提高班主任津贴。2002 年 10 月全国第
十一届班集体建设理论研讨会提出了班主任专业化的论题,班主任专业化问题
从此引起了广泛的关注,职业学校班主任专业化工作也相应展开。

　　职业学校的良性运转、班级的有效管理、学生的全面发展、家长和学校的积
极沟通,这些离开了班主任都无法正常进行。职业学校班主任工作的现状和班
主任工作的重要性,鞭策着职业学校班主任必须走专业成长的道路。

第一节　职业学校班主任专业化规律

　　"立德树人"是班主任职业生涯的职责与使命,也是贯穿其专业化成长过程
的基本规律,班主任的成长规律包括形成育人理念、生成育人情怀和践行育人行
为。透视班主任专业化规律对于班主任的专业化也具有重要引领意义与实践价
值。优秀班主任是教师群体中珍贵的教育资源,其以独特的成长过程形成的育
人理念,以深刻的教育实践生成的教育情怀,在教育教学、科学研究、管理实践和
文化发展方面彰显着成长的内在规律与价值趋向。

一、形成育人理念

　　班主任的育人理念是指班主任在长期的教书育人与班级管理过程中所形成
的育人思想和观念体系,这是构成班主任教育观的重要组成部分。班主任的育
人理念并不能凭空产生,必须以相应的理论知识和实践知识作为其形成的前提
和基础。事实上,知识与育人理念之间并无自然联系,二者之间的有效结合必须

通过个体的主动应答,即通过班主任对知识的选择、思考、内化、践行与反思,进而形成班主任对教育的认识与看法。职业学校班主任的育人理念应当融入思想道德教育、文化知识教育、社会实践教育等各环节,形成教书育人、实践育人、管理育人、服务育人、文化育人、组织育人的长效机制,对职业学校学生的全面发展发挥长期、稳定和潜移默化的积极作用,使职业学校的学生可以终身受益。

二、生成育人情怀

班主任的育人情怀是指班主任在教育教学和班级管理过程中,立足国家和社会的实际,出于学生的需要、兴趣以及个性化发展,以育人为目的、以教学为手段、以"师爱"贯穿整个教育教学过程所形成的关于教师对学生的基本情感态度。近代人民教育家陶行知强调:"教师的职务是'千教万教,教人求真'。学生的职务是'千学万学,学做真人'。"班主任肩负着立德树人、培根铸魂的职责与使命,而"师爱"则是优秀班主任的共性品质,班主任以育人情怀生成的学生观是指班主任从对国家、社会的爱转变为对学生的爱,形成的关于对育人的理性认识。在职业学校的班级教育管理工作中,班主任应怀揣爱国情怀,言传与身教相统一,根据职业学校学生的特点,以学生的终身发展和全面发展为出发点和落脚点,厚植爱生情怀,教学生求真,教学生做人。让每个学生感受到被关注、被关心、被珍视,通过理性的"师爱",不断发现和挖掘学生身上的闪光点,唤醒学生身上美好的东西,增强学生的自我认同感和自我效能感,让学生能够在潜移默化中坚定理想信念,不断提升自己,将自身的成长成才融入祖国的发展中。

三、践行育人行为

班主任的专业化成长必须以教学实践为基础,只有通过教学实践,教师才能了解学生的真实想法、认识学生的思想观念、兼顾学生的特点优势、照顾学生的学习习惯,再通过自己实践性的育人活动和育人行为,总结出具有特定规律的育人经验。育人本身就是在不断的、循环的认识、实践、反思、总结、改进、再认识过程中持续优化进行的。优秀班主任应善于根据复杂多变的教育环境、学生多元化的理想诉求以及个性化的发展需要,借鉴科学先进的班级管理理念,采取具有针对性和实效性的工作方法,开展育人实践,并能够对班级管理的措施和解决问题的效果进行总结与反思,通过教育随笔、工作日记和学生成长记录以及科研等方式记录,在实践的基础上,通过理论与实践相结合,对育人手段进行改进,再进行实践,从而不断践行和优化育人行为,来促进自身的专业成长。[①]

【案例 10-2】

以爱育人

李老师班上的小明同学新学期上课总是无精打采,甚至扰乱课堂秩序,常常引得班里的同学哄堂大笑,使得班里的纪律非常涣散,同时人际关系也紧张了起来。

于是,李老师找他谈话,希望他能遵守学校的规章制度,以学习为重,按时完成作业,知错就改,争取进步。李老师真诚地跟他说他是最懂事的孩子。他总是口头上答应得很好,可事后仍一如既往,真是"承认错误,坚决不改"。李老师觉得作为班主任,不能因为一点困难就退缩不前,不能因一个学困生无法转化而影响整个班集体,不然,他可能会"带坏"一群立场不坚定的学生。为了有针对性地做工作,李老师决定先让他认识自己的错误。于是李老师多次进行家访,家访中,了解到小明从小由奶奶带大,奶奶对他十分溺爱,妈妈根本没有时间管教他。通过多次家访后,了解到奶奶和妈妈对他无能为力,只能听之任之。他感受到自己在家中的"地位",所以养成了我行我素的不良习惯。"没有调查便没有发言权。"调查清楚情况后,李老师思忖着必须慎重地采取措施,否则会适得其反。李老师试着接近他,清除隔阂,拉近关系。经过观察,李老师发现他劳动积极主动、踏实,为人诚实,于是经常叫他到办公室交谈,了解情况,趁机鼓励他"你干活儿那样能干,在学习上只要自觉,你一定能行;只要你好好对待别人,同学们一定能喜欢你"。通过几次的接触启发,李老师与他慢慢建立了信任关系。自此,每当他有一点进步,李老师便适时鼓励与表扬他,还借助班干部的力量共同帮助他,使他逐渐明白了做人的道理。通过一学期的努力,他上课开始认真起来,与同学

---

① 袁川. 中小学优秀班主任成长规律探析[J]. 贵州教育,2014(16).

之间的关系也缓和了,各任课老师都夸奖他,比以前进步了许多。现在他已能融洽地与同学们生活在集体中,学习情况也今非昔比。班级工作的开展如鱼得水,游刃有余,李老师顿感轻松了许多。

第二节　职业学校班主任的教育理念

职业学校班主任的专业成长不仅是时代变革的呼唤、社会发展的要求和职教改革的必然,也是职业学校班主任自我成长、发展、完善的内在需求。职业学校班主任的专业成长不仅需要接受专业技能培训,更需要对自身教育理念进行更新。

一、学生观——学生是不断成长的生命体

卡尔·雅斯贝尔斯在《什么是教育》中提出:"教育,是人对人的主体间的灵肉交流活动,包括知识内容的传授、生命内涵的领悟、意志行为的规范,并通过文化传递的功能,将文化遗产交给年轻一代,使他们自由地生成,并启动其自由天性。""社会"和"人"都是教育的主体,而培养社会所需要的全面发展的"人"是一切职业教育活动的中心。在职业教育中,班主任必须树立以学生为本的理念,把促进学生最大限度的发展作为职业教育的出发点和最终归宿。职业教育不能把学生的学习过程仅仅视为对学生的知识传递过程,而更应视为学生生命的成长与发展。长期以来,我们对职业学校教育存在一种误识,即认为职业学校只是给在学业上没能够继续发展的学生提供一种生存的技能,忽视了职业学校也是学生生命发展的一个空间,忽视了学生的生命有多种发展的可能。职业学校班主任需要改变以往的观念,不能仅把学生视为知识技能传授的客体,而是应当以一种生命的视角来看待他们。生命是灵动的、异彩纷呈的,职业学校的班主任没有升学率方面的压力,应当更多地关注学生的兴趣、特长、性格等特质,根据对学生多方位的了解,引导学生成长,真正做到因材施教。

二、教师观——教师是学生发展的引路人

(一) 深入了解学生,指导他们选择并从事适合自己的职业

人与人之间的差别不是智商高低、聪明与否的差别,而是智能类型、智能强项的差别。对于每一个个体来说,不存在谁比谁更聪明的问题,只存在谁在哪一个领域、哪一个方面更擅长的问题。职业学校班主任因"智"施教可以扬长避短,使学生在某一智能领域更加突出,更能发挥作用,从而使教学更有针对性和实用性,更能用优质资源培养出一流的实用型人才。

(二) 充分信任并宽容学生,同时给予适当的激励

学生需要信任,学生只有获得了别人尤其是班主任的信任,他们的自信心才会增强。有了自信心就有了进步的希望。苏联教育家马卡连柯在工读学校执教时,正是从信任入手,唤醒了许多学生即将湮灭的自信心,从而拯救了一大批"问题少年",使他们重新走上健康的人生之路。职业学校班主任可以让同学之间互找优点,当几十个学生为某一个学生寻找优点时,他的优点便立即集中起来并异常突出,从而使其信心倍增。

此外,班主任还要善于倾听。一位学者说过,说服别人的最好办法之一是用耳朵听他们说。职业学校的学生有愉快、欢乐和幸福,也有不少问题、疑惑甚至痛苦,需要向别人倾诉以宣泄内心的情感。班主任要用心灵去倾听学生的内心表白,关心他们所关心的问题,分享他们的欢乐,分担他们的痛苦。专心聆听学生的心声是一种尊重与关怀,它会使学生为之感动,从而更容易接受老师的教诲。倾听既能满足学生寻求关心和帮助的需要,又能使班主任走进学生的世界,成为年轻一代的引路人。

学生是发展中的人,他们不成熟的个性会使其有针对教师的偏激言语与行为。对此,班主任应当认识到学生是成长中的个体,对他们给予谅解,采取宽容的态度。苏联教育家苏霍姆林斯基说,有时宽容引起的道德震动比惩罚更强烈。宽容有利于唤醒学生心中的良知。学生犯了错误,大都会产生内疚和恐慌,从而

形成一种心理压力。此时若教师不假思索地予以批评,这种压力就会很快得到缓解,因为他感觉已经受到惩罚,于是心理就平衡了许多。所以在受到教师批评前,犯错误的学生一般都很紧张,而受到教师批评后,他们得到了解脱,就比较轻松了,于是便不再反思自己,也就谈不上认真改正错误。如果教师以宽容的态度代替批评,学生的内疚感则会更加强烈,这就迫使他不得不认真反思自己的行为并努力改正错误,从而达到良好的教育效果。

喜欢听赞美的话,不愿听指责的话,这是人性的弱点,成人、儿童无不如此。职业学校班主任要善于利用人类的这一天性,多表扬、少批评,以此引导学生朝着所希望的方向发展。苏霍姆林斯基说过,"一切能使儿童得到美感快乐的东西,都具有神奇的教育力量"。教师不经意的一句赞美,往往会在学生的心中留下深刻的印象而终生难忘。用赞美的方式激励学生,以激发他们的求知欲和上进心,培养他们高尚的情操,开发他们的创造潜能。

教育过程是师生双向促进的过程,通过良性互动,师生之间可以实现双向发展。职业学校班主任必须树立新型的师生关系:从人际角度看,师生关系是平等的、共生的、朋友式的;从教育角度看,师生关系是互动的、共进的、发展式的。作为学生,固然能从班主任身上学到许多做人的道理、做事的经验、学习的方法;作为班主任也能从学生身上学到独有的天真、淳朴,听到新鲜的奇闻趣话,感受到珍贵的欢乐、温馨,而且在教育的过程中自身的能力能够得到发展。班主任只有与学生共同奋进,才能使全班学生获得主动的、自由的、生动活泼的、有鲜明个性的全面发展。

三、教育目的观——职业教育是培养全面发展的职业人

《全国职业院校技能大赛中等职业学校班主任能力比赛方案》指出,制订班级建设方案时要根据"职业教育国家教学标准、学校专业人才培养方案和行业企业人才需求实际",要求班主任"了解班级所属专业的人才培养方案,依据培养目标、专业特点和学业要求,有针对性地帮助学生认识自我,了解社会,走进专业和职业,传承奋斗精神,增强职业意识,树立正确的职业理想和职业观、就业观、创业观,培养良好的职业道德、职业素养和职业行为习惯,提升职业生涯规划能力。

指导学生根据社会需要和自身特点选择生涯发展方向,顺利实现就业、创业或升学"。这就要求职业学校班主任深入了解职业教育特点,全面掌握国家关于职业教育的政策法规,在制订班级建设方案时紧密结合专业人才培养方案,在进行班级管理时渗透企业文化,在组织班级活动时围绕专业来培养学生的职业精神、职业素养、职业技能、职业道德,激发职业学校学生的潜质,促进学生面向未来的职业生活全面发展,真正培养出高素质技术技能人才、能工巧匠、大国工匠,为每个人创造人生出彩的机会。[①]

第三节　职业学校班主任的专业素养

一、职业学校班主任的心理素养

(一) 乐观的心态

乐观的心态是职业学校班主任重要的心理素养。职业学校班主任要能够清醒认识自身现状,并能够正确地认识和评价自己,对人生充满热爱,保持积极乐观的心态以及良好的人际关系,变压力为动力。魏书生在他的《班主任工作漫谈》中对班主任如何改变自我进行了专门论述,如"多改变自我,少埋怨环境""选择积极的角色进入生活""多挑重担,少推卸责任""提高笑对人生的能力"等。埋怨、灰心、等待的结果是学生越来越难教,自己的脾气也变得更糟糕。一事当前,不是千方百计地想办法战胜困难,而是先指责埋怨一番,用黄金般宝贵的光阴换来一大堆无用的指责埋怨,这是人生最悲哀的事情,比较实际的做法是先从改变自己做起。

---

① 蒋东霞. 大赛背景下中职班主任的专业化成长之路[J]. 河南教育(教师教育),2022(6).

(二) 顽强的意志

顽强的意志是职业学校班主任不可缺少的心理素质,它是一种坚持目标、克服困难的心理过程。职业学校班主任必须充分认识自己所肩负工作的重大意义,坚信自己的工作光荣而崇高,即使在非常困难的情况下,也能坚守岗位,冷静、平静、坚定地处理一切事务,有条不紊地开展工作,这既能赢得学生的加倍尊敬,也能激发学生的自觉性。

办事果断是意志素质的一种表现形式。职业学校班主任要善于保持清醒的头脑,明辨是非、爱憎分明、迅速合理地做出决定并付诸实施。班主任对事情果断明确的态度,能带给学生坚定的力量,表明班主任就是他们坚强的后盾,放手让学生干,并且相信他们肯定能干好;班主任做出决定时要有亲切的面容,使学生在愉悦的心境下接受任务,而不是在强制下的被动接受。班主任的这种工作作风,能发挥学生的能动性,培养他们独立处事的能力。

善于控制自己的行为、情绪,是班主任意志素质的又一重要方面,也是一种教育技巧。班主任要善于支配自我和节制自我,以耐心的态度对待学生,始终给学生一个和蔼可亲、微笑的面容。班主任轻盈坚定的步伐、放松的心境、平静的语调、平等的口吻十分重要,尤其当学生做令人愤怒的事时,班主任更应注意自己的形象。有人说,学生的眼睛是"录像机",耳朵是"录音机",脑子是"计算机"。班主任的一言一行都起着潜移默化的作用。班主任的人格力量巨大,任何教科书、道德箴言、惩罚奖励制度都无法替代,班主任的修养和良苦用心,能够被学生体悟到并能起到刻骨铭心的效果。

班主任的自信心也是意志力的一种表现。毫不动摇地实现预定的目标,这是在明确了目标后从心理上首先战胜自我的一种良好的心理素质。如要改善教室、寝室的卫生面貌,只需努力即能做到,班主任只要拥有自信心,下决心去做,肯定能在短时间内使班级的卫生面貌大有改观。当然,自信不是盲目的乐观,对于那些不仅需要努力还需要能力才能实现的目标,应告诉学生取得能力的途径和可能,让学生树立信心,确信经过努力也能取得这种能力,克服困难后极有可能实现预定目标。班主任的自信能够感染学生,能够给他们以巨大的动力和精神凝聚力。

（三）崇高的品德

"学高为师,身正为范",班主任的工作特点要求其成为这样的人。孔子曰:"其身正,不令而行;其身不正,虽令不从。"在学校,班主任是对学生影响较大的人。班主任的言行举止无时无刻不在影响学生。学生对班主任的信任与敬佩,不仅仅在于班主任具有渊博的知识和高超的教育教学技术,更在于教师具有高尚的师德。班主任只有自己具备了良好的道德修养,才能有力地说服学生、感染学生。

当学生有过失时,班主任不能一味揪住学生的过错,用冠冕堂皇的训导来处理事件,更应身体力行,用自身的行为告诉学生学校的规范是什么,作为学生和教师都应当遵守学校的纪律。学生文明行为习惯的养成,需要班主任耐心的帮助和经常性的督促,也离不开班主任的示范和榜样作用。班主任的人格魅力可以在潜移默化中陶冶学生们的情操。"桃李不言,下自成蹊",做好班主任,就要做学生行为的典范。

二、职业学校班主任的文化素养

班主任的文化素养是指班主任作为一名教育者在其所工作的各种教育情境中帮助其有效开展教育教学工作的各种文化知识的总和。职业学校班主任承担着引领学生身心和谐发展的教育任务,应拥有广博和精深的文化知识。

首先,广博的人文社会科学知识需要班主任不断积累。学生是成长中的生命体,世界对他们来说丰富奇妙,在学生的心中有无数个问题等待师长来解答。班主任是学生接触最多的老师,他们的学识、气质、人格、兴趣都在潜移默化地影响学生。身处当今知识飞速发展的时代环境,学生们每天都会吸纳各个方面的信息,当接触到的信息与原有认知不能融会时便会产生很多疑惑。一个拥有广博文化知识的班主任在回答学生各种各样的问题时不仅能为学生答疑解惑,也能更加了解学生的所思所想,并对学生的认知发展进行方向上的引导,同时树立起自身在学生心中的威信,成为学生心中有学识、有眼光、有胆略的知心人。

【案例 10 - 3】

"木雁之间"和"龙蛇之变"

本学期张老师带的毕业班同学们去企业实习,张老师发现班级的小韩同学每次实习下班回来总是满面愁容。张老师见此,主动去关心小韩同学最近的状态,是不是遇到了什么困难。起初小韩同学只是说工作累,不适应。又过了一段时间,张老师发现小韩同学的状态并没有改善,张老师再一次找到小韩同学,这次小韩同学才说了实情,原来小韩同学被领导针对了。

安慰了小韩同学,张老师和他分享了自己最近看的书:"我最近在读《庄子·山木》一文,里边有两个成语'木雁之间'和'龙蛇之变'。这两个成语是庄子回答弟子问题的一段话里的,说君子应处木雁之间,当有龙蛇之变。这句话的核心意思是,做人处事必须判断情况,找准时机。比如,森林里那些可以成材的树木,很快就被砍掉了,而那些纹理歪曲的树木却由于被人弃选而长寿并终成参天大树,对树木而言,成材并不是一件好事。可是在农民家里的一群鹅中,不成材光会叫和跑的鹅成了主人终日追杀的对象,而引颈高歌的成材鹅却被主人终身保护起来,在这里成材又成了一件好事。所以,好与坏是一时一局的事,须判断分析、区别对待。又如龙与蛇,貌虽似,质却迥异。俗话说,僧佛之修,龙蛇之变。做人有时候像蛇,有时候像龙,人生是变化无定的。为蛇时要蛰伏尾巴,学会与蚯蚓蝼蚁为伍;为龙时则要振翅高飞,奋发图强。总之,得良机时就要展示才华,身处逆境时则要懂得隐忍,如此,才是一个能屈能伸的君子。"

听了张老师的一番话,小韩同学陷入了沉思。再后来,张老师发现小韩的状态变好了,而且比之前还更加用功练就技能了。

其次,班主任还需要掌握精深的"专业知识群"。"专业知识群"是班华教授在《班主任专业化的理论与实践》中提出的概念,是"教师所教学科的专业知识和教育教学理论方面的专业知识"。在我国主流学校教育中,班主任兼任一门学科的教学工作是普遍模式,因此,班主任的"专业知识群"包含了学科知识、教育学知识、心理学知识以及班主任所特别需要掌握的班级组织管理学知识和品德发展、思维发展、人际沟通等方面知识。随着班主任专业化的发展,逐渐出现了一系列班主任丛书,"应该指出,教育领域新出现的理论和知识,有的尚未定型,但已经具备理论价值和应用价值,从完善自身的素质和提高工作水平的需要出发,都必须学习"。班主任要将这些理论知识运用到班级管理、教育教学实践中,并在教育实践中不断提升自己的教育理论水平。需要强调的是,任何理论和知识都是经过归纳梳理、具有一定普适性的观念,而在班主任具体的工作情境中,面对的学生不同,学校环境存在差异,班主任的教育教学过程实际上是一个再创造的过程,是对理论重新诠释的过程。"每一位优秀的班主任都是一名教育家",魏书生、李镇西、任小艾、窦桂梅等优秀的班主任都是在工作中成长起来的教育家。职业学校班主任的"专业知识群"与普通学校班主任的"专业知识群"的构成成分有一定的区别,表现在作为职业学校的班主任,他们不仅是关心学生全面成长的引导者、呵护学生心灵的关怀者,还是学生职业生涯发展的"重要他人"。职业学校班主任不仅需要班级管理的知识技能,懂得教育学、心理学知识以及广博的文化知识,还需要全面了解关于职业学校学生的就业行情并能够开展相关的培训工作。职业学校的班主任需要对自己所在班级学生的专业方向及所对口的就业市场做出详细的分析,指导学生开展合适的职业生涯规划。

三、职业学校班主任的业务素养

(一) 职业学校班主任的一般业务能力

"一个成功的班主任不会为难任何一个学生,也不会放纵任何一个学生",这是魏书生做班主任的感悟。职业学校班主任真正做到不放纵任何一个学生很难,做到不"为难"任何一个学生更难。常听一些班主任抱怨:职业学校的学生不听话、不懂事,班级管理工作很烦琐,班主任精力有限,学生犯的一些细小的错误就忽略过去了,事态严重些的就相应地采取一些惩罚措施来维护正常教学秩序的运行,而这又难免会"为难"到学生。班主任如要走出这种"左右为难"的境地,就需要学习和反思,不断培养自身各方面的能力,形成教育智慧。我们追求充满灵性和智慧的教育,只有充满灵性和智慧的教育才能带给学生自由的心灵,开阔学生的视野,激发学生无穷的想象力,发散学生的多元思维,使学生的生命力得到彰显。一般来说,班主任应具备的一般能力包含以下几方面。

(1)洞察能力。职业学校班主任不仅要通过观察学生的外显状况来了解学生的内心状态,更应有针对性地对学生进行教育和引导。观察班级中学生之间、师生之间的交流和关系,从学生的言行中发掘信息,通过对学生更详尽的了解,开展更有针对性、更有效的教育。

(2)语言艺术。人们常说"一句话说得人跳,一句话说得人笑",班主任要教授学生学科知识,要引导学生的品德发展,要组织管理好班集体,要与学生家长沟通顺畅,要与任课教师及学校其他工作人员相处融洽,懂得运用好语言非常重要。班主任一定要抓住学生的每一个微小进步,不失时机地给予表扬。但需注意表扬时班主任一定要实事求是,此外还要注意语言的感染力。

(3)创新能力。班主任工作有其具体情境,每位班主任所面对的教育教学环境和对象不同,年轻班主任不仅要学习经验丰富的班主任的工作方法,学习优秀班主任的教育经验,还要结合自身具体教育情境创造性地借鉴,或是自己根据班级情况创设新的教育方法或管理模式。班主任的成长在不断学习和探索创新中进行。

(4)教育智慧。班级教育管理过程中总会出现突发事件,聪慧的班主任总能审时度势、因地制宜、因材施教,迅速适应事情的变化,在困境中找寻解决问题的出路,创造生机。这种教育智慧往往需要丰富的知识和经验的积累及较快的思维能力的支持,是在实践中的创新。

(二)职业学校班主任的特殊业务能力

职业学校班主任的特殊业务能力是指与普通学校班主任相比所独具的业务能力,具体是指指导学生职业生涯设计,包括引导学生选择合适的职业并对自己的人生进行规划。社会的发展赋予了职业学校毕业生就业指导工作十分艰巨的使命,同样也对职业学校班主任的素质提出了更高要求。班主任集就业知识的传授者、选择职业的引路人、学校和家长的代言者、职业生涯的设计者、就业市场的信息员、择业心理的辅导员等多重角色于一身,要想成功地做好班主任工作,不负学校、家长、学生以及社会用人单位的重托,新时代的职业学校班主任必须具备以下素养。

（1）积极主动的工作态度。职业学校学生的就业指导工作具有前瞻性，这就要求职业学校班主任主动出击，而不能坐等上门。当今就业形势不断变化，就业指导工作者应当与时俱进，掌握主动权。积极主动的工作态度表现在及早对学生进行就业指导，而不是等毕业才仓促应付；经常主动地与用人单位保持沟通联系，组织供需见面会，向用人单位宣传本校毕业生的特长和优势；勤于思考，善于思考，许多正确的预见提炼来自对大局的把握和深层的思考，没有这些，就不可能取得主动权。

（2）广博的业务知识结构。新时代的职业学校班主任首先要熟悉就业政策，充分掌握就业发展的指导思想和理论。其次，要掌握必要的求职技能，以便指导学生了解笔试和面试的程序、技巧等。此外，还应具备社会学、教育学、心理学、管理学等多学科的综合知识，给职业学校学生提供全面指导，创造性地做好毕业生就业工作。比如，要懂得将心理学知识和技能渗透于就业指导全程，帮助学生树立正确的就业观，教会学生如何抉择，在择业过程中保持良好心态。只有这样，才能把握社会发展脉搏，在学生感到迷茫、困惑的时候进行有效的教育引导，帮助他们明确方向，走好就业之路。

（3）获取处理信息的能力。伴随信息技术的迅猛发展，数字时代已然到来，线上求职已经成为学生求职的重要方式。与传统的供需见面会相比，线上求职有着方便快捷、信息量大、不受时空制约等多种优势，指导学生通过互联网获取招聘信息，鉴别信息真伪，发布人才信息等更是职业学校班主任就业指导工作不可忽视的重要内容。基于此，在数字经济时代，职业学校班主任必须熟练掌握获取信息和运用信息的技能，并充分应用开展就业指导。

（4）调查研究和预测能力。职业学校班主任的就业指导工作是一项实践性、时效性很强的工作，对就业信息和趋势的把握不是一劳永逸的事情。如果用旧思维模式、老眼光来看待毕业生就业工作，只能误导学生。就业发展趋势不是坐在办公室里想出来的，而是正确地观察和分析形势、进行科学判断的结果。职业学校班主任必须深入用人单位、深入毕业生，认真调查研究，善于把握经验和规律，及时准确地向毕业生提供指导性信息，给学校专业调整、制订招生计划提供参考依据，从而提高就业指导工作的针对性。

四、职业学校班主任的思维品质

　　思维品质是指人的大脑对客观事物的本质和规律的概括、反应能力。班主任要具有较强的思维能力,才能从容地处理班级教育中出现的各种教育教学事务。传统教育工作的思维方式是目标引领型的,即教育者根据教育教学目标的各个参考系数来设定教育教学内容和方法,并以目标是否达成来评定教育教学效果。但在具体的教育情境中,出现的教育问题是不一样的,班主任应当根据不同的教育情境,针对不同的教育问题来展开教育教学活动。因此,将目标引领型与问题导向型思维结合起来是比较好的思维品质。以下我们通过一个案例对两者进行比较分析。

【案例 10 - 4】

"爬窗"教育

　　王老师:朱老师,是不是这个铁栅栏缺一条横杠,所以住校生晚上就从这里爬进爬出?

　　朱老师:对,我也是这样想的。

　　王老师:要不我叫一个师傅来把它堵上?

　　朱老师:堵上了孩子不就爬不进来了?

　　王老师:我们的住校管理是不允许学生从这里爬进爬出的!

　　朱老师:王老师,我看问题没有你想的这么简单。

　　王老师:为什么?

　　朱老师:你想,如果我们把这里堵上了,晚上本来想回来的学生就爬不进来了,他们就不打算回来,在外面过夜就可能出事。

　　王老师:嗯。

　　朱老师:我想这里先让学生爬,晚上我守候着,看清到底是哪几个学生爬进爬出,知道是谁了就可以对他进行教育,等没有人爬了我们再给堵上。可以吗?

　　王老师:呵,你真的会思考!

在这个案例中,如果我们从传统的思维方式来进行教育活动,根据目标引领,学生从铁栅栏爬进爬出是违反校纪的行为,与学校的教育目标相违背,应当根据校纪给予违规学生相应的惩罚,这样的教育方式简便快捷,学生也受到应有的惩罚,似乎很有效果。但事实是否果真如此? 在上述案例中,如果朱、王两位老师不从具体的教育情境出发,只是根据住校管理条例,把栅栏堵上,外出的住校生可能就回不来,在外面过夜就很不安全,这样非但没能起到教育的效果,反而可能会引发一些不必要的教育事故。文中的朱老师从具体的问题情境出发,选择守候在铁栅栏旁,确认违规的学生是谁,适时适当地进行及时教育,再把铁栅栏堵上,这样的教育思维,不仅实现了教育目标,也真正解决了教育问题,达到了双赢。

第四节　职业学校班主任专业化发展

"教育是人对人的教育,是灵魂的唤醒",德国教育家雅斯贝尔斯的这一认识无疑最适合于班主任的工作。班主任的工作就是以人格引领人格,以情感陶冶情感,以德行培育德行。班主任不仅要通过自己的教学工作体现教书育人,通过自己对班级的组织管理体现管理育人,还要在为学生的发展服务中体现服务育人。班主任对学生影响的全面性和复杂性,要求班主任必须成为专业化的教育工作者。

一、职业学校班主任专业化的必要性

专业化是社会文明与进步的表现,是社会发展的必然趋势和重要标志。所谓专业,是在社会分工、职业分化中形成的一类特殊的职业,是指一群人在从事一种必须经过专门教育或训练,掌握较高深和独特的专门知识和技术,按照一定的专业标准进行的活动,通过这种活动解决人生和社会问题,促进社会进步并获得相应的报酬待遇和社会地位。专业化是指一个职业经过一段时间后不断成熟,逐渐获得鲜明的专业标准,并获得相应的专业地位的过程。从职业本身来看,专业化是一个持续的努力过程。从从业人员来看,一个人要具有专业理论、专业技能和专业精神,也必须接受专门的教育,使其成为专业人才,这也有一个专业化的问题。因此,专业代表一类特殊的职业类型,专业化是职业迈向专业目标的努力过程。

(一) 教育自身的发展需要

随着知识的迅猛增长和教育改革的不断深化与发展,社会对教育工作者专业发展问题的关注达到了前所未有的高度。可以说世界各国每一份教育改革方案和每一份学校改进计划都在强调高水平专业发展的必要性。

从群体角度看,班主任专业化主要强调班主任群体的、外在的专业性提升,反映了一个职业逐步达到专业标准,向专业阶段发展的过程。首先,要求班主任工作的专业性、专业地位要得到社会的充分认可,并拥有较高的社会声誉和经济待遇;其次,要求班主任有明确的从业标准,进入班主任行列有严格的资格限制,必须取得专业资格证书。如果班主任没有较高的专业地位、社会声誉、经济待遇,那么班主任工作本身就没有吸引力,连基本的从业人数都难以保证,更谈不上专业资格的要求。

从个体的角度看,班主任的专业化表现为班主任的专业发展,"专业发展是指更新、完善教育工作者的专业知识、专业技能和专业态度的过程和活动,专业发展的目的在于改进学生的学习"。班主任的专业发展是班主任个体的、内在的专业理念、专业知识、专业能力、专业人格和专业发展的知识等专业品质不断发展、提升、完善的过程。把班主任工作纳入专业化进程,对于提升班主任群体社会地位、职业素养、提高办学质量以及促进学生健康成长都具有十分重要的意义。

(二) 职业学校的特殊要求

班主任专业化蓬勃发展,这是职业学校班主任提高自身专业素养的有利条件。职业学校班主任的素质发展现状也说明提高专业化水平确有必要。目前,职业学校班主任的专业成长存在以下问题。

（1）班主任工作的目标定位不准确。当前不少职业学校班主任把工作重心放在学生学业成绩的提高和学生专业技能的学习上，很少关注职业学校学生的精神培养和人格塑造。在这样的目标定位下，职业学校的学生在学习过程中只能获得一定的知识和技能。职业学校的班主任不去深入地了解学生，不注重学生人格的健全发展和精神的养成，学生自然也很少真正了解自己的兴趣、特长、性格等特质，这样学生对自己也就很难形成一个完整的概念。作为社会人，他是工具性的；作为个体，他也没有发觉自己的生命意义。

（2）班级建设能力有待加强。职业学校的学生个性较强，学生之间的差异性一般比普通学校的学生大，因此对职业学校班主任的班级管理能力要求较高。有些班主任将班级建设的重点放在纪律的约束上，以管制为主，目的就是使班级显得井然有序。但是这样的"有序"只是一种表面现象，往往是班主任刚离开教室，班里就"炸开了锅"。这是因为班主任与学生之间形成对立、紧张的关系，学生没有养成自我管理的能力和意识。因此，职业学校班主任应在观念和工作技能上不断学习，走专业发展的道路。

（三）班主任自身社会地位的保障

班主任专业化的一个重要目标就在于争取专业的地位和权利，力求集体向上流动。从现实情况来看，班主任社会地位和学术地位的提高尽管与政府的重视和社会、家庭的信赖有关，但仅靠改善待遇和提高声誉远远不够。班主任只有自己行动起来，努力提高专业知识和专业能力水平，使自己从经验型班主任向研究型班主任发展，使自己的专业成熟程度不断提高，真正成为训练有素的、不可替代的角色，才能从根本上改变班主任的职业形象，提高其社会地位和学术地位，使班主任工作成为令人尊敬和羡慕的职业。就班主任个体而言，要时刻面对上级主管的审视，面对学生的期待，面对教师的关注，如果不练就建设班集体的真本事，不但得不到校领导的认可、同事们的钦佩，也得不到学生的拥戴。因此，班主任要想做好自己的工作，树立自身的良好形象，就必须不断提高专业水平，成为专家型班主任。

二、职业学校班主任专业化的内涵

（一）职业学校班主任专业化的核心内容

班主任的职责是教育、组织、管理班级,促进学生德智体美劳全面发展。班主任工作主要的目的是立德树人,实质关怀学生的精神生活,促进学生的精神成长。因此,精神关怀是班主任专业化的核心内容。职业学校班主任专业化的核心在于抓住学生成长之根本,唤醒学生的自主意识,培养学生的独立精神;鼓励学生通过反思不断认识自我、塑造自我,养成独立思考与独立行动的能力;学会选择自己的生活道路,学会承担社会责任。

（二）职业学校班主任专业化的要求

1. 职业学校班主任专业化的标准

结合职业学校班主任工作的实际,班主任专业化的标准如下:① 达到国家规定的学历标准;② 能在学习和实践中更新观念,逐步树立以就业为导向、以能力为关键、以素质教育为核心的现代职教理念;③ 深刻理解并掌握职业学校教师的职业道德规范,负起班主任应负之责,具有健全的人格,把职业道德规范真正变成自觉的行动;④ 树立终身学习理念,坚持在职进修,建立合理的知识结构,具有深厚的专业知识和专业技能,能广泛吸纳班主任工作的最新理论,并运用到实践中;⑤ 能够坚持以实践为基础,以先进的德育理论和班级管理理论为指导,对班集体的功能、运行机制等班集体建设中的诸多问题进行理论联系实际的研究,逐步发展为教育文化的生力军;⑥ 具有较强的专业能力,这不仅包括课堂教学能力、专业实践能力,还包括学习能力、获取信息能力、研究学生家庭和社会的能力、社会交往能力、班集体的组织管理能力、组织班集体活动的能力和教育科研能力等;⑦ 使自己的专业具有较强的自主性和较大的权威性。职业学校班主任要走向专业化,就必须不断增强专业意识,发扬专业精神,信守专业道德,实现专业自律,加强专业学习,实现专业发展,不断提高专业实践水平和教育管理服务质量。

2. 职业学校班主任的工作机智

将"机智"和"充满机智"概念引入到教育议题中来的学者是德国教育家赫尔巴特。他认为机智在实践的教育行动中占据着特殊的地位。机智使教育者有可能将一个没有成效的、没有希望的甚至有危害的情境转换成一个从教育意义上来说积极的事件。职业学校班主任的工作机智主要体现在以下几个方面。

（1）需要根据学生的特点开展工作。每个学生都是不同的个体,在智力水平、认知风格、性格特质、成长环境等方面具有个体差异性。职业学校的班主任要从学生的实际情况、个体特点出发开展班级管理工作,有的放矢地进行有差别的教育和管理,做到因材施教,从而提升班级管理效果,使每个学生都能扬长避短,获得最佳发展。

（2）需要掌握了解学生的艺术。了解具体的学生,包括了解他的性格、习惯、兴趣、需要、天赋、品德、能力、潜质及其促成和影响这些特质形成的生长环境、背景及教育条件等,包括其成长史。了解学生是一门高超的艺术,根据不同的需要,每次了解的侧重点不同,方法也不同。关键在于"班主任心中有没有学生",也即在多大程度上"以学生为本位",尊重、理解,重视每一位学生的"个别性"和"独特性"。

（3）需要掌握批评和表扬的艺术。在班级管理中,职业学校班主任运用批评和表扬的艺术去转化和激励学生,对于学生发展至关重要。学生是不断成长的个体,犯错误在所难免。掌握批评的艺术,根据不同的学生特点和现实情境,要通过不同的批评方式,帮助学生在发展中认识并改正错误。在掌握批评艺术的同时也要掌握表扬的艺术。在表扬中要体现更高的要求,面向集体,让学生感受到爱和肯定,激励学生朝着更高的目标发展。

【案例 10 - 5】

巧用幽默批评学生

通过幽默来批评学生,不仅表现了教师的教育机智和宽容大度的修养,而且能够使学生感受到温馨和期待。一位教师去上课时,刚迈进教室的门槛,就见一个纸折"火箭"嗖地飞到了讲台上。教师并没有因此而发火,也没有大声训斥学生,而是笑容可掬地说:"宇宙飞船上天,是人类为征服太空所驱,这支'火箭'在上课之前射向讲台,它的发射者一定为渴求知识而来。"那名搞恶作剧的学生平时挨批评已经习惯了,这次一表扬,他反而不好意思起来。接下来上课,他听得比哪堂课都认真。

还有一位班主任,他发现班上有几名学生偷偷吸烟。在晨会课上,他幽默地对学生们说:"吸烟有三大好处:一是能防止小偷,因为吸烟能引起咳嗽,特别是夜里更加厉害,如果小偷来到你家,你的咳嗽就能吓跑他;二是节省钱财,吸烟常常能引起驼背,这样你的身材就变得矮小,做衣服时就可以少买些布料;三是减轻子女的负担,不要他们养老,因为吸烟减少寿命,成不了老头。"学生听后哈哈大笑,明白了吸烟的害处,悄悄戒了。幽默的批评语言,出人意料又合情合理,使人如坐春风,如沐春雨。

(4)对班级非正式群体的管理,要充分认识它是一种正常现象,有其产生的客观必然性并且重在引导。对于偶发事件的处理要求当机立断,态度明确果断,但不等于就事论事。偶发事件里往往包含一些必然因素,透过偶发事件,往往能够看到工作中存在的问题。因此,处理偶发事件的过程也会激发和产生一些新的工作思路,也是一种提升能力、改进工作的过程。

三、职业学校班主任专业化的途径

(一) 构建职前职后一体化的班主任专业化的培养体系

班主任的专业成长,自师范教育阶段即已开始。这个阶段具有明显的专业定向性质,对班主任的专业成长具有重要意义。传统的师范教育存在强调专门学科的理论知识而忽视班主任专业素养的培育问题,是一种培养学科教育工作者的目标取向。因此,应调整培养目标,改革课程结构,增设班主任工作方面的课程,以奠定班主任专业化的基础。

具体来讲,可以从以下三方面着手:一是要大力培养符合时代要求的合格班主任,提高他们对班主任工作社会价值的认识,增强其事业心、责任感。注重培养他们从事班主任工作的专业性系统知识和技能,为将来尽快适应并创造性地做好班主任工作打下良好的基础。二是要大力推进班主任课程教学改革的实践与研究,为促使班主任学科理论体系的发展做出应有的贡献。三是要利用师范院校的优势,加强与职业学校教育的交流和沟通,协作开展班主任工作理论与实践的研究,充分发挥为基础教育发展服务的功能。

班主任专业化是个持续发展的过程。因此,班主任的培养要做到职前与职后的一体化。在教师的职前培养中,增设班主任工作方面的课程,以奠定班主任专业化的知识基础。此外,还要开展职后校本培训,包括请优秀的班主任对新班主任进行"传、帮、带",开展班级活动的观察、组织班级工作的交流,进行班主任工作的案例研究等。

(二) 引导班主任进行实践反思

波斯纳曾提出一个教师成长的简要公式:经验+反思=成长,并指出,"没有反思的经验是狭隘的经验,至多只能形成肤浅的知识,如果教师仅仅满足于获得经验而不对经验进行深入思考,那么他的发展将大受限制"。班主任的专业化发展是一个"实践—反思—实践"的过程。我们必须重视反思在班主任专业成长中的作用。考尔德希德说:"成功的、有效率的教师倾向于主动地创造性地反思他们事业中的重要事情,包括他们的教育目的、课堂环境以及他们的职业能力。反思被广泛地看作教师职业发展的决定性因素。"

(三) 开展班级教育和管理的行动研究

研究是促进专业发展的一个重要方式。理论研究贵在创新,贵在研究者有独到的见解。因此,理论研究者必须有良好的反思品质,在不断怀疑和追问中发现新问题,并提出新观点。同时,理论研究也是提高反思力的有效手段。理论是人类智慧的结晶,它能够穿透现实的迷雾,把"提纯"之后现象世界的本质呈现出来。理论研究让班主任得以站在"巨人的肩膀上"来审视和反思自己的工作。因为起点较高、视野较广,这种审视和反思也就容易走向深入,理论研究与反思之间得以相互促进。班主任成长同样需要不断反思,通过对日常工作的重新梳理、总结、反思,可以有效地扬长避短,不断地提高工作效率;通过写班主任教育随笔、教育周记、教育日记等不断丰富自己的观点、思想,从而提高工作水平。

行动研究,通俗地讲就是研究者为提高对所从事的实践活动的理性认识以及加深对实践活动的理解,以提高实践活动的质量为目的而进行的研究。行动研究中的反思可以通过多种途径实现,如通过个案研究进行反思、通过调查研究进行反思、通过教育实践进行反思、通过教育叙事进行反思等。在实践操作中,我们可以对多种反思性研究方法进行有效整合,取长补短,发挥其综合效应。行动性研究是一种应用性社会研究,它旨在引发社会变化,也就是让被研究的对象参与到研究的过程中来,采取相应的行动,改善他们自己的社会状况。它着重于研究所导致的成果。也就是一方面要使研究的客体成为参与者,另一方面要取得实际成果、实施行动。班主任在工作中,把握行动性研究的特点"在行动中研究、为了行动而研究、由行动者研究",并指导班主任的工作实践。班主任的研究要和班级工作结合起来实施,通过行动研究,解决班级管理中的问题,改进班级管理方法,提升班级管理质量。

(四) 制定和完善班主任专业化的制度

班主任不是人人都可为、人人都可当的。专业化的提出,意味着对班主任有一个选拔、培养和使用的过程。在选拔上,要制定班主任的选拔标准,力争把思想素质好、业务水平高、奉献精神强、对学生充满爱心、热爱班主任事业的优秀教师吸纳到班主任行列中。在培养过程中,要把班主任的培养制度化、规范化,使班主任的专业发展处于一个有序的、有组织的状态,而不是自生自灭。尤其要注意班主任专业能力的持续发展,为他们提供发展的动力和愿景。因此,班主任专业化制度可以借鉴教师职称评聘制度,在班主任中试行职级评聘制度。根据班主任的学历、年龄、任职年限、所管班集体状态考核结果、班主任和班级在各级评比中所获荣誉、奖励、班主任的科研水平等评定班主任的职级。班主任的职级与教师的职称并列,同等对待,不同职级的班主任享有不同的报酬。这种做法有利于调动高学历和经验丰富的教师担任班主任工作的积极性,使班主任把工作当作事业追求,而不再视为教学之外的一种附加,有利于激励班主任珍惜专业信誉,进行专业追求,获得专业发展。

问题与思考

1. 谈谈你对职业学校班主任专业化的理解与认识。

2. 你认为职业学校班主任专业化过程中可能遇到的最大困难和问题是什么?

3. 职业学校班主任专业化的内容是什么? 途径与方法有哪些?

附录 1

中等职业学校德育大纲(2014 年修订)

　　德育对学生健康成长和学校工作具有重要的导向、动力和保证作用。中等职业学校德育要以马克思列宁主义、毛泽东思想、邓小平理论、"三个代表"重要思想、科学发展观为指导,深入贯彻习近平总书记系列重要讲话精神,全面贯彻党的教育方针,紧密联系实现"两个一百年"奋斗目标和中国梦的实际,遵循学生身心发展的特点和规律,按照培育和践行社会主义核心价值观的要求,坚持以人为本、德育为先、能力为重、全面发展,努力培养德智体美全面发展的社会主义建设者和接班人。

　　本大纲规定了国家对中等职业学校德育工作和学生德育的基本要求,是中等职业学校开展德育工作的基本规范,是各级教育部门对中等职业学校德育工作实行科学管理和督导评估的基本标准,也是社会和家庭紧密配合学校对学生进行教育的基本依据。

一、德育目标

　　中等职业学校德育目标是:把学生培养成为爱党爱国、拥有梦想、遵纪守法、具有良好道德品质和文明行为习惯的社会主义合格公民,成为敬业爱岗、诚信友善,具有社会责任感、创新精神和实践能力的高素质劳动者和技术技能人才,成为中国特色社会主义事业合格建设者和可靠接班人。

　　具体要求如下:

　　1. 树立实现中国梦的远大理想,牢固树立中国特色社会主义道路自信、理论自信、制度自信,热爱祖国,热爱人民,热爱中国共产党,拥护党的领导。

　　2. 培育和践行社会主义核心价值观,勤学、修德、明辨、笃实,使社会主义核心价值观成为自己的基本遵循,内化于心,外化于行。养成科学的思想方法。

3. 养成良好的法治意识和文明行为习惯,提高道德素质和法律素质,增强公民意识,依法办事,待人友善。

4. 树立正确的职业观和职业理想,提高综合职业素质和能力,热爱劳动,崇尚实践,奉献社会。

5. 养成自尊、自信、自强、乐群的心理品质,提高心理健康水平和职业心理素质,人格健全,乐观向上。

6. 树立安全意识、环保意识、节俭意识、廉洁意识,珍爱生命,尊重自然。

二、德育内容

以中国特色社会主义理论体系为统领,科学设置教育教学内容。

1. 理想信念教育。中国特色社会主义和中国梦教育;倡导"富强、民主、文明、和谐,自由、平等、公正、法治,爱国、敬业、诚信、友善"的社会主义核心价值观教育;马克思主义哲学教育;立足岗位、奉献社会的职业理想教育。

2. 中国精神教育。以爱国主义为核心的民族精神教育;以改革创新为核心的时代精神教育;中华优秀传统文化教育;中共党史与国情教育。

3. 道德品行教育。社会公德、职业道德、家庭美德、个人品德教育;学生日常行为规范、文明礼仪教育与训练;生命安全、艾滋病预防、毒品预防、环境保护等专题教育。

4. 法治知识教育。宪法法律基础知识教育;职业纪律和岗位规范教育;校纪校规教育。

5. 职业生涯教育。职业精神教育;就业创业准备教育;终身学习和职业生涯可持续发展教育。

6. 心理健康教育。心理健康基本知识和方法教育;青春期心理健康教育;职业心理素质教育;心理咨询、辅导和援助。

除以上各系列教育内容外,学校还要根据国家形势发展需要进行时事政策教育。

三、德育原则

中等职业学校德育要遵循以下基本原则：

1. 方向性和时代性相结合原则。要坚持正确的政治方向和育人导向,紧密结合社会需要和时代发展的要求,增强针对性和实效性。

2. 贴近实际、贴近生活、贴近学生原则。要遵循思想道德教育的普遍规律,尊重学生自我教育的主体性,适应学生身心成长的特点,开展富有成效的教育和引导活动,提高吸引力和感染力。

3. 知行统一原则。要重视知识传授、观念树立,重视情感体验和行为养成,引导学生形成知行统一、言行一致的优良品质。

4. 教育与管理相结合原则。要进行深入细致的思想教育,同时要加强科学严格的管理,增强学生接受教育的主动性,实现教育与自我教育、自律与他律、激励与约束有机结合。

5. 解决思想问题与解决实际问题相结合原则。既要做到以理服人、以情感人,又要切实帮助学生解决学习、生活中遇到的实际困难和问题,增强教育的实际效果。

四、德育途径

学校要充分发挥主导作用,与家庭、社会密切配合,拓宽德育途径,实现全员、全程、全方位育人。

1. 课程教学。德育课是各专业学生必修的公共基础课,是学校德育的主渠道。德育课教学应充分体现社会主义教育的方向和本质要求,充分反映马克思主义中国化的最新成果,全面反映中国特色社会主义理论体系的基本内容、社会主义核心价值观的基本要求。要紧密联系实际,坚持以价值观教育引领知识教育,改进教育教学方法,注重实践教育、体验教育、养成教育,做到知识学习、情感培养和行为养成相统一,切实增强针对性、实效性和时代感。

其他公共基础课和专业技能课等课程教学要结合课程特点,充分挖掘德育因素,有机渗透德育内容,结合专业特点和岗位工作要求,寓德育于教学内容和教学过程之中。

2. 实训实习。实训实习是学校教育教学的基本环节。学校要结合实训实习的特点和内容,抓住中职学生与社会实际、生产实际、岗位实际以及一线劳动者密切接触的时机,进行以敬业爱岗、诚实守信为重点的职业道德教育,进行职业纪律和安全生产教育,培养学生爱劳动、爱劳动人民的情感,增强学生讲安全、守纪律、重质量、求效率的意识。学校和企业要共同组织开展实训实习期间的德育工作,学校要安排专人负责实训实习期间的教学管理和德育工作。学生要撰写实习日记和实习报告。

3. 学校管理。班级是学校德育工作的基层单位,班主任是组织班级管理和德育的直接实施者。班主任应结合专业特点和学生实际,充分利用家长、用人单位、行业及社区等资源,开展学生思想教育、班级管理、班级活动组织、职业指导、沟通协调工作,发挥学生的主动性创造性,培养良好的班风学风。

学校要加强党组织、共青团工作,举办业余党校、团校,组织学生特别是入党、入团积极分子学习党的基本理论和基本知识以及团的基本知识,发展符合条件的优秀学生入党、入团。充分发挥团组织团结青年、组织青年、引导青年、服务青年和维护青少年合法权益的职能。要加强学生会和学生社团的管理与服务工作,指导建立各类社团和课外兴趣小组,积极开展各种有益学生身心健康的活动,充分发挥学生自我服务、自我管理、自我教育的作用。

学校各项管理和服务工作都要发挥德育功能,促进学生良好行为习惯的养成。学校要按照有关法律法规,建立健全学校班级管理、课堂教学、实训实习、社团活动、校园安全、后勤服务、突发事件应急等管理制度并严格执行。要强化全员育人理念,充分调动全体教职工言传身教、教书育人的自觉性,以良好的思想政治素质和道德风范影响教育学生。

4. 校园文化。校园文化具有重要的育人功能。学校要凝练具有职教特色的办学理念和学校精神,建设体现学校特色的校园文化,形成优良的校风、教风和学风。要结合开学及毕业典礼、升旗仪式、成人仪式、入党入团仪式以及民族传统节日、重要节庆日、纪念日等,开展礼节礼仪教育,开展特色鲜明的主题教育活动;结合技能竞赛、创新创业创意创效竞赛、"文明风采"竞赛等开展丰富多彩的校园文化活动。要积极推进优秀企业文化进校园,通过宣传学习行业劳动模范、学校优秀毕业生事迹等,培养学生职业兴趣和职业精神,增强就业创业信心。培育和弘扬劳动光荣、技能宝贵、创造伟大的时代风尚。

要加强互联网等新媒体的建设与管理,优化校园网络环境,建设校园网络宣传队伍,加强正面信息的网络传播,杜绝不良信息在校园网上传播,重点加强对校园网公告栏、留言板、贴吧等交互栏目的管理,发挥社交网站、微博、微信等对学生的教育引导作用。要培养学生良好的网络道德,帮助学生做到文明上网、依法上网,及时发现并主动帮助网络成瘾学生。

5. 志愿服务。志愿服务是德育的重要载体。学校要把志愿服务纳入教育计划,要依托各类青少年爱国主义教育基地、科技场馆等课外活动阵地,发挥学生专业技能特长,组织学生深入城乡社区、厂矿企业等,广泛开展各类志愿服务和社会实践活动。要把学雷锋活动和志愿服务结合起来,建立完善志愿服务长效工作机制和活动运行机制,弘扬"奉献、友爱、互助、进步"的志愿精神,推动志愿服务活动广泛深入开展,把志愿服务活动做到社区、做进家庭。大力组织学生向道德模范、劳动模范、最美人物、身边好人等先进典型学习。

6. 职业指导。学校要在职业指导工作中全面渗透德育内容,加强职业意识、职业理想、职业道德和创业教育,引导学生树立正确的择业观,养成良好的职业道德行为,提高就业创业能力。加强就业服务,提高就业服务的水平和质量。

7. 心理辅导。学校要根据学生生理、心理特点,合理设置心理健康教育内容,针对学生在学习、生活和求职就业等方面可能遇到的心理问题,开展心理辅导或援助,加强人文关怀和心理疏导,培养学生良好的心理素质,促进学生身心健康发展。要配置必要的心理健康教育专业人员以及心理健康教育和服务设施。

8. 家庭和社会。家庭和社会在德育中具有特殊重要作用。学校要通过家长委员会、家长学校、家长接待日、家访等,密切与家长联系,指导和改进家庭教育,促使家长协助配合学校开展德育工作。要特别关心单亲家庭、经济困难家庭、留守儿童家庭、流动人口家庭的子女教育。

教育部门和学校应采取积极措施,充分依靠共青团、妇联、关工委、社区以及各种社会团体,并同所在地的党政机关、企事业单位、部队等建立固定联系,发动、协调社会力量支持和参与德育工作,建立完善学校与社会相互协作的社会教育网络。要主动会同有关部门重点加强校园周边环境治理,为学生健康成长创造良好的文化环境、治安环境和社会环境。

五、德育评价

中等职业学校德育评价由学校工作评价和学生品德评定两方面组成。

1. 学校工作评价。各地教育部门应结合本地区教育实际情况,科学制订德育工作评价指标体系,建立健全行业企业、用人单位、学生家长等深度参与的德育评价机制,定期对学校德育工作进行评价。德育工作评价的主要内容包括:工作机构和队伍建设情况、规章制度建设及执行情况、德育课开设情况及课程教学情况、党团组织和学生会工作情况、社会实践活动开展情况、校园文化建设情况、实训实习期间的德育工作情况等。学校实施本大纲的情况应作为考核校长和学校工作的重要依据。

学校要加强对德育课教学质量、其他课程德育渗透、班级德育工作、部门及教职工育人质量的考核评价,把德育工作实绩作为对部门及教职工考核、职务聘任、表彰奖励的重要内容。

评价与创建相结合。通过创建先进学校、文明班级和评选优秀学生、优秀学生干部等活动,形成有效的竞争激励机制。对成绩突出的学校、班级和个人要及时给予表彰奖励。

2. 学生品德评定。要结合学生思想实际和行为表现,对每个学生做出客观公正的品德评定。学校要把学生品德的评定情况作为学生综合素质评价的重要内容,作为学生评优评奖等的重要依据,发挥品德评定对学生成长成才的积极引导作用。学校要结合行业和用人单位对从业者的职业素养要求,在德育方面提出明确要求,制定具体评定办法。对实训实习学生的品德评定应由学校和实训实习单位共同完成。

六、德育实施

1. 组织管理。各地教育部门应有明确的机构负责中等职业学校德育工作。应根据本大纲规定,结合本地区和不同类型学校的实际,制定本大纲实施细则,定期对本大纲的实施情况进行检查。

中等职业学校实行校长负责的德育工作管理体制。学校党组织要发挥政治核心和监督保证作用,支持和协助校长做好德育工作。校长要把德育与其他各项工作结合起来,同部署、同检查、同评估。要有一名校级领导分管德育工作。学校要建立贯彻实施本大纲的岗位责任制及考核奖励办法,明确各部门的育人责任,形成全员、全程、全方位育人格局。

2. 队伍建设。各地教育部门和学校要严格队伍选拔标准,优化队伍结构,制订班主任、德育课教师及其他德育工作者的培养培训规划,切实采取措施解决德育工作者在工作、生活等方面的实际问题,建设一支政治坚定、业务精湛、功能互补的德育工作队伍。要加强班主任队伍建设,选聘好班主任,每班应至少配备一名班主任,可根据需要配备班主任助理,班主任工作计入教师基本工作量,学校绩效工资分配要适当向班主任倾斜,教师高级岗位聘任应向优秀班主任倾斜。要充分发挥学校团组织和团干部在德育工作中的作用。

3. 经费保障。德育经费要列入预算。学校德育经费包括德育教学、管理和学生日常德育活动方面的经费。教学、管理经费包括德育课教学、德育课教师和德育工作者培训、社会考察与调研、有关教研室的业务条件建设和图书资料购置、德育科研经费等。日常德育活动经费包括对学生的日常思想道德教育、学生社会实践、大型德育活动以及表彰奖励等所需经费。要把德育活动场所、基地建设和德育设施、设备购置维修纳入学校总体建设规划,并从基本建设费和设备费中给予保证。

4. 德育科研。各地教育部门和学校要把德育研究项目列入科研规划,加强课题研究,定期开展学生思想道德状况和德育工作调研,交流德育工作经验,不断提高研究和实际工作水平。要发挥教育科研机构和学术团体的作用,加强中等职业学校德育研究。各地教育部门和学校应建立和完善德育研究成果的鉴定、奖励、推广机制。

附录 2

中等职业学校职业指导工作规定(2018 年)

第一章 总则

第一条 为规范和加强中等职业学校职业指导工作,不断提高人才培养质量,扩大优质职业教育资源供给,依据《中华人民共和国职业教育法》等法律法规,制订本规定。

第二条 职业指导是职业教育的重要内容,是职业学校的基础性工作。在中等职业学校开展职业指导工作,主要是通过学业辅导、职业指导教育、职业生涯咨询、创新创业教育和就业服务等,培养学生规划管理学业、职业生涯的意识和能力,培育学生的工匠精神和质量意识,为适应融入社会、就业创业和职业生涯可持续发展做好准备。

第三条 中等职业学校职业指导工作应深入贯彻习近平新时代中国特色社会主义思想,坚持立德树人、育人为本,遵循职业教育规律和学生成长规律,适应经济社会发展需求,完善机制、整合资源,构建全方位职业指导工作体系,动员学校全员参与、全程服务,持续提升职业指导工作水平。

第四条 中等职业学校职业指导工作应坚持以下原则:

(一)以学生为本原则。通过开展生动活泼的教学与实践活动,充分调动学生的积极性、主动性,引导学生参与体验,激发职业兴趣,增强职业认同,帮助学生形成职业生涯决策和规划能力。

(二)循序渐进原则。坚持从经济社会发展、学校办学水平以及学生自身实际出发,遵循学生身心发展和职业生涯发展规律,循序渐进开展有针对性的职业指导。

（三）教育与服务相结合原则。面向全体学生开展职业生涯教育，帮助学生树立正确的职业理想，学会职业选择。根据学生个体差异，开展有针对性的职业指导服务，为学生就业、择业、创业提供帮助，促进学生顺利就业创业和可持续发展。

（四）协同推进原则。职业指导工作应贯穿学校教育教学和管理服务的全过程，融入课程教学、实训实习、校企合作、校园文化活动和学生日常管理中，全员全程协同推进。

第二章　主要任务

第五条　开展学业辅导。激发学生的学习兴趣，帮助学生结合自身特点及专业，进行学业规划与管理，养成良好的学习习惯和行为，培养学生终身学习的意识与能力。

第六条　开展职业指导教育。帮助学生认识自我，了解社会，了解专业和职业，增强职业意识，树立正确的职业观和职业理想，增强学生提高职业素养的自觉性，培育职业精神；引导学生选择职业、规划职业，提高求职择业过程中的抗挫折能力和职业转换的适应能力，更好地适应和融入社会。

第七条　提供就业服务。帮助学生了解就业信息、就业有关法律法规，掌握求职技巧，疏导求职心理，促进顺利就业。鼓励开展就业后的跟踪指导。

第八条　开展职业生涯咨询。通过面谈或小组辅导，开展有针对性的职业咨询辅导，满足学生的个性化需求。鼓励有条件的学校面向社会开展职业生涯咨询服务和面向中小学生开展职业启蒙教育。

第九条　开展创新创业教育。帮助学生学习创新创业知识，了解创新创业的途径和方法，树立创新创业意识，提高创新创业能力。

第三章　主要途径

第十条　课程教学是职业指导的主渠道。中等职业学校应根据学生认知规律和身心特点，在开设应有的职业生涯规划课程基础上，采取必修、选修相结合的方式开设就业指导、创新创业等课程。持续改进教学方式方法,注重采用案例教学、情景模拟、行动教学等,提高教学效果。

第十一条 实践活动是职业指导的重要载体。中等职业学校可通过开展实训实习以及组织学生参加校内外拓展活动、企业现场参观培训、观摩人才招聘会等活动,强化学生的职业体验,提升职业素养。

第十二条 中等职业学校可通过职业心理倾向测评、创新创业能力测评、自我分析、角色扮演等个性化服务,帮助学生正确认识自我和社会,解决在择业和成长中的问题。

第十三条 中等职业学校应主动加强与行业、企业的合作,提供有效就业信息。组织供需见面会等,帮助学生推荐实习和就业单位。

第十四条 中等职业学校应充分利用各种优质网络资源,运用信息化手段开展职业指导服务。鼓励有条件的地区建立适合本地区需要的人才就业网络平台,发布毕业生信息和社会人才需求信息,为学生就业提供高效便捷的服务。

第四章 师资队伍

第十五条 中等职业学校应在核定的编制内至少配备 1 名具有一定专业水准的专兼职教师从事职业指导。鼓励选聘行业、企业优秀人员担任兼职职业指导教师。

第十六条 中等职业学校职业指导教师负责课程教学、活动组织、咨询服务等,其主要职责如下:

(一) 了解学生的职业心理和职业认知情况,建立学生职业生涯档案,跟踪指导学生成长。

(二) 根据学生职业认知水平,开展职业生涯规划、就业指导、创新创业等课程教学。

(三) 策划和组织开展就业讲座、供需见面会、职业访谈等活动。

(四) 结合学生个性化需要,提供有针对性的咨询服务或小组辅导。

(五) 积极参加职业指导相关业务培训、教研活动、企业实践等,及时更新职业指导信息,提高职业指导的专业能力和教学科研水平。

（六）跟踪调查毕业生就业状况，做好总结分析反馈，为专业设置、招生、课程改革等提供合理化建议。

（七）配合做好其他职业指导相关工作。

第十七条　中等职业学校应加强职业指导教师的业务培训和考核。对职业指导教师的考核，注重过程性评价。

第五章　工作机制

第十八条　中等职业学校职业指导工作实行校长负责制。学校应建立专门工作机构，形成以专兼职职业指导教师为主体，班主任、思想政治课教师、学生管理人员等为辅助的职业指导工作体系。

第十九条　中等职业学校职业指导涉及教学管理、学生管理等工作领域，相关部门应积极配合支持。学校应主动对接行业组织、企业、家长委员会等，协同推进职业指导工作。

第二十条　中等职业学校应建立职业指导考核评价体系，定期开展职业指导工作评价，对在职业指导工作中做出突出贡献的，应予以相应激励。

第二十一条　中等职业学校应建立毕业生就业统计公告制度，按规定向上级主管部门报送并及时向社会发布毕业生就业情况。

第二十二条　中等职业学校应结合举办"职业教育活动周"等活动，积极展示优秀毕业生风采，广泛宣传高素质劳动者和技术技能人才先进事迹，大力弘扬劳模精神和工匠精神，营造劳动光荣的社会风尚和精益求精的敬业风气。

第六章　实施保障

第二十三条　各地教育行政部门和中等职业学校应为职业指导工作提供必要的人力、物力和经费保障，确保职业指导工作有序开展。

第二十四条　各地教育行政部门应加强对中等职业学校校长、职业指导教师、其他管理人员的职业指导业务培训，将职业指导纳入教师培训的必修内容。

第二十五条　各地教育行政部门应当积极协调人社、税务、金融等部门，为中等职业学校毕业生就业创业创造良好的政策环境。

第二十六条 中等职业学校应拓展和用足用好校内外职业指导场所、机构等资源。有条件的学校可建立学生创新创业孵化基地。

第二十七条 中等职业学校应将职业指导信息化建设统筹纳入学校整体信息化建设中,建立健全职业指导信息服务平台。

第二十八条 中等职业学校应加强职业指导的教学科研工作,与相关专业机构合作开展职业指导研究和课程建设,不断提高职业指导工作专业化水平。

第七章 附则

第二十九条 各省、自治区、直辖市教育行政部门可依据本规定制订实施细则。

第三十条 本规定由教育部负责解释,自发布之日起施行。

主要参考文献

1. 徐安韵.今天怎么做教师——中小学教师成长和发展研究[M].上海:东华大学出版社,2003.

2. 陈震.班主任新思维[M].南京:南京师范大学出版社,2000.

3. 班华.等.发展性班级教育系统[M].南京:南京师范大学出版社,2000.

4. 傅道春.教师的成长与发展[M].北京:教育科学出版社,2001.

5. 唐松林.教师行为研究[M].长沙:湖南师范大学出版社,2002.

6. [美]D. John Mcintyre,Mary John O'Hair.教师角色[M].北京:中国轻工业出版社,2002.

7. 周明.班主任工作创新[M].北京:中国人事出版社,1999.

8. 马建富.班级管理[M].南京:南京大学出版社,2016.

9. 姜大源.职业教育学研究新论[M].北京:教育科学出版社,2007.

10. 魏书生.班主任工作[M].沈阳:沈阳出版社,2000.

11. 涂光辉.班主任工作技能[M].长沙:湖南师范大学出版社,1996.

12. 史铁成,张宝臣,张忠恒.班主任工作操作策略[M].黑龙江:哈尔滨工业大学出版社,1998.

13. 朱仁宝,蔡廉.21世纪班主任工作艺术[M].杭州:浙江大学出版社,2003.

14. 傅宏.班级心理健康教育理论与操作[M].南京:南京师范大学出版社,2007.

15. 叶澜.新编教育学教程[M].上海:华东师范大学出版社,2006.

16. 胡清芬.走向心理健康:学校篇[M].北京:华文出版社,2002.

17. 匡瑛,朱倩倩,崔景贵.今天,我们怎样做班主任(中等职业学校卷)[M].上海:华东师范大学出版社,2006.

18. 张宝臣.班主任工作的理论与实践[M].北京:中国科学文化出版

社,2003.

19. 马建富.职业教育学:第三版[M].上海:华东师范大学出版社,2023.

20. 曲振国.当代教育学[M].北京:清华大学出版社,2006.

21. 董操.新编教育学[M].北京:教育科学出版社,1998.

22. 刘亦农,李尊贵,贾玉霞.普通教育学辅助教材[M].西安:陕西人民出版社,2004.

23. 班华.专业化:班主任持续发展的过程[J].人民教育,2004(Z3).

24. 马彦,张春雨.心理健康教育[M].北京:机械工业出版社,2013.

25. 陈瑞瑞.德育与班主任[M].北京:高等教育出版社,2004.

26. 刘重庆,崔景贵.职业教育心理学[M].上海:立信会计出版社,1998.

27. 唐思群,屠荣生.师生沟通的艺术[M].北京:教育科学出版社,2001.

28. 梁东标,汤礼深.班级心理辅导手册[M].广州:广东教育出版社,2003.

29. 吴增强.学校心理辅导通论原理·方法·实务[M].上海:上海科技教育出版社,2004.

30. 郭亨杰,谭顶良,傅宏,等.初中心理教育指导[M].南京:南京师范大学出版社,2002.

31. 石国兴.中小学生心理教育[M].石家庄:河北教育出版社,2001.

32. 吴增强,沈之菲.班级心理辅导[M].上海:上海教育出版社,2001.

33. 马建青.辅导人生——心理咨询学[M].济南:山东教育出版社,1992.

34. 甘霖.班主任工作技能训练[M].上海:华东师范大学出版社,2007.

35. 刘岩,王萍.班主任与班级管理[M].北京:北京师范大学出版社,2013.

36. 刘德军,高敏敏,何殿安.班集体管理与建设的创新[M].长春:吉林人民出版社,2019.

37. 《技工院校班主任工作实务》编委会.技工院校班主任工作实务[M].北京:中国劳动社会保障出版社,2020.

38. 盖笑松.生涯规划指导(职教版)[M].长春:东北师范大学出版社,2021.

39. 隆艳.职业生涯规划[M].郑州:河南人民出版社,2020.

40. 邓先泉,王承欣,廖红梅.职业生涯规划[M].成都:电子科技大学出版社,2019.

后　记

　　职业教育作为一种与普通教育相平行的类型教育,是落实科教兴国和人才强国战略的重要路径。我国职业教育以服务社会主义现代化建设为宗旨,以培养大批高素质劳动者和高技能专门人才为目标。因此,发展高质量职业教育必须把德育工作放在首位,全面推进素质教育;而要有效地推进职业学校德育工作,培养广受社会欢迎的高素质职业人才,则有赖于学校、家庭、社会和企业等共同合作,形成教育合力,其中班主任起着关键作用。

　　众所周知,职业学校学生较之于普通高中学生,其心理、思想、学业等方面有许多不同的特点,同时由于其明确的职业定向性和极其复杂的社会环境,大大增加了职业学校班主任工作的复杂性。因而,职业学校班主任不仅要遵循班主任工作和青年学生成长发展的一般规律,更要能够根据职业学校教育对象的特殊性,树立现代教育理念,提高教育艺术。为了更好地推进职业学校德育工作,提升班主任工作效能,提高人才培养效益,我们组织了一些在职业教育第一线、富有工作经验的班主任和长期致力于班主任工作研究的专家共同合作编写了《职业学校班主任》一书。我们在编写过程中尽力突出内容的职业性、应用性、指导性和可读性,以期对职业学校班主任的工作开展更具针对性。

　　本书在出版以后受到了职业学校教师广泛欢迎,许多高校也将此书作为职业技术师范教育类专业教材,一些培训机构也用作培训用书。然而,由于这些年来我国职业教育形势以及职业学校学生发展环境等有了新的变化,对职业学校班主任提出了新的要求,同时,在教材使用过程中,我们也陆续征集到了部分用书单位的意见和建议。正是在此背景下,我们进行了本书的修订。本次修订的基本原则是坚持思想性,体现时代性,重视适切性和实践性。

　　本书由南京师范大学齐学红教授和江苏理工学院马建富教授担任主编,全面负责本书体系和内容的整体设计以及全书的审稿与统稿工作。本次修订工作的分工如下：第一章，江苏理工学院陈春霞；第二章，江苏理工学院马欣悦；第三章，苏州大学李娜；第四章，苏州大学李凤怡；第五章，江苏省溧阳中等专业学校李丹晴；第六章，江苏理工学院赵晓川；第七章，南京师范大学邹心錾；第八章，江苏理工学院陈东勤；第九章，江苏理工学院吕莉敏；第十章，江苏理工学院陈朝阳。

本书在编写和修订过程中，参阅和引用了大量的其他学者的研究成果以及优秀班主任工作经验案例，有些未能在书中一一注明。这些研究成果和经验对本书的编写有很大帮助，在此表示诚挚的谢意！

我们还要特别感谢南京师范大学出版社在本书出版过程中给予的极大支持！没有他们的支持和精心修改完善，本书也难以顺利再版。虽然在本次修订中，我们做了尽可能的创新探索，希冀能够对职业学校班主任工作有更针对性的指导，但是，目前仍难免有一些不尽如人意之处，我们将在以后进一步完善。

编　者
2023 年 7 月 8 日